LE PERROQUET DE BUDAPEST

Une enfance revisitée

ANDRÉ LORANT

LE PERROQUET DE BUDAPEST

Une enfance revisitée

VIVIANE HAMY

Chapitre premier

Plus marâtre que mère

La Hongrie ne m'a jamais paru maternellement bonne, bien plutôt le royaume des ogres dévoreurs d'enfants, celui des Magyars, vulgaires et incultes. Issu d'une bourgeoisie commerçante curieusement attachée à la terre – mon grand-père maternel possédait des milliers d'hectares et fut le premier à introduire la pisciculture dans ces contrées ; mon grand-père paternel, lui, se livrait au commerce du blé, fut propriétaire et directeur de grands moulins –, je n'ai pas connu la patrie des grands esprits libéraux, des poètes, des artistes révoltés contre des abrutis vêtus de dolmans qui les laissaient prospérer pour les anéantir plus sûrement. Ces barbares se considéraient comme les descendants de Nemrod et se forgeaient des légendes évoquant leurs origines « touraniennes », c'est-à-dire asiatiques. Ils rêvaient d'ancêtres chassant un cerf miraculeux, apparaissant et disparaissant, qui était censé les avoir conduits jusqu'au bassin des Carpates qu'ils envahirent.

Dans sa *Cantata profana*, Béla Bartók se révolte contre cette « épopée des origines » dont il devine le sens occulte. Un père avait neuf garçons qu'il aimait par-dessus tout, raconte le livret. Ils partaient souvent à la chasse, car ils ne connaissaient ni l'agriculture ni l'élevage ; un jour, les jeunes gens s'éloignèrent de leur géniteur et, en suivant la horde prodigieuse, se métamorphosèrent eux-mêmes en cervidés. Le père, ne reconnaissant plus ses enfants, s'apprêtait à les abattre. Alors, ses fils, armés de leurs bois multiples, pointus et dangereusement enlacés, se retournèrent contre lui, menacèrent de le lacérer, de le précipiter contre les rochers et d'anéantir en lui toute trace de vie.

Les commentateurs s'efforcent d'insister sur l'aspect positif de la thématique : les enfants se révoltent nécessairement contre les parents et souhaitent accéder à une vie autonome. Mais, à mon avis, la musique ne trompe pas. Les propos mélismatiques du ténor, porte-parole des frères dans un registre pratiquement inchantable, ont quelque chose d'inhumain, de profondément inquiétant et tranchant. Ces cerfs, capables de lancer le père dans les airs après l'avoir transpercé de leurs appendices osseux, écrasant de leurs sabots ses membres dispersés, forment désormais une horde sauvage répandant la mort et la terreur. Une fois entrés en Pannonie, j'imagine qu'ils sont devenus des chefs de tribu sanguinaires et impitoyables à l'égard des autochtones, et non des laboureurs prêts à s'engager dans la voie de la civilisation.

Les mots trahissent ma passion, laissent pressentir ma déception et témoignent de mes rapports conflictuels avec ce pays où, par je ne sais quel miracle, j'ai pu échapper à la nasse de la Mort, et que j'ai quitté à l'âge de vingt-six ans. À qui expliquer mon ressentiment à l'égard d'une communauté qui a voulu m'anéantir ? Certainement pas à Muriel, cette historienne d'une trentaine d'années. Elle travaille sur les concepts d'« État » et de « Nation » à propos de cette entité artificielle appelée Yougoslavie, qui s'est révélée être, durant les années de guerre ethnique, une terrifiante « colonie pénitentiaire » où des milliers de machines à tuer broyaient des victimes sans discontinuer. « Pour le moment, la chaîne Arte nous bombarde d'images qui ne cessent de nous rappeler les atrocités allemandes pendant la Seconde Guerre mondiale. En revanche, poursuit-elle, nous porterons certainement un autre regard sur cette période, une fois que les survivants auront disparu. » C'est la jeunesse impitoyable qui s'exprime ainsi. C'est en Occident que j'ai découvert les images intolérables des survivants squelettiques des camps de concentration. (Muriel, avez-vous tenté d'imaginer l'espace d'une seconde ce qu'ils pouvaient ressentir dans leur corps et dans leur esprit ?) Et c'est à la télévision que j'ai vu les Alliés forçant les habitants de Mauthausen à enterrer dans la fosse commune des morts décharnés gisant dans des baraquements infects. Étais-je moralement anesthésié par la mort récente de mon père, ma propre survie, les ruines qui m'entouraient, la vie qui redémarrait dans les rues défoncées par les bombes et où circulaient des soldats soviétiques, des fantassins roumains – le roi Mihaïl ouvrit les frontières à l'armée de Staline en automne 1944, et crut qu'il pourrait circuler en Jeep dans les jardins de son palais jusqu'à la fin de ses jours – et des auxiliaires hongrois portant le brassard rouge ? Quelques années plus tard, j'eus des haut-le-cœur en apercevant dans une brochure un corps scié en deux sur la table de dissection des médecins nazis. Le vide de la cage thoracique m'épouvanta et je ressens encore cette nausée d'alors. Contents de vivre, hantés par le hasard auquel nous devions notre existence et ne cessant d'en parler, nous avons essayé d'oublier l'horreur. Les survivants se taisaient, et la propagande communiste avait pour tâche de falsifier la responsabilité de l'armée soviétique dans l'écrasement par les nazis du soulèvement de Varsovie, d'attribuer le massacre des officiers polonais dans la forêt de Katyn aux troupes allemandes. Je me demande si le procès public de Szálasi, le « Führer » hongrois, d'octobre à décembre 1944, a fait éclater la vérité sur le concours actif de l'armée, des auxiliaires hitlériens hongrois à la déportation massive et *de dernière heure* de milliers de Juifs. Mais c'est *mon* histoire, mes souvenirs qui ne concernent en rien Muriel et les jeunes de sa génération.

L'histoire de la Shoah ne peut être privilégiée au détriment d'autres tragédies collectives. Muriel, dont une grand-mère est syrienne, parle volontiers de la répression de la révolte arménienne par les Turcs. Je regarde moi-même la télévision qui retransmet en direct le massacre des Hutus par les Tutsis et la vengeance des Tutsis contre les Hutus ; je suis révolté que l'Occident demeure les bras croisés et enregistre impassiblement des images dont l'horreur dépasse l'imaginable. « Mort, où est ta victoire ? » se sont écriés à l'instar de saint Paul des écrivains catholiques révoltés naguère contre la condition humaine. « Ici, aujourd'hui, maintenant », répondent ces enfants décharnés au ventre enflé, mourant de faim et vivant souvent les derniers moments de leur existence à l'instant où ils sont filmés. Oui, la télévision établit un étrange et terrifiant dialogue entre Africains qui s'exterminent, Serbes, Croates, Albanais et Macédoniens qui s'entre-tuent sous le regard « légaliste » des observateurs de l'ONU. Kabila, Mladić, les terroristes du FIS qui égorgent à « l'arme blanche », comme on le dit pudiquement, entrent dans une ronde infernale, banalisée par les médias. Oui, Muriel a raison, et pourtant ses paroles me choquent, car je suis incapable d'insérer « l'épisode » de l'extermination programmée, froidement calculée des Juifs, transportés dans des wagons à bestiaux, tatoués, battus, affamés, humiliés, mais jeûnant pour le Yom Kippour, récitant des vers de Schiller et chantonnant Mozart à l'ombre des fours crématoires, dans la succession des génocides passés, présents et à venir.

Je sens que je divague en me penchant pour la première fois sur mon passé hongrois. Il faut que je me ressaisisse et que j'aborde calmement mon propos.

Je deviens texte

L'écriture autobiographique est avant tout une descente en soi : on se ramasse en boule, on se fait petit, et on régresse vers les origines. Cette plongée, je l'ai expérimentée en recopiant des pages manuscrites de Balzac. J'avais l'impression qu'en déchiffrant *son* texte et en l'inscrivant dans *mon* cahier, je perdais magiquement ma propre épaisseur : je me faisais trait, incorporel, je participais de l'intérieur au processus de création. Cette régression n'est pas sans danger, elle peut entraîner vers des écluses insoupçonnées dont les vannes s'ouvrent soudainement. L'eau qu'elles libèrent vous emporterait si vous n'y preniez garde. Seuls les plus grands, Balzac, Proust, connaissent l'immersion totale dans l'« état d'écriture ». Ils rédigent comme sous la dictée de leurs personnages, et leurs propres interventions, réflexions intérieures, commentaires, vont dans le sens de la fiction et nullement dans celui de l'autorégulation démystificatrice. Ce n'est qu'une fois sortis de cette hébétude de la création qu'ils reprennent une distance à l'égard de l'écrit et, culpabilisés par leur génie, se punissent en corrigeant leurs épreuves, en récrivant leurs manuscrits. L'« état d'écriture » réserve des surprises à l'autobiographe graphomane qui doit se rendre compte que, malgré les méditations de la veille qui préparent la rédaction du lendemain, il demeure à l'écoute d'obsessions mal maîtrisées, d'associations spontanées, de divagations inattendues, capables de détourner sa plume. Ses lectures l'assaillent, les personnages littéraires le sollicitent, et une sensibilité mal maîtrisée menace constamment la cohérence de ses propos.

L'« état d'écriture » ouvre la voie à l'« archéologie scripturaire ». La régression permet de rembobiner le fil de sa vie. Vous esquissez quelques pas en arrière, puis vous courez à reculons, vous vous éloignez du présent, enfin vous rapetissez au fur et à mesure pour entrer dans le mystérieux labyrinthe qu'est votre passé. Taupe que je suis dans mon dédale souterrain, je n'ai d'autre choix que d'évoquer les ombres à partir des quelques repères ou indices inscrits dans ma mémoire, car je ne possède aucun document relatif à ma famille. D'où vient-elle ? De Silésie ou d'ailleurs ? Quand s'est-elle établie en Hongrie ? Comment mes grands-parents se sont-ils enrichis ? Quelle est l'histoire du mariage de ma mère et de mon père ? Où sont vos *Archives du Nord*, me demandez-vous ? Vous moquez-vous ? Pour le moment, je n'ai pas accès aux lettres de ma mère qui se trouvent dans la cave, derrière des meubles entassés. Elles concernent sa vie misérable et héroïque entre 1956 et 1970, date à laquelle elle nous a rejoints à Paris. Cette correspondance est la chronique de la liquidation des derniers vestiges matériels de notre passé. Pendant de longues années, elle a préparé son émigration et n'a jamais quitté son domicile sans emporter un cendrier en cristal de Bohême, des assiettes de porcelaine « Rosenthal », des vases à fleurs style « Art déco » ou des couverts en argent pour les confier au « dépôt-vente », géré par les experts de l'État qui en connaissaient naturellement la valeur. La bourgeoisie y bradait à vil prix les objets ayant survécu aux bombardements, pillages et confiscations. En arrivant en France, ma mère a tiré un trait sur le passé et je n'ai pas pu échanger avec elle une seule phrase concernant mon enfance, mon père – sujet tabou entre tous –, sa jeunesse, ses premiers bals, son mariage. Les quelques albums de photos, enfin ouverts, commencent à livrer leurs secrets.

L'expérience psychanalytique, qui avait libéré ma parole et mon imaginaire, a levé plus d'un interdit et m'a incité à ressaisir le fil rouge de ma vie. Elle m'a aidé à découvrir et à restituer la continuité de mon histoire. Jour après jour, l'« archéologie scripturaire » m'a révélé ses vertus magiques et ses propriétés surprenantes. Elle me permet de creuser, de mettre au jour des tessons, quelques rares colliers ou ustensiles domestiques, tel ce moulin à café que l'on fixait au mur ; la manivelle servait à broyer les grains que l'on faisait griller à la dernière minute dans un récipient noir et couvert – pourvu d'un système de pelles que l'on faisait tourner de l'extérieur – posé sur le feu. Dans les années 1948-1950, je m'achetais cinquante grammes de café pour la semaine. Une cuillerée finement moulue et bouillie à la turque suffisait pour la journée. « Ton père faisait de même », m'a dit ma mère, sans émotion apparente, en me voyant croquer un grain de café et en apprécier l'arôme, alors qu'elle ne faisait presque jamais allusion à lui. « Tu l'imites inconsciemment, car tu n'as pas pu voir ce geste. »

Cette fouille me permet de sauvegarder des mosaïques ensablées, des matériaux nécessairement fragmentaires, des souvenirs de personnes, des pulsions à l'œuvre encore aujourd'hui. Aucun interdit ne doit frapper l'autobiographie. Les plus grands peintres ne mélangeaient-ils pas des « matières » à leurs couleurs ? Et pourtant ces tableaux ne puent pas ! En recherchant l'unité de mon être, la continuité de mon existence, en révélant à quel point les vingt-six années passées en Hongrie pèsent sur les quarante-six vécues en France, *je veux tout dire* (ou presque, pour être honnête), faits historiques, amours, haines, moments de joie et d'angoisse, secrets enfin dévoilés, prières et blasphèmes.

Des conflits du multilinguisme

Ma dernière visite à Budapest date de mai 1997. Sous prétexte d'un voyage universitaire soigneusement préparé, j'avais voulu renouer avec mon pays, revoir des survivants, recueillir des témoignages, aller à la rencontre de ce passé que je n'avais découvert que tardivement au fond de moi. Je ne m'en suis pas rendu compte alors, mais, sur place, j'étais resté collé contre un miroir dont le tain ne m'avait renvoyé que mes propres traits, ma joue aplatie, mes yeux inexpressifs, mon nez défiguré par un bouton mal percé lors de mon adolescence. La réalité de *là-bas*, je ne l'ai comprise qu'*ici*, et je ne peux formuler qu'en français la charge affective dont sont investis les événements majeurs de mes années de jeunesse. Je me sens détaché de la langue magyare, alors que j'ai vécu ces événements en hongrois. Mais il est vrai que ma nourrice, Teta, était autrichienne. Elle devait me langer « en allemand », me caresser et me dresser dans son dialecte natal. Sa présence à la maison suffit-elle à expliquer mon attachement viscéral à la langue germanique ? Ou cette langue était-elle gravée dans mes origines niées, volontairement ignorées, oubliées ou sciemment cachées jusqu'à la promulgation des premières mesures antisémites ? Et même à ce moment-là – n'est-ce point consternant ? –, alors que s'effondrait l'illusion de l'intégration dans la société hongroise, mes parents et grands-parents refoulaient encore la vérité concernant nos origines familiales.

Mes grands-parents maternels sont demeurés juifs. Ils finançaient, me semble-t-il, la « confrérie sainte », « Hevra Kadicha », qui veillait à la « bonne mort » de leurs coreligionnaires, à l'ensevelissement rituel des israélites décédés. Ai-je bien compris qu'ils étaient les fondateurs d'un foyer pour Juifs aveugles ? Les grands-parents paternels étaient-ils des opportunistes ou des conformistes ? Quand se sont-ils convertis ? Avant ma naissance ou quelques années après ? Mes parents ont dû embrasser la religion des gentils peu de temps après leur mariage puisque j'ai été baptisé à ma venue au monde. Je crois pourtant que mon acte de naissance, établi à la paroisse, faisait mention de leur religion première. Quoi qu'il en soit, à l'époque où la loi interdisait aux Juifs d'employer du personnel de maison, ma grand-mère paternelle s'exclamait : « Nous imposer cela, à nous, qui sommes chrétiens depuis trois générations ! » L'allemand devait agir avec une force atavique dans mon inconscient – les bisaïeuls paternels venaient-ils de Silésie, où les ancêtres avaient peut-être réuni assez d'argent pour acheter le nom de Löwenstein, fiers de ne pas s'appeler Klein (Petit) ou Grün (Vert) ? – et entrer en conflit avec le magyar, puisque j'ai bégayé pendant de longues années. Ce handicap traduisait certainement une agressivité que les « bonnes manières » ne laissaient pas s'exprimer, révélait le « conflit » des langues, que renforçait mon apprentissage intensif du français. D'une manière paradoxale, l'enrichissement culturel, l'ouverture à l'autre paralysait par moments ma glotte. Ou bien mon environnement m'enfonçait-il la parole jusqu'au fond des poumons ?

De la francophonie maternelle

L'amour de la langue française m'a été transmis par ma mère. À l'age de dix-sept ans, elle fut atteinte d'une scarlatine, qui s'attaqua à son oreille gauche. On perça, abîma le tympan ; il lui en resta une otite suintante. Pour des raisons de santé, ses parents, Alfréd et Irén Hirsch, l'envoyèrent en Suisse et l'inscrivirent dans l'institution de Mme Euby, à Nyon, où elle passa deux belles années de sa jeunesse. Elle y apprit tout ce qu'une jeune fille de bonne famille devait savoir : faire la cuisine à partir de recettes qu'elle recopiait soigneusement de son écriture régulière dans un épais répertoire alphabétique – acheté à la papeterie de la Veuve Kost, gare du Flon, Lausanne –, qui nous est parvenu et s'ouvrait à « hors-d'œuvre », « potages liés », « farinages, pâtes », « poissons (eau douce et eau salée) », « boucherie », « entrée (volaille, gibier) », « entremets divers », « glaces et gelées ». Elle l'a complété avec divers menus typiques de la table d'une certaine bourgeoisie de l'époque : « Potage Crécy – Escalopes de veau à la Viennoise – Laitues braisées – P. de t. nature – Poires à la Bourdaloue – Croûtes aux fraises. » Certaines grandes familles dessinaient leur arbre généalogique dans une Bible plusieurs fois centenaire. Il nous reste, à nous, ce livre de Sári Hirsch – son nom de jeune fille figure au verso de la première page –, égayé de son écriture qui m'inspire et me réconforte au début de ce récit auquel je m'attelle pour évoquer et conjurer le passé. Les pensionnaires de Mme Euby préparaient des plats froids et les présentaient avec art, apprenaient à coudre naturellement, mais ce « métier de femme » demeurait étranger à la Hongroise, pourtant habile de ses mains. Pendant son séjour en Romandie, la jeune fille à l'oreille abîmée s'initia à quelque chose de beaucoup plus important, de nature différente, et qui est l'essentiel de mon propos. Elle y acquit l'amour de la langue française. Elle chantait faux, mais était sensible à la musique des vers de Lamartine, récitait *Le Lac* avec des larmes dans les yeux, parlait lentement, adoptant un style simple et châtié. Les livres de base de ma connaissance du français venaient de Suisse. L'anthologie de Mgr Calvet, la grammaire de Claude Augé, l'histoire de la littérature française par Lanson, quelque peu austère incontestablement, furent mes livres de chevet.

Le libraire Laufer nous envoyait au moins une fois par mois des piles de livres français… « pour choisir ». Ma mère en gardait la majeure partie, et c'est ainsi que des œuvres de Maurois, Mauriac, en compagnie de celles d'Anatole France, Pierre Loti, Colette ou même de Gyp se trouvaient dans notre bibliothèque. Je vais trahir ici un secret : le héros de *Bamboulina* de Paul Reboux qui, pour sauver sa fiancée menacée des assiduités d'un gorille, se livre à des attouchements solitaires et bien rythmés – car il pressent que l'animal l'imitera –, a autant contribué à mon éducation sexuelle que *Les Prodiges du corps humain* en deux tomes, ouvrage scientifique du Dr Fritz Kahn que mon professeur de piano m'avait prêté pour dégourdir le garçonnet pudibond que j'étais. J'ai retrouvé récemment les nouvelles de Reboux sous leur belle couverture 1930, représentant quelques feuilles d'un palmier trop vert qui se détachent sur un ciel bleu, tropical, colonial et irréel.

C'est l'impitoyable Fräulein Seidl, professeur au lycée du IIIe Reich, qui m'a inculqué avec des méthodes prussiennes les déclinaisons et conjugaisons de la langue de Goethe et de Hitler. Je supportais la présence de cette nazie pur style grâce au réconfort que m'apportait Mlle Adler, la fille d'un médecin juif, qui s'était comme ma mère initiée au français en Suisse. *Les Grands Hommes quand ils étaient petits*, que je recherche encore aujourd'hui, doit être le premier livre que nous avons lu ensemble. Il débutait par l'apologie du général Bazaine capitulant devant les Prussiens en 1870. Les dictées, les recherches de mots commençant par une lettre choisie au hasard (page 19, 3e ligne, 10e signe) me procuraient un immense plaisir. L'arrivée de Mlle Pauline de l'école de Mme Euby mit fin à ces leçons. Cette parfaite Suissesse au visage rond et inexpressif avait débarqué chez nous munie d'un arsenal de séductions pédagogiques. Je la détestais, je pleurais, je tempêtais et réussis à faire revenir Mlle Adler. Ce fut une belle victoire et une immense satisfaction.

Il me semble qu'à partir de 1940, quand nous avons quitté la villa familiale à la lisière du Bois pour emménager dans un appartement du centre-ville, Mlle Adler n'est plus venue chez nous. Je ne l'ai pas revue après le siège de Budapest et l'entrée des troupes russes. Cette merveilleuse jeune femme, digne, intelligente, compréhensive et ouverte, qui savait jouer avec son élève et l'inciter à chercher dix mots inconnus par jour dans le dictionnaire, avait été déportée avec toute sa famille. À quand la plaque de commémoration apposée par le président de la République de Hongrie sur le *Vel' d'hiv'* de Budapest ?

Au lycée des piaristes, les élèves de ma classe ne pouvaient guère se perfectionner en langues étrangères. Leurs pères subissaient la pression, juste ou arbitraire, de ces commissions d'épuration présidées par des communistes, des prosélytes fraîchement convertis ou d'anciens déportés rentrés par miracle au pays. Mes amis juifs s'adonnaient à l'étude de l'anglais ; leurs pères enrichis au marché noir les préparaient à l'avenir, je veux dire à l'émigration, dès 1948. Ruinés par la guerre, dépouillés par des rapaces, nous avons maintenu le cap sur la France. J'ai pris des leçons auprès d'Hermine, la sœur de Violette qui gardait leurs chats. Ces demoiselles avaient échoué à Budapest, y vivaient et se faisaient rémunérer modestement ; elles quittèrent la Hongrie sur l'injonction de la légation de France qui rapatriait citoyens et citoyennes après la prise du pouvoir par les communistes, en 1949 ou 1950. Voilà ce qu'était l'apprentissage de la francophonie en Europe centrale !

Mon attachement au français, langue véritablement maternelle grâce à laquelle j'ai pu renaître à une nouvelle vie à l'Ouest, aurait-il des motivations que je découvre en rédigeant ce préambule à mes Mémoires de Budapest ? L'expérience analytique m'a permis d'effectuer une plongée dans mon passé *en français* ; souvenirs, rêves, fantasmes, craintes, joies, pulsions avouables, désirs inavouables ont spontanément surgi dans une langue autre que celle de mon pays d'origine. L'« écriture archéologique » est née dans le creux de mon expérience analytique. Elle en reprend les thèmes le plus souvent douloureux mais apaisés au fil des ans, les développe, les nuance, les enrichit, et puise son élan dans la parole qui se veut libre. Kundera parle de la *densité* de l'écriture, qualité indispensable qui la rend apte à traduire aussi bien des pensées rapides que des sentiments obsédants, qui fait entendre la partition de notre être. Je voudrais que l'*intensité* de mon propos anime ces pages, désespéré que je demeure de l'inadéquation de l'écrit confronté au vécu. Vous ne pouvez pas raconter votre vie, vous auriez besoin d'une seconde existence pour le faire. La parole dense, les propos intenses permettent de rapporter du fond marin des amphores évidées, des caisses remplies de sable ou de bijoux. Mon vaisseau vogue sur une mer étale. Le vent est tombé, ma nef s'immobilise, balance à bâbord, à tribord… j'abandonne la barre et me laisse entraîner par des souvenirs chers et douloureux.

Convoqué d'urgence à l'hôpital, je revois ma mère sur son lit. Sa tension est à « six », me dit-on, et « cela » devrait arriver dans le courant de l'après-midi. Elle a soif, mais n'arrive plus à tenir son verre. Je le lui tends, gêné par la vue de ses dents. Elle m'adresse la parole *en hongrois*, car je n'ai jamais cédé à son désir de m'entretenir avec elle en français. Je désirais ainsi préserver l'authenticité de nos rapports fondés sur l'idiome de ma petite enfance. Je ne pouvais pas approuver son rêve de devenir français à part entière en adoptant la langue de ce pays, illusion trop semblable à celle des Juifs hongrois qui se croyaient citoyens de la Hongrie et essayaient de sauver leur vie en penchant la tête sur les fonts baptismaux. Elle s'étonne que je sois à l'hôpital à une heure aussi inhabituelle. Je la rassure : j'étais de passage. Je quitte la chambre. Je ne la reverrai que dans son cercueil, à l'amphithéâtre de la Salpêtrière, pour « identifier son corps ». Entre ma sœur. Elle lui adresse la parole *en français*, car mère et fille étaient animées de cette volonté féroce de renier le passé et de recommencer une nouvelle vie, dans une nouvelle langue, dans un nouveau pays. Les infirmiers nous ont demandé de ne pas « la fatiguer, la pauvre ». Nous sommes revenus dans l'après-midi pour chercher ses affaires… Au seuil de la mort, le bilinguisme a-t-il un code secret que le cœur seul est capable de déchiffrer ? Retrouverai-je les traces de ma mère dans ma mémoire et, sur place, en Hongrie ?

Chapitre II

L'arrivée

Le visiteur est bien accueilli à l'aéroport de Budapest en pleine expansion. Le contrôle policier n'est pas plus humiliant qu'ailleurs et le fonctionnaire vous dévisage moins longtemps qu'avant. Je change quelques centaines de francs avant de m'emparer de ma valise (du moins ai-je l'impression qu'elle est mienne), j'empoche les forints sans me rendre compte qu'aucun reçu ne m'a été délivré. J'écarte les chauffeurs de taxi importuns qui proposent leur Mercedes à des prix mirobolants, et je m'engouffre dans le minibus qui m'amène à l'hôtel Peregrinus, dans le centre-ville, à une centaine de mètres du domicile que j'habitais en 1940 et jusqu'à mon départ en 1956. Je n'aperçois plus ces carcasses d'usines, anciens fleurons de l'industrie hongroise, qui s'alignaient les unes après les autres sur le trajet de ma visite d'il y a quatre ans. Des pommiers en fleur, adossés à des baraquements, égayent le paysage. Pendant ce week-end de 1er mai, la ville est vidée de ses habitants. Le souvenir des défilés d'avant 1956, harassants et faussement enthousiastes – les visages des camarades de la jeunesse communiste étaient radieux, et on répétait les chants révolutionnaires au pas cadencé pendant les journées précédant le grand jour –, ne m'a pas effleuré l'esprit. Notre minibus Volkswagen, qui emprunte l'avenue Üllői, celle des casernes et des cliniques endommagées par les canons soviétiques, arrive rapidement à destination, rue Szerb.

L'université est fière de sa maison d'hôtes, ancien bâtiment administratif, m'affirme-t-on, réhabilité en hôtel agréable. Les fenêtres doubles des chambres au plafond haut donnent pour la plupart sur le jardin de l'église orthodoxe serbe. (Au XVIIIe siècle, les Slaves du Sud, fuyant les Turcs, s'établirent au centre de Pesth-Buda et dans les environs.) L'ascenseur n'est pas encore en service, et je me tue à tirer ma valise sur roulettes, qui me paraît très lourde, du rez-de-chaussée au deuxième étage.

Je quitte l'hôtel et descends les trois marches qui séparent la porte d'entrée du trottoir. Me voilà dans la rue, chez moi, dans ma ville, dans mon quartier. Une impression d'irréalité s'empare de mon être et je ressens un choc qui abolit en quelques instants quarante années d'absence. Mais serait-il pertinent de parler d'un exil de quatre décennies, alors qu'il était librement choisi et que chaque jour passé à Paris est une fête, un éblouissement, un cadeau de l'Occident au réfugié politique et apatride que je fus ? Pour le moment, je n'ose pas m'approcher de mon ancien domicile, je repousse à plus tard ce face-à-face. Et pourtant j'emprunte l'itinéraire qui m'a conduit au lycée huit ans durant. De mon temps – involontairement, j'emprunte le ton d'un Pierre Gaxotte –, les études secondaires débutaient à l'âge de dix ans. Je parcours le centre-ville en une heure, franchis les passages souterrains encombrés de mendiants répugnants, passe devant des guichets de change, retrouve à leur emplacement certains magasins fréquentés dans ma jeunesse. La rue Váci, cette artère principale, pareille à l'ancienne Kärntnerstrasse de Vienne ou à l'actuelle rue du Faubourg-Saint-Honoré – parcourue avant-guerre par les équipages et voitures de quelques privilégiés, elle fut volontairement plongée dans le noir par le régime communiste qui voulait punir le centre d'avoir existé –, est devenue zone piétonnière, le grand échiquier de la vulgarité, avec ses cases inévitables de McDonald's, d'Air France ou de

Sabena, ses cafés de faux luxe, ses bars assombris devant lesquels les délégués locaux de la mafia d'Ukraine, solidement implantée, surveillent de belles filles à l'accent étrangement slave. Je passe devant des boutiques portant des noms de marques exclusivement étrangères – tout a été vendu, bazardé par les anciens communistes au pouvoir –, j'écarte de mon chemin les Tziganes portant des enfants de louage, et débouche enfin sur la place Vörösmarty (le grand poète romantique traducteur de *Lear*) qui ressemble désormais à la Piazza Beaubourg. La billetterie des concerts, en rénovation, est fermée : le festival du « Printemps de Budapest » doit avoir épuisé les fonds publics et privés. Je cherche en vain ces petites affiches de l'Opéra que je consultais semaine après semaine dans les années quarante. Elles apparaissaient encore dans mes rêves d'émigré, plusieurs années après mon arrivée en France : je me voyais imprudemment rentré en Hongrie et ne pouvant plus repartir pour Paris. Me voilà à Budapest, en ce printemps 1997, j'y circule librement, mon billet de retour dans la poche. Mais je n'arrive pas à vaincre, parce que je ne la comprends pas, cette impression d'irréalité qui ne me quitte pas un instant. Serais-je pareil à ce mort dont parle Marcel Arland dans une de ses nouvelles, qui revient sur terre, s'unit à sa femme, mais éprouve la sensation étrange et tellement frustrante de faire l'amour dans le vide, dans un vagin qui ne l'enserre point ? Pourquoi vouloir me retremper dans un milieu haï, redouté et aimé ? Probablement pour recueillir des frottis à étaler, colorer et fixer non sur des lames de verre, mais sur des feuilles de papier. Je ne puis cacher cette arrière-pensée que je lis également surimprimée sur des photographies rapportées de Budapest. Elles servent à apprivoiser la réalité irréelle de là-bas, à la rendre pénétrable à mon stylo-bille au corps lisse qui prend appui sur mon médius devenu calleux à la suite de la pression du pouce et de l'index durant des décennies.

Le palais Gerbeaud, place Vörösmarty

Je me trouve en face du palais Gerbeaud, vendu, après la chute du Mur, pour des milliards de forints à un épicier suisse. (Les anciens propriétaires, expropriés dans les années cinquante, ne reçurent que quelques centaines de milliers de forints.) L'helvétique marchand s'est engagé à conserver pendant au moins dix ans la pâtisserie légendaire, naguère objet d'un article dithyrambique de Dominique Fernandez. Par rapport aux dames qui y officiaient pendant la guerre, les vendeuses de Fauchon paraissent des stagiaires de chez Tati. « Monsieur le directeur, ce sera une tarte Sacher aujourd'hui ? » demandait Györgyike à mon père, il y a plus d'un demi-siècle. Il va sans dire qu'un cadeau de fin d'année récompensait son dévouement et sa délicatesse de douze mois. J'ai revu Györgyike, après la nationalisation des pâtisseries, dans un misérable établissement où elle débitait des boules de glace. Son dentier claquait d'indignation comme l'appareil qu'elle maniait pour remplir les cornets.

Des liens particuliers m'attachent au dernier étage du palais Gerbeaud. De 1940 à 1944, je fréquentais l'école de musique dirigée par Dódy, la petite-fille du fondateur de la dynastie pâtissière, ancienne élève de Kodály et des grands maîtres contemporains de l'Académie de Budapest ; ayant parfait ses études à Berlin, elle était à l'avant-garde de l'enseignement de la musique. Elle savait que l'initiation à l'art devait avant tout susciter du plaisir. Les brèves pièces pour flûte à bec de Bach, Telemann, Pachelbel ou Daquin qu'elle nous faisait jouer, accompagnées au piano, à l'unisson ou en petite formation, enchantaient l'oreille et l'esprit du débutant que j'étais. Elle nous faisait souvent écouter des disques, ô combien fragiles, soixante-dix-huit tours qui ondulaient sur le plateau du gramophone à manivelle, pour nous faire découvrir les grands classiques, et nous préparer aux concerts auxquels mes parents m'interdisaient de participer, car les garçonnets de mon âge n'allaient pas au lit après vingt-deux heures ! Les enfants de bonne famille fréquentaient son cours. Ádám Bárdos-Féltoronyi, par exemple, qui devait avoir treize ou quatorze ans à l'époque, et dont la photographie parut un jour dans les journaux : ficelé dans l'uniforme de la jeunesse paramilitaire, il avait été présenté au régent Horthy, au château royal de Buda. Quelques jours plus tard, paradant dans son accoutrement de Magyar pur sang, il me traita de youpin en présence des gamines qui nous accompagnaient. J'étais beau garçon, paraît-il, et les fillettes rapportèrent l'incident à Dódy. Indignée, elle fit savoir à Ádám que ses propos antisémites étaient parfaitement déplacés et que son cours ne pouvait pas l'accueillir dans son costume de théâtre. À la fin du mois d'avril 1944, je cessai de fréquenter ces séances de musique qui m'étaient chères, car nous vivions pratiquement enfermés dans notre maison arborant l'étoile jaune. Pourtant, Dódy me reçut pendant les heures de sortie accordées aux Juifs ; elle n'avait pas peur du signe infamant que je portais et m'offrit une glace qu'elle fit monter de la pâtisserie du rez-de-chaussée à son appartement au cinquième étage.

Elle s'est mariée avec un éminent économiste à la veille de l'entrée des troupes russes en Hongrie. Ils retrouvèrent leur appartement – qu'ils avaient dû abandonner lors du siège de la ville entre décembre 1944 et janvier 1945 – souillé d'excréments déposés dans des boîtes de conserve par les Soviétiques. Après 1945, Dódy me donna généreusement des cours de piano gratuits et, pour me mettre à l'aise, me priait de lui apporter du fromage frais des grandes Halles de Pesth. Son mari, Loránd, secrétaire d'État aux Finances, président de l'Association hungaro-américaine, refusa toujours de faire des déclarations mensongères à propos des réparations de guerre exorbitantes payées par les Hongrois à l'URSS. Ils quittèrent le pays dans des conditions particulièrement difficiles : ils traversèrent la frontière austro-hongroise *minée*, tout en sachant que ce serait la zone d'occupation soviétique qui les accueillerait. Par la suite, Loránd devint un spécialiste de l'agronomie des pays sous-développés ; fou de vérité, il ne cessa de lutter contre le gaspillage dans les pays du tiers-monde, fustigeant l'utilisation peu rationnelle de l'aide américaine qui, en alimentant d'une manière paradoxale mais logique le mécontentement des populations, entretenait par ces temps de guerre froide des sentiments prosoviétiques. Idéaliste inguérissable, il fut congédié par ses employeurs des États-Unis sur la demande d'un ministre marocain qui refusait de lui communiquer des données statistiques indispensables à ses recherches. Ruinés, vieillis, entourés d'objets, de poteries, de tissus achetés sur les marchés sud-américains, coréens ou syriens et de quelques beaux meubles sauvés de Hongrie, les deux exilés survivaient dans un village situé entre Genève et Lausanne grâce aux leçons de piano de Dódy. Profondément dépressif, désespérant de l'avenir, ayant tenté plus d'une fois d'entraîner sa femme dans le suicide, Loránd s'est éteint le premier. Il était pourtant doué d'une force physique extraordinaire ; à la veille de son décès, il maniait encore la pelle pour dégager la porte de leur garage enneigé. Dódy lui survécut quelques mois, hantée, me disait-elle, par les Érinyes ; elle s'en voulait de l'avoir tourmenté de ses reproches, alors qu'elle le faisait *vivre* par ses petites exigences quotidiennes. Elle ne voulait pas se résoudre à sa mort et croyait qu'il respirait encore. Après l'arrêt des fonctions vitales, des résidus d'air quittent les poumons sous la forme d'un ultime soupir terrifiant, affirment les encyclopédies médicales. Je l'ai retrouvée quelque temps avant qu'elle ne fût opérée d'une occlusion intestinale qui devait l'emporter. Sur le balcon, elle m'a dit « au revoir ». J'ai souhaité garder d'elle une image intacte, et je ne l'ai plus jamais revue, fort égoïstement, car je n'ignorais point que j'aurais pu offrir un dernier regard de réconfort à celle qui, fatiguée de l'existence, renonçait à lutter. Durant un demi-siècle, de 1940 à 1990, elle fut liée à ce qu'il y avait de plus intime, de plus secret dans mon être. Aurai-je la possibilité de reparler d'elle un jour ? Quand j'aurai rassemblé ses lettres, peut-être. D'ici là, qu'elle accepte mon « in memoriam », car je ne pourrais rien ajouter sans nuire à ma ferveur.

Je me trouve en face du palais Gerbeaud à la façade blanche ; inerte, obtus, hébété, je le contemple, indifférent. À droite, un panneau publicitaire vante les avantages d'un bureau dans le centre-ville. À gauche, j'aperçois un arbre dont les branches supérieures atteignent le troisième étage. Mes yeux captent l'image de ce lieu cher, mais je ne sais quel « bétabloquant » empêche mon cerveau de sécréter cette mystérieuse toxine qui provoque l'émotion. Je ne ressens rien, sinon le temps aboli, une espèce de continuité qui se renie, une impression d'étrangeté, de fatigue, de nausée et d'accablement. J'essaie de pénétrer dans le bâtiment, de remonter le temps en empruntant l'escalier. Mais la seule entrée que je connais, du côté de la rue Dorottya, est condamnée. A-t-on profité de l'imposante cage d'escalier pour agrandir l'espace à vendre ? Ce beau palais resplendissant, néo-baroque, dont chaque détail est mis en valeur par l'architecte au service du commanditaire suisse, je l'ai connu en partie dévasté par le feu. En mars 1944, ma mère avait confié à Dódy son « solitaire », la bague adamantine traditionnelle dans les bonnes familles, généralement de second choix comme tous les objets de luxe en Europe centrale. Intimidée par le climat politique ambiant, Dódy avait enfermé le bijou dans une cassette en fer qu'elle avait cachée sous un tas de charbon, dans la cave. Or, les soldats russes mirent volontairement le feu à l'immeuble en 1945. Le « solitaire » dans sa cassette réchauffée par le charbon ardent fut gravement endommagé. Seul un diamantaire d'Anvers aurait pu le retailler pour en éliminer la vilaine infiltration noire qui avait abîmé son eau pure.

Les communistes ont avoué, plusieurs années après la conquête du pouvoir, que leur but était d'inciter la bourgeoisie à reconstruire le pays à ses frais, puis de l'éliminer de toute coalition politique pour, finalement, nationaliser ses richesses. C'était « notre tactique des tranches de salami », déclara un jour Rákosi, le « Gauleiter » de Staline à Budapest ; nain redouté, mari d'une Kirghize, il parlait le hongrois avec un accent détestable et circulait – comme tous les dignitaires du régime – dans une limousine de fabrication soviétique aux vitres voilées, impénétrables aux regards des passants. Naturellement, nous n'étions pas dans le secret des dieux, et nous avions besoin d'argent, de beaucoup d'argent pour faire face aux réparations des quatre immeubles que mon père avait fait construire entre 1936 et 1940. Désemparée, désespérée, veuve à trente-sept ans, déjà ruinée par la maladie de son mari, ma mère s'est adressée à M. Steiner – un courtier que j'avais dû apercevoir, en 1942 ou 1943, chez mon grand-père – afin qu'il montre le diamant endommagé à des bijoutiers experts en la matière. Le sieur Steiner *vendit* le bijou en pleine période d'inflation galopante. Il nous rapporta des paquets d'un papier-monnaie qui se dépréciait d'heure en heure. L'une de nos connaissances contrôlait les liasses qui, selon Steiner au cœur de pierre, sortaient de la banque. Il y manquait des quantités de billets qu'il restituait sans sourciller.

Je contourne la place Vörösmarty, devenue zone piétonnière. Je me retrouve devant un immeuble cossu au rez-de-chaussée décoré de pierres bosselées. À côté, se déploie un pur joyau de l'architecture « modern style », la façade savamment rythmée par des ensembles de trois fenêtres superposées et encadrées de mosaïques. La partie centrale est soutenue par des pierres évidées, espèces de chapiteaux soutenant des verrières quadrillées qui font grimper le regard jusqu'au toit ; là, on découvre deux sculptures de femmes aux bras noués derrière la tête qui maintiennent une coupole de bronze bleue agrémentée de franges. Je n'ai pas l'intention de me livrer à la description des richesses architecturales de l'Est. Avant et après mes vingt ans, je devais marcher épaules tombantes, tête baissée, le regard rivé sur ce qui se présentait à hauteur d'yeux. C'est au cours de ces journées à Pesth – Buda est un univers à part –, que j'ai levé les yeux pour découvrir la beauté particulière des quartiers construits au cours de la seconde moitié du XIXe et du début du XXe siècle. Une faible partie en a été restaurée, et le paysage urbain de la capitale n'a pas encore retrouvé son aspect d'avant-guerre. Certains bâtiments ont été remis en état à la manière socialiste : avec des piolets et des marteaux on a fait tomber la partie du revêtement qui risquait de s'écraser sur les passants. Par la suite, à l'occasion de mes visites à Vienne et à Trieste, je me suis rendu compte qu'il existait un style austro-hongrois de splendeurs habsbourgeoises qui, incarné par ces immeubles grandioses, survivait à la monarchie, aux guerres, aux changements de frontières, au socialisme. Le capitalisme sans merci qui sévit actuellement en Hongrie le remettra à l'honneur, incapable néanmoins de rivaliser avec cette grandeur, qui n'était qu'une illusion ostentatoire de pérennité.

Je passe en touriste blasé devant cet immeuble dont le premier étage, parcouru d'un balcon, abritait naguère un espace privilégié et luxueusement installé. Je me rappelle qu'à l'âge de huit ou dix ans j'y ai rendu visite à mon grand-père, membre de l'Automobile Club du Royaume de Hongrie, un cercle très fermé, lieu de réunion des grands industriels du pays. Il savait que j'étais passionné d'art lyrique et il me présenta au président des Amis de l'Opéra de Budapest. C'est par son intermédiaire que j'ai obtenu une place (au douzième rang d'orchestre) pour une représentation de gala de *Lohengrin* ; le grand ténor suédois Set Svanholm y tenait le rôle-titre, revêtu d'une armure aussi traditionnelle que resplendissante. En ce temps-là, on n'avait pas peur du mythe et de ses accessoires, notamment du cygne qui amène Lohengrin sur scène et que ce dernier congédie à la fin de l'opéra.

Suis-je en train de parler de Lohengrin ou de moi-même ? Où m'entraîne-t-il, le cygne de la légende ? La réalité magyare de 1997 n'a absolument rien à voir avec le mythe de l'enfance, avec le vécu de l'adolescence ou les tourments de mes dernières années hongroises. La recherche du temps perdu ne peut avoir pour cadre cette ville de Pesth dont la vulgarité balkanique me répugne et me déstabilise. Le sentiment d'insécurité n'a cessé de me hanter aussi bien dans le métro qu'au milieu du pont de chaînes suspendu (« Lánchíd ») où je fus abordé, peut-être sans grande agressivité, par un individu : « Touriste ?

Touriste ? » éructait-il d'une voix de crécelle. Voulait-il me vendre de la drogue ou des filles ? J'avais peur qu'il ne me jette dans le Danube. Je pressai le pas pour gagner l'autre rive. Je me sentais accablé par le fardeau des quarante ans d'absence qui pesaient sur mes épaules, et me refusai toute joie, tout plaisir, ne serait-ce qu'un repas dans un bon restaurant. Mais aurais-je pu faire un seul pas si j'étais demeuré englué dans mes souvenirs ? Bien avant mon départ, je connaissais mes sentiments contradictoires, la nostalgie et l'amour-haine pour la capitale des Hongres, j'avais pressenti mon abattement, ma mélancolie, mais je n'en avais pas prévu l'intensité. Astronaute venu d'ailleurs, je me suis trouvé dans une atmosphère dépressurisée où l'on se meut difficilement. Je n'aurais pas deviné que ce voyage de deux heures en avion aurait des répercussions aussi douloureuses. Sur place, j'ai projeté ma propre vacuité – car je me suis senti vidé, privé de mon enfance – sur la cité elle-même. Fils de cette ville, son produit et son rejeton, je me suis senti repoussé par elle. Étranger je l'étais, progressivement mis au ban par les lois antisémites votées au Parlement néogothique, étranger je suis demeuré en vertu de la logique impitoyable de la lutte des classes, sous le régime communiste. Désormais, je porte la cape lourde de l'émigré de retour dans son pays d'origine. Le traumatisme d'aujourd'hui ne fait que réactualiser des souffrances d'hier, je m'en rends compte en consacrant les matinées de cet été 1997 à déchiffrer le sens de ma visite en Hongrie. Se retrouver confronté à la réalité d'antan n'avance point le travail de deuil, n'apporte pas la sérénité, qui n'a rien à voir avec la présence. Elle est intimement liée à l'absence. La remémoration relève de l'imaginaire ; c'est un processus tout intérieur, sinon il est voué à l'échec.

Me Hedrich ou le notaire du coin de la rue

Je retrouve mon personnage le dos tourné au palais Gerbeaud, il se dirige vers la rue Deák, sur sa gauche. Me Hedrich, le notaire, officiait avant la guerre au n° 2.

Naturellement, je n'y ai pas pensé pendant mon séjour de deux semaines à Budapest, en mai 1997. Pourtant, une fois établi en France, j'ai souvent songé à lui. Je lui avais rendu visite en 1945 ; je recherchais le testament d'un membre de la famille, mon oncle paternel probablement. Ma démarche n'avait pas abouti, car je n'étais pas en mesure de produire les documents nécessaires. Je rêve pourtant de consulter ses archives. À Paris, n'ai-je pas obtenu sans aucune difficulté la communication de certaines pièces de Me Guyonnet de Merville, qui se trouvait à la tête de l'étude où travaillait un jeune clerc répondant au nom d'Honoré Balzac, sans particule ? Ne m'a-t-on pas laissé étudier le dossier personnel de Bernard-François Balzac, le père du romancier, aux Archives de la Guerre, à Vincennes, suivre sa carrière d'opportuniste, lire sa demande d'admission à la retraite rédigée de la main de son fils ? Alors, n'est-il pas absurde, douloureux et révoltant que je ne connaisse *RIEN* – comment l'exprimer avec plus d'indignation ? –, *NADA*, *NICHTS*, *NOTHING* sur l'histoire de ma famille ? Me Hedrich, ou son successeur, a dû cesser d'exercer au moment de la prise du pouvoir par les communistes. Existe-t-il en Hongrie un minutier central ? Y a-t-on versé les archives des notaires dits « royaux », jusqu'à la proclamation de la République, en 1945 ? Où se trouve l'acte de vente de la grande propriété des parents de ma mère ? Dans quel dossier a-t-on classé le contrat de mariage de mes parents ? Que pourrait-il révéler sur la nature de leurs liens ? Mariage d'amour ? Mariage de convention ? Mariage d'intérêt ? Lequel des partenaires a fait une « bonne affaire » ? Pourquoi le frère de ma mère, un avocat, propriétaire de milliers d'hectares, s'intéressant au sort de la paysannerie pauvre (était-il libre-penseur, socialiste, populiste ou franc-maçon ?), se mettait-il en colère quand il était chez nous ? À quel moment mon père a-t-il déclaré à ma mère, en ma présence : « Je ne crains plus ton frère » ? Que ne puis-je examiner de près l'acte fondateur de la « Travée », la société à responsabilité limitée témoignant de l'ambition irraisonnée de mon père qui se lançait dans la promotion immobilière à l'approche de la guerre ! Et comme ma grand-mère adorait apposer sa signature au bas de documents, on lui octroya des parts pour satisfaire sa passion de parapher et, en fin de compte, de posséder. L'aveuglement familial fut caractéristique de la bourgeoisie israélite hongroise, à une époque où les irrédentistes réclamaient non seulement le retour à la mère patrie des territoires attribués aux pays voisins par le traité de Trianon, mais encore des sanctions contre les Juifs qui, « à la manière de sangsues, suçaient le sang de la nation ». Qu'il fut difficile, à partir de 1945, de dissoudre cette société immobilière fictive pour la vendre, appartement par appartement, au prix d'une bouchée de pain ! Les archives familiales reconstituées révéleraient-elles des secrets ? D'ailleurs n'est-il pas plus fascinant d'en rêver que de les retrouver ?

Yasmina Reza ou les « actualités » retrouvées

Fatigué, troublé, désorienté, je cherche un spectacle susceptible de m'accueillir pour la soirée et d'abriter ma solitude. On joue *Art* de Yasmina Reza – en hongrois naturellement – au théâtre Katona qui par ses mises en scène novatrices déclassait, ces dernières années, le célèbre Théâtre National en pleine déconfiture. Par la rue Petőfi, parallèle à la rue Váci qui m'a mené au palais Gerbeaud, je me dirige en sens inverse vers le théâtre. Piéton somnambule, je passe devant le célèbre magasin de musique Rózsavölgyi, bien approvisionné en Callas et Elton John, et où manquent douloureusement les livres des grands musicologues hongrois : il y en avait de splendides d'Aladár Tóth sur l'art de Mozart, synthèse géniale des écoles de Mannheim, Paris, Venise et Vienne ; d'autres, de Bence Szabolcsi sur le vieux Liszt composant de la musique audacieusement atonale et annonçant les grandes innovations du XXe siècle. Le visiteur sans feu ni lieu que j'étais alors regrettait la disparition des ouvrages classiques qui entretenaient son enthousiasme et alimentaient son désir nostalgique de retrouver les traces de

Mozart à Salzbourg ou celles de l'abbé Liszt à Rome. Il avait l'impression de n'avoir plus de place dans cet univers si oublieux de sa culture. Aujourd'hui, je ne puis entièrement m'identifier à lui. Ne remarque-t-il pas que les livres de Kundera et de Hrabal, de Lovecraft et de Stephen King, de Wittgenstein et de Chomsky apparaissent dans les vitrines des libraires, grâce à Soros, le milliardaire hongrois, mécène de toute la vie culturelle des pays de l'Est, qui finance la traduction des œuvres étrangères qu'il juge indispensables ? Des situations inédites se créent de nos jours : les nouvelles de Kosztolányi, écrivain impressionniste, observateur des oscillations de l'inconscient, le Stefan Zweig hongrois, manquent sur les rayons des libraires de Budapest, alors qu'elles sont disponibles et promises à un beau succès, en traduction française, à Paris.

À la Comédie des Champs-Élysées, Pierre Arditi et ses deux complices firent triompher la pièce de Yasmina Reza. Une heure et demie de conversation entre trois amis : une peinture d'une blancheur immaculée, légèrement striée de rayons transversaux, que l'un d'eux a achetée, modifie les rapports qui les lient et révèle ce qui sommeillait en chacun. Au théâtre Katona, les changements d'éclairage à chaque rebondissement, les quelques sons de musique concrète, la gesticulation inutile des acteurs engourdis dans leur rôle lestaient de plomb ce spectacle intimiste, intellectuel et léger dans sa version originale. *Art* renoue avec la tradition des conversations spirituelles sur scène ; il est tout en nuances, les intonations mêmes ont une valeur sémantique, et Yasmina Reza se moque aussi bien du culte aveugle de l'abstraction en peinture que de la dépendance psychanalytique ou de la théorie de la déconstruction. Le traducteur hongrois avait rendu fidèlement « une merde », par le mot « szar », oubliant que le terme français ne renvoie pas toujours à la défécation, alors que les quatre lettres hongroises (qui comportent un *a* guttural et vulgaire à souhait) n'ont pas acquis ce degré d'abstraction.

À vrai dire, sans m'attendre à une représentation en français, comme il y a une quinzaine d'années quand cette même troupe jouait *Les Trois Sœurs* à l'Odéon, je fus surpris que les acteurs s'exprimassent en hongrois. Au bout de dix minutes, je suivais normalement le spectacle, et à la fin j'applaudis les acteurs, sans grande conviction, content que les aiguilles de la montre aient avancé de quatre-vingt-dix minutes. Tout compte fait, cette représentation s'était révélée un excellent antidote à mon ennui, à ce sentiment irrépressible d'inanité que j'éprouvais depuis mon arrivée. En deux heures, j'avais parcouru le centre-ville. J'avais cédé à mon vieux désir, j'avais accompli le devoir que je m'étais imposé, qu'allais-je faire dans les jours à venir ?

Je me revois au théâtre Katona il y a plus d'un demi-siècle. La salle vient d'être transformée en « Cinéma d'actualités » et l'on peut y assister à des séances d'une heure. Diverses images apparaissent sur mon écran : des soldats finlandais, chaussés de skis et revêtus de blouses blanches, résistent héroïquement à l'armée soviétique ; des canons allemands à longue portée attaquent des installations russes ; des stukas nazis, capables d'exécuter des chutes vertigineuses, se rapprochent des cibles à anéantir et bombardent des objectifs stratégiques mal défendus par les Alliés ; des bateaux anglais ou américains se trouvent dans le viseur des périscopes et explosent quelques secondes après, atteints par des missiles sous-marins. Sur la musique tonitruante des *Préludes* de Liszt, d'immenses V envahissent l'écran ; des milliers de prisonniers soviétiques défilent en arrière-plan, victimes du pacte germano-soviétique, de l'impréparation de l'URSS à la guerre et de la stratégie de Staline qui sacrifiait des millions de fantassins mal équipés pour faire taire une seule mitrailleuse ennemie bien protégée. Quelle était l'attitude du garçon de douze ou treize ans vis-à-vis de ces images ? L'horreur, la stupéfaction, la peur, la compassion pour des soldats capturés, mal rasés, aux yeux hagards ? Se représentait-il la mort horrible des marins de la Royal Navy, brûlés vifs ou blessés et projetés dans l'océan ? Faible, peureux, incapable d'exécuter un rétablissement sur un agrès, il était emporté par les accents triomphants de la musique de Liszt et se disait, sans enthousiasme militariste : « Il faut en passer par là. » Je ne puis l'excuser, je voudrais simplement le comprendre, lui qui, dans une foire, évitait les baraques de tir, car il avait horreur des armes à détente. Quelles pulsions œuvraient en lui ? Éprouvait-il une joie sadique devant ce spectacle ? Aujourd'hui, j'aurais envie d'imiter Mishima, de m'inspirer de sa danse amoureuse avec la sincérité, de la lucidité dont il fait preuve dans *La Confession d'un masque*.

Contrairement aux garçons de mon âge, j'accrochais avec un certain plaisir le manche d'un parapluie sur mon bras plié à hauteur de buste. Mes camarades de lycée, issus pour la plupart des classes moyennes nationalistes, antisémites et escomptant la victoire des Allemands, maîtres de l'Europe aryenne, flairaient en moi un petit Juif anglophile et m'appelaient « Chamberlain ». Je ne protestais pas contre ce surnom. Les affiches confectionnées avec la bénédiction des pères piaristes, qui célébraient les victoires des armées nazies, étaient entourées de bouts de fil de fer sur lesquels on accrochait des stukas miniatures ; ces avions minuscules semblaient eux aussi menacer mon existence et m'inspiraient une profonde terreur. Naturellement, j'avais été écarté de la confrérie des scouts, très active sous la houlette de jeunes prêtres sportifs et frustrés. Malgré la demande insistante de ma mère auprès du cantor des piaristes, j'avais également été interdit de chorale sous prétexte que je prononçais les « r » à l'arrière de la cavité buccale, trahissant ainsi mes origines peu avouables. Cette interdiction m'avait été particulièrement douloureuse. J'aurais voulu chanter des messes de Palestrina et des motets d'Orlando di Lassus. Des chants moins austères accompagnés à l'orgue – un garçon à la hanche abîmée, un petit valet de ces messieurs, actionnait le soufflet de l'instrument – me transportaient au septième ciel des fresques baroques. Mon exclusion quasi définitive de la communauté fut scellée le jour où l'un des directeurs du lycée réclama aux trois Juifs de la classe non pas leurs actes de baptême, mais de naissance ; ceux-ci comportaient la mention « né de père et de mère de confession israélite », ne tenant pas compte de la conversion des parents.

À la libération de la Hongrie par l'Armée rouge, le « Cinéma des actualités » retrouva sa vocation théâtrale. Dans une pièce satirique inspirée par la mythologie grecque, une actrice sans grand talent en traversait la scène, nue sous une tunique transparente, en compagnie d'un bouc, qui faisait rêver le public à d'étranges copulations. La salle avait été récupérée par son ancien propriétaire, l'acteur Góth, avant d'être nationalisée. À la fin des années trente, il avait remporté un franc succès dans *Un verre d'eau*, une comédie de Scribe très populaire en Hongrie. Le comédien vieilli reprit son rôle le plus célèbre et dit adieu à sa carrière dans une salle à moitié vide ; pourtant, avec l'inflation galopante, la place coûtait moins qu'un ticket de tram. Les communistes fermèrent naturellement le théâtre dans le but de priver le centre-ville de tout attrait culturel.

Je quitte le théâtre Katona, inconscient de mon passé, occultant l'histoire du lieu, et je reprends l'itinéraire habituel de mes années de lycéen pour retourner, en mai 1997, à la maison des hôtes de l'Université, l'hôtel Peregrinus, distant d'une centaine de mètres du foyer familial disparu.

Les trois marches de l'hôtel Peregrinus

Je traverse la place des Franciscains, mal éclairée, je m'engage dans la rue de l'Université ; à ma grande surprise, les voitures sont garées non pas le long du trottoir mais en épi, laissant peu de place aux piétons. Je parviens à la place de l'Université et me trouve face au monument aux morts de la guerre de 1914-1918. « Pro patria mortuis » ; des bras secourables se tendent vers le fantassin, mortellement blessé, désespérément seul sur son rocher, qui laisse échapper son fusil alors que la gloire lui tend la couronne du martyre. Je suis un peu surpris par le nombre et la marque des taxis au coin de la rue Szerb, des Mercedes exclusivement ; mais je m'aperçois que le night-club Aphrodite, célèbre fournisseur de chair fraîche, se trouve aux environs immédiats. Fidèle au trajet de l'élève que j'étais – mais où ai-je laissé le cartable fixé sur mes épaules ? –, je rentre à la maison. Je sais que je n'habite plus dans la première rue à gauche, la Fejér György utca, mais au bout de la rue Szerb, en face de l'église des orthodoxes, la maison des hôtes de l'Université, l'hôtel Peregrinus. Je monte les trois marches, ouvre la porte d'entrée surélevée, salue l'étudiant de garde à la réception et m'écroule sur mon lit. Je téléphone à Melinda, une descendante de la famille Gerbeaud qui habite le quartier noble de Buda, à proximité du Château royal restauré, et m'apprête à rejoindre Morphée. J'ouvre *ma* valise… et découvre quelques slips féminins, un gilet rouge de cirque, un body, dont les boutons-pression attendent une main impatiente pour libérer l'entrejambe, et une jupe blanche en coton. J'ai dû embarquer la valise d'une touriste. Je relève son nom et son adresse sur l'étiquette et m'empresse de lui téléphoner. Contrairement à sa mère, probablement âgée et très mécontente de mon appel tardif, elle se montre compréhensive et étonnée : « Ne vous-êtes vous pas rendu compte que ma valise était plus lourde que la vôtre ? » L'échange se fit le lendemain à l'aéroport ; le professeur Nimbus, dont la distraction était authentique, retrouva sa valise, de la même marque, du même type, mais plus petite, et suscita l'hilarité indulgente des policiers et douaniers de service.

De retour à l'hôtel, je monte une nouvelle fois mes trois marches… Je les évoque, je les flaire à la manière d'un chien, je pose mon oreille sur le bloc de pierre pour écouter les pas qui l'ont foulé, je capte leurs vibrations… En mai 1997, je ne cherchais qu'à ouvrir la porte d'entrée, et pour y parvenir il fallait que je prenne appui sur l'une des trois marches.

Tâte-marche, je m'approprie ce que révèlent les aspérités de la pierre poreuse. Elle aspire mes très anciens souvenirs. Mes hôtes, fiers de leur hôtel, m'ont dit qu'il abritait les services administratifs de l'université. Ils ne savaient pas, ou ne voulaient pas l'avouer, qu'un commissariat de police était installé à cet endroit en 1945 et peut-être même avant.

L'abri ou les silences de la mémoire

Une quinzaine de jours après l'entrée des troupes russes à Pesth, en janvier 1945, ma mère et moi nous sommes retrouvés dans l'abri de notre immeuble. Ma sœur était encore à Buda, à l'orphelinat – son refuge pendant la chasse aux enfants juifs –, situé au pied de la colline du Château royal en ruine. Nous n'avions pas de ses nouvelles, et je rêvais souvent que je lui rendais visite en traversant l'un des ponts que les Allemands n'avaient pas encore fait sauter. Le sous-sol de notre maison était « squatté » par une femme dans la cinquantaine et sa fille d'environ vingt-deux ans. Durant les mois précédents, alors que nous vivions cachés, elles avaient occupé notre appartement que le mari avait vidé de nos meubles (des caisses contenant notre argenterie, entassées dans la chambre de bonne et fermées à clef selon les instructions des autorités fascistes, s'étaient également volatilisées) et de tous nos effets personnels. Mère et fille juraient n'avoir rien pris et donc n'avoir rien à rendre. Un jour pourtant, en leur absence, nous découvrîmes sous l'oreiller de leur divan un cadre en ivoire sculpté ayant appartenu à mes grands-parents paternels. Des personnes plus vindicatives que nous dénoncèrent ces charognardes de la dernière minute. Des auxiliaires portant brassard rouge vinrent les chercher pour les emmener au commissariat. Les nouveaux policiers, pour la plupart des rescapés des camps voulant se venger, s'étaient désignés gardiens ou tortionnaires du nouvel ordre. Elles restèrent une nuit entière au poste : la mère, espèce de potiche chinoise, la fille, petite pute à la peau basanée prête à ouvrir son peu chaste trésor au premier venu, furent relâchées faute de preuve. Le lendemain, elles descendaient les trois marches du futur hôtel Peregrinus…

L'électricité n'était pas rétablie, et l'abri dont nous étions les prisonniers volontaires ne bénéficiait que de la flamme triste d'une bougie pauvre en stéarine. Qu'est-ce qui nous a retenus de remettre l'appartement en état et d'installer un poêle ? Une certaine lassitude, l'incapacité de faire face à une nouvelle réalité ? Les craintes pour la vie de ma sœur, restée à Buda, dans un quartier farouchement défendu par les Allemands ?

Je m'enfonce dans la pénombre de l'abri que je repeuple de ses anciens habitants. Rue Fejér György, mon père avait fait construire deux bâtiments contigus ; l'un était décoré de l'insigne infamant, l'autre faisait partie du paysage urbain normal, sans aucune souillure raciale. À partir de mars 1944, après la mort de mon père, l'occupation effective du pays par les Allemands et la mise en place de l'appareil gouvernemental à leur solde, l'abri commun aux deux maisons – situé dans le nôtre – fut réaménagé et divisé en deux espaces. Celui du fond fut attribué aux Juifs, qui, en cas d'alerte, devaient traverser la partie aseptisée réservée aux aryens. Contrairement aux autres locataires de race pure, Mme Ürüléky avait refusé de quitter son appartement de l'immeuble étoilé. Proche des Croix-Fléchées – l'extrême droite du fascisme hongrois – qui attendaient leur heure, elle *savait* que cette maison surpeuplée serait bientôt vidée de ses habitants indésirables. Elle se joignait à nous lors des attaques aériennes ; les bombardiers décollant des bases alliées, établies en Italie, terrorisaient les locataires de race immaculée et nous remplissaient d'un espoir irraisonné.

J'assure la permanence près du poste de radio installé au rez-de-chaussée ; je dois donner l'alerte dès que l'attaque aérienne est signalée comme imminente. J'écoute en secret les émissions de la BBC pour puiser un peu de réconfort face à une situation de plus en plus menaçante, de plus en plus désespérée ; j'actionne la sonnerie, je cours au premier étage et j'aide une voisine à descendre son bébé dans un couffin. Son mari, déporté, creusait des tranchées sur le front russe. Ma mère se plaisait à raconter que ce bambin était né le jour où son mari était décédé. Concevait-elle la vie comme des vases communicants entre morts et vifs ? Il s'agissait bien plutôt d'une formule qui l'aidait à se résigner. De même, le jour de la mort de son père une amie me disait : « Il ne s'est pas vu partir. » Une telle phrase ne signifie pas grand-chose, mais elle console et réconforte : il n'a pas souffert, il n'a pas vécu son agonie, la mort l'a frappé avant qu'il ne soit défiguré par la douleur.

J'ai plus de difficultés que prévu à dérouler le film de l'abri. Je ne vois pas mon grand-père. Aurait-il refusé de quitter l'appartement ? J'aperçois un autre vieillard : il sculpte dans des noyaux de pêche de minuscules singes recroquevillés sur eux-mêmes qu'il vend pour un *pengő*. Veuf, il vit seul. Ses deux fils sont dans des camps de travail et l'un d'eux vient le voir de temps à autre. Des explosions secouent la maison. Les avions anglais et américains bombardent la banlieue sud de Pesth et l'île de Csepel, où est concentrée l'industrie lourde. Des femmes tricotent, des enfants dorment, des valisettes de survie traînent auprès de chaque habitué de la cave mal blindée. Personne n'ose se plaindre, je n'aperçois pas une seule larme, je n'entends aucune conversation. Ma caméra fonctionne au ralenti. La bande sonore se détraque. La terreur aurait-elle paralysé ces gens terrés, muets et serrés les uns contre les autres ? La maison tanguait sous les bombardements ; ces quelque quatre-vingts personnes qui occupaient l'abri ne pouvaient pas demeurer immobiles, figées dans des positions hiératiques. Je plonge dans les limbes de ma mémoire, et je ne rencontre que des esprits et des fantômes. Je n'arrive pas à les voir, à les serrer dans mes bras ; ils m'échappent, je suis incapable de les convoquer, rassembler, dévisager, décrire, d'appuyer sur cette sonnette qui les faisait descendre dans l'abri de la rue du mathématicien Fejér György, il y a plus d'un demi-siècle.

Gyuri : mon oncle Georges

La bougie s'est éteinte depuis longtemps. Je m'éveille dans le noir, puis me rendors ; je suis sauf, ma mère se repose paisiblement, ma sœur nous rejoindra bientôt, nous en sommes intimement convaincus, par télépathie probablement… Je quitte l'abri au matin. Des gars costauds du voisinage démontent le toit d'une bicoque et se chauffent au bois volé. Je veux faire comme eux, mais je n'arrive pas à soulever la poutre abandonnée par terre. Une fois de plus, nous avons recours à l'ami de ma tante, ex-maîtresse d'un type de la Gestapo qu'elle payait, paraît-il, un napoléon par jour pour retrouver *son mari*, mon oncle, le frère de mon père. L'ami du jour l'appelle « ma p'tite vénérée ». C'est lui qui nous apporte des fagots, car je suis incapable de manier la scie et la hache. Son intervention nous coûte cher, mille francs suisses (une fortune à l'époque !) dont le gratifie ma tante au titre de services rendus (ramonage de cheminée et autres conduits ; dépeçage d'une vitrine pour objets d'art et découpage dudit meuble en bois sculpté à des fins de chauffage). Esprit rude dans un corps jeune, sa bourse gonflée d'une belle somme, il partit pour la Suisse en espérant faire une carrière dans le football.

M'identifiant à Gyuri, mon oncle paternel, j'étais indigné des « infidélités » de sa veuve à qui nous devions la vie. J'aimais Gyuri, le bohème non conformiste qui, après les déjeuners dominicaux d'avant-guerre, allumait le poste de TSF pour écouter des disques classiques programmés entre quatorze et quinze heures. Le choix proposé par Radio Budapest n'était pas très riche. L'éternelle ouverture de *L'Échelle de soie* de Rossini, dirigée par Toscanini ; l'air de Rosine du *Barbier de Séville* ou celui de Santuzza de la *Cavalleria Rusticana* de Mascagni, chantés par l'inégalable mezzo Ebe Stignani ; des transcriptions réalisées par Fritz Kreisler et aussi de grands finales d'opéras comme l'ultime scène de la *Norma* demeurent attachés à son souvenir. À l'issue de ce programme bigarré, il nous quittait pour assister, prétendait-il, à une représentation en matinée d'une pièce de boulevard. Dans les années 1942-1943, il désirait gagner notre sympathie pour ses desseins matrimoniaux. Pötye, sa promise, vint nous rendre visite durant la maladie de mon père alors que ma sœur et moi, sous la surveillance de Fernande, notre gouvernante française, nous trouvions en villégiature au bord du lac Balaton. Nous passâmes une journée agréable avec cette jeune femme à la peau peu soignée, mais à l'air décidé et énergique. Elle aimait la musique classique, m'avait-elle confié ; aussi, avec nos économies mises en commun, nous avions décidé d'acheter un gramophone électrique que nous aurions utilisé à tour de rôle. Je fus frappé par la véhémence de l'opposition de ma mère à ce projet. Sa réaction exprimait manifestement la réticence de la famille face à ce mariage avec une petite arriviste de la campagne dont l'éducation restait à faire.

Je n'arrivais pas à accepter la disparition de mon oncle. Au cours de l'été 1944, il avait passé quelques jours dans son appartement de la maison voisine où il vivait depuis des années. Les Juifs mariés avec une aryenne bénéficiaient de la protection de certaines lois encore en vigueur. Puis il était reparti (pourquoi ne s'était-il pas caché ?) pour son « camp de travail ». Une usine ? Des champs où les hommes valides creusaient des pièges antichars ? À quel moment les nazis hongrois ont-ils livré ces « travailleurs » juifs aux Allemands ?

En 1944 et au début de l'année 1945, nous ignorions pratiquement tout de la Shoah. Cela est à peine croyable aujourd'hui. Les Soviétiques, responsables de millions de morts dans le Goulag, n'avaient pas intérêt à révéler le fonctionnement savamment organisé de ce système d'extermination, bien qu'il eût pu servir à leur propagande antinazie. Les Hongrois, complices des pires atrocités, choisissaient naturellement de se taire. Les rescapés ne pouvaient pas encore dire l'horreur. Finalement, c'est la presse à sensation qui s'empara du sujet. Le récit d'un médecin hongrois, « Au service du Dr Mengele », révélait les expérimentations pseudo-scientifiques pratiquées par un fou sadique, assoiffé de sang, qui voulait prouver à Auschwitz la supériorité de la race aryenne sur les espèces dégénérées.

En écrivant ces lignes, je me revois au bord du lac Balaton, en compagnie de Tutti – à qui je donnais des leçons de français – et de la famille qui nous recevait : nous étions probablement des hôtes payants. Le soir, à la lumière de la lampe à pétrole, les langues se délient. Tutti nous raconte que dans le camp libéré par les Américains où elle avait été internée, les nazis servaient des vers de terre aux prisonniers qui les engloutissaient avidement, tant ils avaient faim. Tutti, une belle femme rayonnante, a émigré en Australie où son mari, doué pour le commerce, a fait fructifier ses talents. En France, le témoignage de Jean, un résistant self-made-man, industriel à la retraite, qui vit avec Michèle dans une maison riche en œuvres d'art, m'a toujours bouleversé. Le couple, d'une qualité humaine exceptionnelle, reçoit généreusement. Après avoir servi le foie gras, grillé sur le feu de bois des côtelettes de mouton, apporté le dessert, Jean ne peut s'empêcher de raconter comment il a survécu à Dachau. J'ai assisté plusieurs fois à la scène. Sans le vouloir, sans le savoir, il mettait mal à l'aise son auditoire gavé de mets exquis en rappelant qu'il s'était rendu compte que pour survivre, il fallait se placer, à l'heure de la distribution de la soupe, au dernier rang à gauche, devant son baraquement, pour recevoir la louche du liquide plus épais qui restait au fond du chaudron.

Je ne cesse de parler de Gyuri ; il figurait, nous a-t-on rapporté, sur une liste de survivants. Est-ce que j'aurais moi-même lu son nom sur une feuille collée sur la porte d'un bureau de la Croix-Rouge ? Sur le chemin du retour, s'est-il effondré à l'approche du but ? J'ai largué les amarres de mon imagination à son sujet : dégoûté de l'Europe prétendument civilisée, révolté contre son pays, trahi par la femme qu'il aimait, il était parti aux États-Unis où il avait fait fortune. Ici, j'avais deux scénarios à ma disposition : il revenait en Hongrie sous l'uniforme de l'armée américaine, ou alors il nous invitait en Californie dans sa villa luxueuse. À l'occasion de mes conférences en Israël – j'ai réalisé le vœu de mes ancêtres : « l'année prochaine à Jérusalem » –, j'ai consulté les archives de Yad Vashem, mais je n'ai trouvé aucune fiche à son nom. Il était né en 1907, il avait l'âge de ma mère. C'est un jeune homme de trente-sept ans qui vit dans ma mémoire et dont je porte le deuil encore aujourd'hui. *Poor Yorick*, pauvre Gyuri !

Manyi et Révész

Il me semble que nous croupissions encore dans notre cave, quand M. Révész, fourreur de son état, nous invita à déjeuner. Il avait survécu aux persécutions grâce à Manyi, une danseuse du Moulin-Rouge de Pesth, qui, comptant sur sa munificence, l'avait logé entre ses jambes dignes d'une Bluebell Girl. Il l'avait sauvée de la misère, elle lui sauva la vie. Peu de temps après la Libération, il reprit son commerce de fourrure et, dignitaire du parti social-démocrate, profita de tous les avantages que le Front populaire lui proposait. Il portait une lourde chevalière en or, habillait la toison de Manyi de splendides pelages. Grâce à ses relations, il s'était procuré des vitres, alors que ses concitoyens grelottaient derrière des fenêtres où le papier huilé remplaçait le verre. Il récupéra ses meubles et ses tapis, son toupet, son bagout, sa médiocrité native. Pas très intelligent mais généreux, animé de juste ce qu'il faut de sentiment de vengeance contre les fascistes – il prononçait « fassistes » au lieu de « fachistes » –, il était doté de la débrouillardise du petit Juif conquérant. Certes, son invitation était quelque peu ostentatoire, mais n'avait rien de blessant à notre égard. Les yeux écarquillés, nous découvrîmes un univers qui représentait la normalité d'antan. Un appartement chauffé, un parquet brillant et habillé de tapis, des meubles en merisier d'un mauvais goût exquis, une table et sa nappe damassée, de l'argenterie derrière des vitrines époussetées par la mère de l'ex-danseuse condamnée à l'oisiveté de la maquerelle retraitée. À l'issue de ce déjeuner « mondain », il nous fut difficile de redescendre dans l'abri. Pourtant, l'événement secoua notre torpeur et nous incita à nous réinstaller dans notre ancien appartement au parquet noir de crasse et aux fenêtres aveugles. Vides étaient les placards, béants les buffets et les vitrines. Une horloge « façon Boulle » – comme nous l'apprîmes par la suite en la vendant pendant l'inflation –, placée sur une fausse cheminée, semblait se moquer de notre dénuement. Le concierge, avec plusieurs briques posées à même le parquet et recouvertes d'une plaque de tôle, nous construisit un poêle de fortune relié par un tuyau à la cheminée de la maison. Fort content de son œuvre, il déclara que cette modeste chaufferie-cuisinière-fourneau-salamandre « parlerait sept langues », expression imagée relative aussi bien à la force de combustion, au tirant d'air et, qui sait, peut-être au miracle de la Pentecôte où, remplis de l'Esprit saint, les apôtres se mirent à parler des langues étrangères.

Révész et Manyi filaient apparemment le parfait amour tandis que la mère tricotait des écharpes. Ils recevaient beaucoup, organisaient des parties de bridge dont ils se lassaient rapidement. Manyi voulait jouer au rami en petit comité. Elle invitait un sien cousin qui était, paraît-il, de bonne compagnie. Le pauvre Révész se vit contraint de participer à sa propre perte. D'ailleurs, ses affaires périclitaient, mais il parvint à vendre à temps son stock de fourrures. Il n'était incontestablement pas de taille à lutter avec le jeune, beau, insolent cousin qui avait pris ses quartiers à l'ombre d'une Manyi refleurie, maquillant d'un rouge grossier ses lèvres épaisses. L'inévitable arriva. Manyi et son cousin à la mode de Bretagne levèrent l'ancre, lâchèrent le vieux fourreur ruiné et le pays dont s'étaient emparés les communistes.

Un Révész amaigri, ridé, misérable, diminué à la suite d'une crise cardiaque, racontait ses malheurs à qui voulait l'entendre. Un beau jour nous reçûmes une carte d'Israël : « Je vais bien, j'ai repris mes activités et mon cœur meurtri s'est laissé consoler… »

Il a resurgi dans ma mémoire il y a peu. En fait, ce n'est pas lui qui m'importe, mais ses voisins de palier ; l'anecdote recèle une lointaine souffrance toujours présente. Bien sûr, ce n'est pas « capitalissime », comme dirait Proust. « Révész » en hongrois signifie « passeur de bac ». Le mien n'avait rien d'un Charon méchant et tyrannique, ni la laideur ni la barbe hirsute. Au plus profond de moi-même, il est un nautonier qui me permet de quitter les rives du Danube pour retrouver les berges de la Seine, un nocher qui rame dans les eaux de l'inconscient. Je monte dans sa barque et…

Les Szlovák

Je sonne chez les Szlovák. Gyuri a le même âge que moi, il est affable, amical et viril sans avoir besoin d'exhiber ses muscles. Il me prête souvent son électrophone que je branche sur notre vieux poste de radio pour écouter des enregistrements de musique classique qui m'enthousiasment : je crois sentir vibrer mon cuir chevelu, les notes embrasent tout mon être, bercent ma mélancolie et calment mes frustrations. Mme Szlovák ouvre la porte, m'accueille avec une gentillesse feinte et se met à vanter la générosité de son frère, qui vit aux États-Unis où il est secrétaire du puissant syndicat des camionneurs. D'un geste brusque, brutal devrais-je dire, elle tire le premier tiroir large et profond de sa commode, où s'entassent les paquets de café, les conserves de corned-beef, les pots de confiture, les sachets de thé, les sacs de riz. Mais je ne tiens pas à faire ici l'inventaire d'un supermarché de quartier. Animée d'un sadisme incontestable, Mme Szlovák détaille ses richesses. Elle sait pertinemment que nous sommes ruinés et que, sans que ce soit la famine, nous connaissons de grandes difficultés pour nous procurer le strict nécessaire. Elle l'a d'ailleurs fait savoir, m'a-t-on rapporté, aux locataires de l'immeuble. Adolescent mûri par la maladie et la mort de mon père, accablé par l'angoisse de ma mère, emmuré dans ma solitude, stupéfait par le cours des choses, j'écoute sans broncher, fier de ma supériorité de déclassé, cette femme anguleuse, pâle et insatisfaite. M. Szlovák, un survivant lui aussi, s'était enrichi grâce au marché noir pendant le temps béni de l'inflation, dont il avait saisi le mécanisme, alors que nous demeurions pétrifiés par ce tremblement de terre monétaire. Il achetait de la soie, faisait fabriquer des cravates et les livrait lui-même. Marchand de timbres, il gagnait des sommes considérables et offrit une bague sertie de diamants à sa femme qui lui pardonna d'entretenir une maîtresse.

Au début de l'été 1946, nous partîmes en villégiature, Gyuri et moi, dans un manoir géré par un couple ami de ses parents et situé à quelques dizaines de kilomètres de Pesth. Lui, un homme d'affaires énergique et sportif, à la mâchoire arrogante, pêchait en eau trouble. Il roulait dans un side-car qu'il avait acheté à un soldat russe qui l'avait lui-même volé à l'armée. Elle, blondinette accorte, gérait le bar. Cinq ou six chambres étaient à la disposition des clients qui payaient peu le jour, mais dépensaient beaucoup la nuit tandis qu'ils buvaient des cocktails servis par l'hôtesse qui se mettait volontiers au piano pour accompagner ses chansons lestes. La chambre attenante à la nôtre était occupée par un agioteur d'un certain âge et sa jeune maîtresse. À travers la cloison nous parvenaient les gémissements de la fille qui devait se tordre de plaisir et de douleur. « Ça y est, s'écriait Gyuri, émoustillé, il l'a mise dedans ! » Le soir, il rejoignait le bar et me laissait seul. Le matin, nous nagions dans le Danube, jusqu'au jour où nous fûmes entourés d'une bande d'adolescents hostiles, dépêchés par la cellule locale du Parti. Notre séjour prit rapidement fin. Avant notre départ, nous apprîmes la mésaventure du gérant : accompagné par le Russe dans son side-car, il s'était rendu à Vienne pour récupérer de la marchandise (de la drogue ?) en contrebande. Au retour, son complice soviétique l'avait dépouillé de ses biens sous la menace d'un revolver et abandonné à la frontière austro-hongroise après avoir enfourché la puissante motocyclette.

Gyuri profitait pleinement de la vie. Il faisait partie d'une horde sympathique de jeunes mâles qui couraient les collines de Buda entre deux beuveries. Un dimanche, m'avait-il raconté, ils s'étaient retrouvés dans une forêt de chênes qui entourait la chapelle « Notre-Dame des Glands ». Ils s'y étaient exhibés et avaient décerné un prix à celui qui avait le gland le plus épais et le plus violacé. Inhibé, complexé, pudique et maternellement couvé, je refusai de me joindre à ces garçons avides de plaisirs qui, sans s'en rendre compte, vivaient normalement les pulsions homosexuelles de leur âge. En même temps ils étaient impatients de culbuter leurs copines. Une ou deux années plus tard, j'aurais bien aimé les rejoindre, mais il était trop tard. Ils formaient des couples éphémères ou m'en voulaient de les avoir snobés auparavant.

Szlovák junior sortait avec des filles faciles. Il avait assez d'argent pour louer une chambre à une vieille femme et les y emmener. Je le rencontrai un jour, rue de l'Université, et il se vanta d'avoir acheté trois préservatifs qu'il avait l'intention d'utiliser dans le courant de l'après-midi. Une autre fois, c'était en hiver, Gyuri déclara qu'il avait les jambes flageolantes, car il s'était suspendu à une clôture en bois pour pénétrer sa belle – dans mon souvenir, elle s'appelle Pongó. Enceinte, elle lui réclama de l'argent pour se faire avorter. Gyuri n'était guère convaincu, et c'est avec une expression de mépris affiché qu'il lui refila par-dessus l'épaule, sans se retourner – il mimait son geste –, un billet plié en deux dans le sens de la longueur et coincé entre l'index et le majeur.

Le père Szlovák mourut, et Gyuri resta près de sa mère qui déclarait à qui voulait l'écouter que son fils ne s'intéressait pour le moment qu'à une seule chose, vous-comprenez-ce-que-je-veux-dire, mais que cela lui passerait ; elle semblait résignée mais fière de ses exploits. Complice de ses passades, voulait-elle le garder tout à elle ? Quoi qu'il en soit, Gyuri est resté célibataire. L'idée de rendre visite à ce Desdichado au petit désespoir ne m'avait pas traversé l'esprit lorsque j'avais jeté un coup d'œil sur la liste de l'interphone à l'entrée du n° 10 de la rue Fejér

György. Je pense à lui aujourd'hui, et le nom de sa *Pongó* tinte à mon oreille à la manière de *pengő* qui, avant la création du *forint* en 1948, était la monnaie dévaluée de mon pays exsangue.

Les cuillers du comte Battyhányi

Dans les semaines qui suivirent l'entrée des troupes russes à Budapest – malgré leur comportement abominable, ils étaient nos libérateurs –, notre ruine se révéla complète. La poursuite de mes études paraissait utopique. Je rencontrai dans les rues enneigées de mon quartier mes anciens professeurs, les prêtres piaristes, qui n'avaient pas eu l'idée de s'intéresser à mon sort durant la période critique entre avril et novembre 1944 ; expulsés de leur maison conventuelle incendiée par les Soviétiques, ils traînaient leurs hardes dans la rue.

Reprendrais-je mes études ? Serais-je apprenti ? Dans quelle branche ? Les circuits électriques, l'allumage des lampes de petit voltage au moyen d'interrupteurs me fascinaient depuis mon enfance. (Voulais-je m'enfermer dans mon univers ? Quelle « connexion » familiale voulais-je rétablir ? Celle de mes parents ?) Allais-je devenir électricien dans une entreprise qui avait jadis travaillé pour mon père ? Le projet fut rapidement abandonné. En effet, d'une manière quasi miraculeuse, nous sommes rentrés en possession d'une dizaine de caisses que ma mère avait remplies d'effets les plus divers avant la promulgation des lois antisémites : du linge de maison, une caméra 16 mm dont le ressort se remontait manuellement, des disques, des costumes de mon père, mon train Märklin, des ustensiles de cuisine, de l'argenterie ; un trésor, une dot parachutée du ciel, constituée par le génie féminin, une barque de survie échouée sur notre rivage de misère. L'existence de ce dépôt avait échappé aux Allemands. Une nouvelle vie s'ouvrait à la famille réunie.

Ma mère fut parmi les premières à franchir les pontons assemblés sur le Danube par l'armée russe pour relier les deux rives de la capitale ; elle retrouva ma sœur saine et sauve, infestée de poux, mais apparemment en bonne santé. Édith me dit aujourd'hui que son orphelinat n'avait été visité qu'une seule fois par les Allemands et leurs acolytes hongrois. Les bonnes sœurs conseillaient simplement aux petites pensionnaires de se pencher sur leur assiette de soupe et, par cette recommandation, elles sauvèrent plus d'un nez de fillette juive... Se souvient-elle des combats qui ont fait rage sous la colline du château royal ? Elle se garde d'en parler.

La perspective de la reprise de mes études secondaires ne fut pas immédiate. Durant cette période où l'argent se dévaluait d'heure en heure, les agioteurs de la Bourse de Budapest, ressuscitée de ses cendres, et les spéculateurs du marché noir étaient à la recherche de coursiers sûrs à qui l'on pouvait confier des sommes importantes à transporter rapidement. Le pourcentage fixé à titre de rémunération était honorable. Encouragé par ma mère, je voulus m'engager en tant que télégraphiste auprès de ces messieurs. « Monsieur Loránt junior a-t-il bien réfléchi avant d'enfourcher son vélo ? », me demanda un ami de la famille qui songeait encore à notre position sociale d'avant-guerre. Il était vieux jeu et oubliait que je n'avais pas de bicyclette...

L'une des fameuses caisses contenait une douzaine de petites cuillers en argent serties d'opales, d'un travail exquis, cadeau de ma marraine, la comtesse Battyhányi. (Comment la famille avait-elle déniché cette aristocrate pour me tenir sur les fonts baptismaux de l'Église catholique et romaine ?) Elle était la petite-fille du général Battyhányi, le Premier ministre du gouvernement hongrois révolté contre l'Autriche, condamné à mort en 1849 par le tribunal militaire sur l'ordre de la cour de Vienne, et pendu – malgré les blessures qu'il s'était faites au cou dans son désespoir – par les bourreaux de l'empereur François-Joseph récemment monté sur le trône. Le coffret, qui appartenait à ce martyr des illusions romantiques et quarante-huitardes, avait une valeur historique inestimable. Les cuillers avaient dû être fabriquées par un orfèvre de renom au XVIIIe siècle. Ma mère, perdue dans ce monde d'après 1945, traumatisée par les semaines passées dans un camp de travail pour femmes juives qu'il s'agissait d'exterminer, ne songeait qu'aux repas du lendemain. Elle était saisie d'une frénésie de liquidation.

Sous le choc des événements, confronté à son désarroi, à son incapacité à commencer une nouvelle vie, cette jeune femme distinguée oublia les « bonnes manières ». Ma sœur qui avait onze ans et moi qui en avais quinze, nous étions désespérés de la voir assise sur un misérable tabouret de cuisine, parler la bouche pleine et s'adonner à son tic : avec les ciseaux imaginaires que formaient son index et son médius, elle tranchait le bout de son nez, droit pourtant, mais qui trahissait ses origines juives. Elle passait ses fins de semaine à pleurer. Elle se lamentait devant le délabrement qui nous entourait, devant les fauteuils usés jusqu'à la corde dont elle ne pouvait renouveler le tissu. Nous appréhendions les fêtes, Noël surtout, autant de caps difficiles à franchir pour notre fragile embarcation familiale, car sa tristesse était infinie. Était-ce durant cette période que ma sœur réclamait en sanglotant un petit frère ou une petite sœur ? On essayait de la consoler, mais en ce temps on ne parlait pas un langage sensé aux enfants en deuil de leurs parents. Les amies de ma mère, et parmi celles-ci une ancienne maîtresse de mon père, reprenaient une vie normale, travaillaient, sortaient, connaissaient des amours éphémères, alors qu'elle s'emmurait dans une solitude désespérée.

Ma mère décida qu'accompagné de Vavrinez, le concierge de la maison voisine, je me rendrais au marché aux puces (ne devrais-je pas plutôt parler de la foire aux objets volés ?), place Teleki. En contrepartie d'un costume (qualité Dormeuil) ayant appartenu à mon père, la famille Vavrinez me reçut pour déjeuner pendant des semaines. (Où donc mangeaient ma sœur et ma mère ? À la soupe populaire ?) Arrivés au marché où les vendeurs étaient tous des truands, nous nous sommes rapidement débarrassés, à vil prix et sans regret de ma part, du précieux coffret. L'argent perdait de sa valeur de minute en minute et à grand-peine nous trouvâmes une bicyclette, lourde à damner un portefaix, en état de rouler. Vavrinez ne m'aidait pas, indifférent à la transaction. Nous rentrâmes à la maison, et je me présentai au commissariat pour faire enregistrer ma « petite reine », après avoir grimpé trois marches fatidiques. « Avez-vous un certificat de vente ? » me demanda le flic de service. Légalité, légalité… L'avait-on respectée quelques semaines auparavant, quand nous devions déposer nos postes de radio à la mairie, suivant l'ordre des Russes, qui craignaient aussi bien les émissions anticommunistes que celles de la BBC ? Curieusement, peu de temps après, certains fonctionnaires communistes possédaient de splendides tourne-disques… En bredouillant, j'avouai avoir acheté le vélo place Teleki et promis de retourner sur le lieu de vente. Ce que je fis avec le résultat que vous devinez.

Finalement, l'un de nos amis établit un certificat de cession fictive, et le vélo put enfin être enregistré au commissariat. Soulagé, je descendis les trois marches sur lesquelles, en 1997, je prenais appui pour soulever et ouvrir la porte d'entrée de l'hôtel Peregrinus…

Un « Hussard marocain » à l'encan – je le retrouve à Paris

La ruine de la bourgeoisie faisait partie des projets à long terme des communistes, minoritaires dans le pays. Si en 1944 les Juifs hongrois ne connaissaient pas l'existence d'Auschwitz, entre 1945 et 1947 les bourgeois magyars ignoraient qu'ils allaient perdre leurs biens. Le sieur Bednárc, un ancien propriétaire terrien, la caricature même de ce qu'il incarnait, faisait chez nous des apparitions de plus en plus fréquentes. Son chapeau tyrolien, son accent caractéristique de la Hongrie du Nord amusaient ma mère qui lui vendit nos maisons, appartement par appartement, pour une bouchée de pain. La réparation des toitures endommagées par la guerre était obligatoire. En dénonçant le passé fasciste de certains leaders du Parti des Petits Propriétaires, les communistes revenus de leur exil en Moscovie (du moins ceux qui avaient échappé aux purges staliniennes) commençaient à dévoiler leurs véritables intentions. Cependant, Bednárc demeurait confiant : les Américains interviendraient prochainement et chasseraient les bolcheviques des postes clefs. Il conservait ses illusions, mais achetait les appartements à des prix de plus en plus ridicules qu'il estimait pourtant sérieux. Il se saignait, se sacrifiait, prétendait-il, pour honorer la mémoire de mon père avec qui il avait fait de bonnes affaires. J'ai assisté à ces tractations honteuses, placées sous le signe de la respectabilité : ma sœur et moi avions été convoqués, au préalable, par le juge des tutelles pour donner notre consentement aux démarches de ma mère. La forme, la forme… devait être respectée, même à cette époque d'expropriation larvée. Nous étions assistés par Me Polacsek, un survivant de la Shoah, qui voulait remeubler son appartement dévasté et achetait les œuvres complètes des grands romanciers hongrois pour « garnir », selon son expression, les rayons vides de sa bibliothèque.

Les lâches et les rusés profitaient du désarroi de cette jeune veuve. Elle se rendait compte de notre déclassement inévitable, mais en luttant pour assurer le quotidien elle le précipitait inconsciemment. Les biens meubles n'avaient pas de valeur à ses yeux, à moins qu'une fois vendus à vil prix ils ne contribuent aux dépenses du foyer. Au printemps 1945, elle vendit un objet magique ayant survécu au siège, notre réfrigérateur en panne, pour pouvoir envoyer ma sœur à la campagne pour une dizaine de jours ! De la même façon, elle s'adressa à des « amis » pour se débarrasser du splendide tableau de Rippl-Rónai, le nabi hongrois, disciple de Gauguin, ami intime de Maillol et de Vuillard, qui représentait, pensions-nous, un hussard marocain.

Vers 1945-1946, ma mère reprit contact avec György Frankel, l'architecte d'intérieur qui en 1940 avait aménagé notre appartement. Elle s'entendait bien avec lui : il était « pratique » et « moderne », des mots clés qui flattaient l'oreille de la bourgeoisie contrainte de restreindre son train de vie et de renoncer aux grandes pièces hautes de plafond ; le chic de l'époque consistait à se confiner dans des espaces réduits et à y replacer des meubles d'antan coupés en deux et encastrés « dans le mur », en fait dans de fausses cloisons qui diminuaient encore la place disponible. Bien rémunéré, l'architecte, aquarelliste à ses heures, nous avait fait cadeau d'une de ses œuvres originales, une « néo-fresque » de son invention, élaborée à partir de personnages et de décors découpés dans des chutes de papier peint et représentant une noce de village. Mon père, qui s'était déchargé du soin de l'installation et de la décoration sur ma mère, était plus réservé à son égard.

Après la Libération, György Frankel – il avait « magyarisé » son nom en Almás, car sous le régime communiste, qui n'avouait pas son antisémitisme, un nom hongrois était mieux porté qu'un patronyme à consonance juive ou allemande – découvrit sa vocation communiste. Adhérent enthousiaste du Parti, il se révolta contre ces bourgeois qui avaient abusé de son esprit inventif, et s'adonna à plein temps à sa passion d'aquarelliste du dimanche. Nous le voyions moins. Sa hargne avait pour cible principale sa belle-sœur, dentiste et veuve joyeuse, qui était l'amie d'un marchand d'épices en gros, et qui s'offrait des chemisiers sur mesure en pur nylon à des prix astronomiques. Mme Frankel, professeur de piano, militait au syndicat des musiciens, animé par un compositeur revenu de Moscou qui portait l'uniforme de l'Armée rouge. Elle se vengeait sur ses collègues de bonne famille des humiliations subies pendant la guerre en tant que répétitrice salariée dans des pensionnats huppés. J'admets que je lui dois beaucoup : tandis que je cultivais une certaine sentimentalité chopinienne et jouais des *Nocturnes* en effleurant le clavier, elle me fit découvrir des sons plus nourris, ayant « un noyau », affirmait-elle, qu'on obtenait en travaillant le haut du bras et non le poignet.

Une solidarité profonde liait les peintres communistes les uns aux autres. Ils rêvaient d'un avenir radieux, souhaitaient renouer avec l'école de Paris et les avant-gardes européennes et ne soupçonnaient pas que le Parti, prônant à partir de 1948 la théorie du « réalisme socialiste », allait leur couper les ailes. Néanmoins, il fallait vivre au présent. La bourgeoisie ruinée ne pouvait plus acheter leurs compositions et les cadres ouvriers et paysans accrochaient des chromos sur les murs de leur cuisine. Durant cette période inflationniste, bouleversée par des changements politiques et sociaux, György Frankel et ses amis n'ignoraient pas la valeur des grandes œuvres d'art.

Ma mère semblait une proie idéale. Elle songeait à vendre le *Hussard marocain* de Rippl-Rónai, et s'était probablement confiée à son ancien décorateur. Frankel ne se mit pas en avant. Il délégua à sa place le peintre Reiner-Ménes qui appréciait d'autant mieux l'art de Rippl-Rónai qu'il avait passé de longues années, certainement fécondes, à Paris. Reiner-Ménes, accompagné d'un amateur d'art, nous rendit visite. Je les revois devant le tableau, n'arrivant pas à cacher leur plaisir. Le peintre dissertait sur la technique spécifique du grand maître dont les touches de pinceau épais rappelaient des « grains de maïs éclatés ». Le prix d'achat proposé par ces chineurs, espèces de Magus et Rémoncencq directement sortis du *Cousin Pons*, fut digne de leur roublardise et caractéristique de la période : deux kilogrammes de saindoux et un quintal de farine. Je ne me souviens pas du décrochage du tableau et de son départ de la rue Fejér György.

Je n'ai plus pensé au *Hussard marocain*. Pourtant, lors de ma visite à Budapest en mai 1997, j'ai essayé de le retrouver dans les Galeries nationales, en vain ; il ne répondit pas « présent ». Mais, en janvier 1999, alors que je relisais ces pages, j'eus l'impression qu'il m'appelait. Je me rendis à l'exposition des peintures et œuvres graphiques de Rippl-Rónai au musée Maurice Denis, à Saint-Germain-en-Laye. Au rez-de-chaussée, je retrouvai ses tableaux de la période « noire », notamment cette splendide femme élancée dont la silhouette se détache à peine sur le fond traversé de lueurs bleues et vertes, qui tient une cage verte dans ses mains ; le double portrait du père et de la mère de l'artiste ; quelques intérieurs où éclate la couleur refoulée jusqu'alors. À la fois émerveillé et déçu – à la manière d'Hamlet hanté par le souvenir de son père, j'étais à la recherche du Marocain disparu –, je montai au premier étage où, saisi d'émotion, je vis *notre* tableau à quelque dix mètres de moi.

Un soldat français, tel était son titre. La notice précise : « huile sur carton, 104 × 75 cm, signé et daté en haut à gauche : Rónai, 1914, Issy-l'Évêque » ; au verso, une inscription de la main de l'artiste : « Mon petit-neveu Laurent, Rippl-Rónai, 1914. » La suite de la notice renvoie à la vente du tableau : « Hist. : vers 1947, acheté par le Club des Artistes Fészek par l'intermédiaire d'István Biai Föglein – il s'agissait manifestement du complice de Reiner-Ménes, non pas petit oiseau, *Vöglein*, mais grand rapace magyarisé –, depuis 1997, collection particulière. » Le cadre sculpté a été remplacé par un cadre plus simple, en harmonie avec le fond doré du tableau nettoyé. La figure s'inscrit dans les contours habituels des nabis qui se désintéressaient du volume. Mon zouave est toujours habillé d'une veste noire à boutons jaunes, porte le même pantalon rouge qu'il y a cinquante-deux ans. Le petit-neveu Laurent était de la famille de Lazarine Baudrion, épouse française de l'artiste.

Je le contemple, je m'en éloigne, puis m'en rapproche pour graver chacun de ses traits dans ma mémoire. À ma naissance, il était déjà dans l'appartement de la rue Aréna. J'ai passé mes premières années en sa compagnie. Rue Fejér György, il fut le témoin impassible des souffrances de mon père, de sa mort, de sa mise en bière. Secoué par les ondes de choc produites par le bombardement des Alliés, il a miraculeusement survécu à la guerre et échappé aux pilleurs. Il devait écouter mes exercices au piano, assister à mes leçons de français, jeter un coup d'œil indiscret dans *La Chronique des Pasquier* ou *Le Grand Meaulnes* que je lisais en lui tournant le dos. Puis des filous nous l'ont enlevé. Le *Soldat français*, ex-*Hussard marocain*, a rejoint le régiment des nouveaux possédants. Son propriétaire est devenu millionnaire sans grattage. Je l'en félicite, que puis-je faire d'autre ?

Retour au lycée

Je repris le chemin du lycée des piaristes. Les professeurs poursuivaient leurs cours à l'endroit même où ils les avaient interrompus en novembre 1944. Certains s'étonnaient que j'ignore une leçon donnée quelques mois auparavant. La fiction de la continuité faisait vivre ces traumatisés de la défaite allemande. Les Vetter, comme leur nom l'indique, appartenaient à cette communauté souabe où se recrutaient les membres de la « Cinquième colonne » du IIIe Reich. Ils avaient fui la « horde soviétique » et revinrent d'Allemagne en se faisant appeler Rudolfházi. Ils n'avaient changé que de nom car, antisémites, ils l'étaient autant qu'avant. Les deux fils de cette famille ruinée se repassaient leur unique paire de baskets avant les cours de gymnastique. Le cadet, un de mes camarades de classe, se révéla un mathématicien intuitif de premier ordre. Les Hirschfeld avaient aussi survécu au désastre. Ils avaient « magyarisé » leur patronyme, et « Hirschfeld », « Pré aux cerfs », s'était transformé en « Hüvös », un nom plutôt prosaïque, mais paisible et signifiant « frais », avec la nuance d'« ombragé ». Le père avait repris son commerce de bois, la mère remis son boa, et le fils se laissait flotter sur les vagues du lac Balaton à « Cap Julie » (*Siófok*), appelé traditionnellement « Cap Juiverie » (*Zsidófok*) par les antisémites. Jojo, mon camarade de classe, se vantait de ses « crampes de mâle » et de ses bonnes blagues : un jour, il sortit du réfrigérateur une bouteille d'urine refroidie et la servit en guise de bière à l'un de ses copains dans une chope bien remplie. Avant la prise du pouvoir par les communistes en 1948, la famille s'établit à Vienne et inscrivit le rejeton à Cambridge. Il a fait une belle carrière dans la grande hôtellerie en vendant des équipements pour la restauration. À mon arrivée en France, il me prêta cinq cents francs pour l'achat d'un costume, une somme qu'il n'a pas omis de me réclamer quelques années plus tard. Un bon ami, un fidèle ami, un être noble portant une chevalière de quelque Reine Pédauque.

Nyárfás est resté Nyárfás. J'avais connu son père, un avocat spécialiste des brevets d'invention, une « gueule cassée » de la première guerre, qui avait perdu ses premières phalanges dans les tranchées pendant un hiver rigoureux. Déporté, il n'est jamais revenu. La mère, secrétaire du successeur de son mari, a subvenu aux besoins de la maison. À quinze ans, Nyárfás fut délesté de sa « substantifique moelle » par une voisine répugnante et nymphomane ; tourmenté par ses « mauvaises habitudes », il devint, grâce à l'aide pécuniaire d'un oncle gynécologue, grand amateur des putes de la rue Conti. Il étalait en classe son attirail de visite : une serviette propre, du savon, un liquide à instiller dans le méat après l'acte. Avocat dans l'âme, Nyárfás se fourvoya dans des études de médecine, passa quelques années en prison pour avoir tenté de franchir illégalement la frontière ; puis, son sens pratique aidant, il a pris conscience de ses talents de juriste et est devenu l'avocat d'un chantier naval danubien. Bon père de famille, il tient à jour la liste des survivants de notre terminale et essaie de les réunir, tous les dix ans, pour commémorer notre baccalauréat. Il m'a invité au cinquantième anniversaire de cette épreuve, « un événement pareil n'ayant lieu qu'une seule fois dans la vie ». Il m'émeut, mais je préférerais qu'il me fichât la paix…

Chapitre III

De la partition des souvenirs – tentations de symphoniste

Ma plume part dans plusieurs directions au gré d'associations qui font surgir des réminiscences imprévues. Pourtant, je ne peux céder à ces assauts du passé et je m'oblige à aligner des mots selon un ordre immuable, de gauche à droite. La partition de mon incantation en est inévitablement appauvrie et réduite à une ligne mélodique, aussi *legato* et savamment rythmée soit-elle. Oui, il s'agit de traduire une page musicale où chaque portée a sa propre clé. Les mots ont leur sémantique propre, mais n'occultent-ils pas les intentions du scripteur ? La phrase construite garde le secret de sa genèse, de l'intonation de la voix qui l'a conçue, improvisée, répétée intérieurement et inscrite finalement dans mon cahier de brouillon.

Pareil au soldat Švejk, je ne sais que discourir sur les choses, raconter des histoires, parler d'émois divers pour aborder l'essentiel de mon dire. Userai-je d'un stratagème à l'égard de mon dernier séjour au pays des ogres ? Dopé par plusieurs tasses de café et quelques cachets d'Arcalion, je n'arrive pas à renouer avec mon sujet : j'imite le violoniste qui joue une cadence brillante, faisant ainsi valoir sa virtuosité ; il sait qu'après les deux notes décisives qui suivent le dernier trille de vagabondage virtuose, il devra rejoindre l'orchestre qui l'attend dans la tonalité d'origine. Pourtant, mon propos me fascine et me rebute à la fois, je le redoute. Laissez-moi préluder à mon aise, tresser des motifs, ils m'aident à retrouver le fil de ma pensée. La ligne courbe, onduleuse et ornée est celle qui relie le plus directement deux points de l'autobiographie.

Qu'en est-il de l'espace blanc qui suit le « Ce fut comme une apparition : » dans *L'Éducation sentimentale*, où Frédéric aperçoit pour la première fois son intouchable Mme Arnoux ? L'expression et l'artifice typographique me touchent de près. C'est aussi suggestif et mystérieux que l'entrecuisse des nymphettes de Balthus. L'artiste fait agir son pinceau, mais il appuie à peine. La jeune fille qui soulève sa jupe semble inconsciente de son geste ; le peintre qui l'invite à replier son genou se donne l'illusion de s'adresser à un ange, mais le spectateur est stupéfait par tant de perversité. De même, les deux points qui se trouvent d'une manière aussi surprenante à la fin de la phrase de Flaubert ouvrent des perspectives sur le sexe de Mme Arnoux qui demeure caché, enfoui dans le repli de son corps et dans le texte du roman jusqu'aux dernières lignes. Frédéric est aveuglé par l'éclat brutal de la lumière, découvre l'évidence de son amour, un émerveillement sans fin. Au début du roman il est éclairé par le soleil, alors que je m'enfonce dans ma nuit. Je dois affronter des furies, des larves, des monstres d'autant plus redoutables qu'ils sont dépourvus de forme. Je dois me défendre contre les dangers du bilinguisme en explorant les coins reculés de la réalité, les cachettes de la mémoire, les grottes de l'inconscient. Ma phrase doit apprivoiser des tourments qui surgissent du passé et font irruption dans le présent. J'ai une partition à déchiffrer, et je n'arrive pas à embrasser d'un seul coup d'œil la page entière. Des portées réservées aux cordes je passe à celles où retentissent les bois et les cuivres ; je ne peux rester insensible au roulement des timbales en attendant l'éclat des cymbales. Je dois renoncer à la symphonie et me contenter d'égrener ma mélodie, le chapelet des souvenirs. En sortant du théâtre Katona, je reprends l'itinéraire qui me ramenait chez moi entre 1940 et 1956.

L'Institut culturel allemand : changement de propriétaires

L'imposant bâtiment néogothique en face de l'église des Franciscains, dans le centre-ville, était un lieu de prestige tout désigné pour abriter en 1943 l'Institut culturel allemand. On y donnait de beaux concerts de musique de chambre. Dódy me suggéra un jour de m'y rendre. L'anonymat y était assuré et je n'encourais aucun risque en m'introduisant dans ce lieu où j'étais certainement indésirable. Ma mère n'était pas enchantée du projet, mais ne s'y opposa pas formellement. Des officiers de la Wehrmacht en uniforme se pavanaient dans les salons et appréciaient la qualité incomparable du son des instruments qui n'avaient rien de nazi. Je me souviens de l'exécution vraiment « transcendantale » d'un duo pour deux violons de Mozart, suivie d'une pause rafraîchie de vins blancs de Rhénanie. Les dignitaires allemands se promenaient le monocle fixé dans de hautaines arcades sourcilières enfumées par les cigarettes à bout doré. Le petit Juif se sentait mal à l'aise dans ces salles lambrissées, mais il apprécia fort le « quatuor de dissonances » de Wolfgang Amadeus joué après l'entracte, qu'il avait découvert peu de temps auparavant. Il s'agissait là d'un défi tout à fait inconscient et d'une provocation superflue contre l'ordre des choses dans ce bunker de luxe et de culture. Je n'en mesurais pas la gravité. La reconstitution de ce souvenir (qui surgit de ma mémoire *hic et nunc*) s'accompagne d'un regret : ma mère ne m'autorisait pas à fréquenter la salle de concert où se produisaient les artistes juifs privés de la scène de l'Opéra ou exclus des formations officielles. Avait-elle peur des représailles que ces spectacles pouvaient s'attirer ? Se tenir à l'écart de la communauté israélite demeurait à ses yeux une illusion sécurisante.

Certes le cours de l'histoire ne s'inverse jamais, il connaît néanmoins d'étranges retournements que seuls les survivants ont le privilège de révéler. En 1945, c'est la Société hungaro-soviétique qui s'installa dans les locaux de l'Institut culturel allemand. Elle était présidée par le comte Zilahy, un auteur de romans à grand tirage exaltant l'amour romantique. De temps à autre, dans le plus grand secret, je sortais de la bibliothèque familiale son *Printemps mortel* dont le sujet m'échappe aujourd'hui. Mais je me souviens de certaines pages, d'un style grandiloquent à souhait, notamment d'une scène au cours de laquelle « deux corps s'entrechoquaient » dans l'étreinte physique, qui me faisaient rêver de rapports intimes. Le comte Zilahy recevait Ilia Ehrenbourg qui, dans un français parfait d'avant-guerre, nous faisait part de son espoir d'une renaissance européenne, malgré les ruines qui encombraient le vieux continent dévasté. C'est la première conférence en français à laquelle j'aie assisté ; je demeurai sous le charme du discours et du regard du vieil homme. Au moment de cette conférence, nous ne savions pas que les œuvres du comte Zilahy seraient mises à l'index par les socialistes réalistes marxistes, qu'il se verrait obligé de s'exiler peu de temps après, et nous ignorions que le peu orthodoxe *Lochik Royschwantz*, le roman d'Ilia Ehrenbourg, était interdit en Russie depuis longtemps.

Dans les années qui suivirent, Ilia Ehrenbourg se mit au service du Mouvement de la Paix, l'une de ces nombreuses organisations, apparemment de type Front populaire, en réalité actionnées par une « courroie de transmission » (le terme est emprunté au vocabulaire marxiste-léniniste) qui les reliait au Parti communiste de l'URSS. Des esprits éminents, Joliot-Curie, Ravi Shankar, Pablo Neruda, Paul Eluard et naturellement Aragon, son mauvais génie, exaltaient – subventionnés par les Soviétiques – la cause de la paix universelle, justifiaient la guerre de Corée et dénonçaient les impérialistes américains. L'histoire de cette tromperie abominable reste à écrire. On y découvrira ces visas délivrés sur feuilles volantes aux combattants français de la paix afin que leurs passeports ne portent pas la trace de leur séjour en Hongrie. On appréciera le rôle des « gentils accompagnateurs » qui ne les lâchaient pas d'une semelle et qui, sous la surveillance et les menaces de la police politique, étaient obligés de rédiger des rapports sur les contacts que les visiteurs naïfs et aveuglés avaient établis, les gens qu'ils avaient rencontrés. L'exploration des archives n'a pas encore été effectuée, trop de personnes en France, de Pierre Daix à Yves Farges, d'André Stil à Elsa Triolet, y seraient impliquées. En Hongrie, aucun travail historique approfondi n'a été entrepris sur la dictature communiste. Cela n'a rien d'étonnant. Les assassins et les tortionnaires se promènent librement et touchent leurs retraites. Vladimir Farkas, qui satisfaisait ses besoins dans la bouche de ses victimes, et Péter Gábor, le Beria hongrois, prennent le frais dans les collines de Buda et profitent d'une fin de vie bien remplie d'assassinats politiques. Il me semble que ce voisinage constant des criminels et de leurs victimes, cette incapacité à dénoncer le passé ont certainement contribué à mon malaise sur place. À vrai dire, faire le procès des apparatchiks staliniens et les laisser en liberté – non pas les mettre en prison, mais simplement révéler et dénoncer le fonctionnement machiavélique du système des Soviets en Hongrie – ne servirait à rien. Les fils sont trop emmêlés et interconnectés. Un membre du Comité central du Parti communiste, chargé de la censure, est devenu le promoteur le plus fervent et le plus sincère de la francophonie en Hongrie, créant des lycées franco-hongrois répartis sur l'ensemble du territoire national. Mais qu'il était difficile d'échapper à l'emprise marxiste sur l'enseignement du français lors de mes études universitaires ! Que d'inepties suggérées par le manuel publié à Moscou, établissant un rapport entre l'apparition du monstre marin dans *Phèdre* et la faillite de la Compagnie française des Indes ! Que de mal vous nous avez fait, j'arrive enfin à le dire, vous les intellectuels staliniens français à la solde de Moscou, en rendant hommage à Mátyás Rákosi, le dictateur hongrois, en dénonçant dans des articles publiés dans *La Pensée* les propos provocateurs de Baudelaire l'esthète, qu'on rencontra pourtant sur les barricades en 1848 – « Crosse, crosse un peu plus fort, s'écrie-t-il lors d'une émeute, crosse encore, municipal de mon cœur ; car en ce crossement suprême, je t'adore, et te juge semblable à Jupiter, le grand justicier » –, ou en exaltant les mérites de Joseph Chénier, l'auteur d'une ode révolutionnaire (mise en musique par Méhul, et qui remplaça l'hymne national hongrois d'inspiration nationaliste et religieuse, *Que Dieu bénisse le Magyar*), au détriment du « décadent » et maladif André Chénier, son frère, qui perdit… la tête dans les années où l'on guillotinait avec une sauvagerie incroyable. Aragon lui-même était révolté par ces reniements, et il le fit savoir dans un bel article des *Lettres françaises*, intitulé « Le Peuple français est une longue mémoire ». Devinerez-vous la réponse donnée par Janine Bouissounouse, collaboratrice de la revue *Europe*, en visite à Budapest, à la question posée par une de mes naïves camarades : « Quand pourrons-nous nous rendre à Paris, voir Gérard Philipe au TNP et visiter le Louvre ? » ? Je vous le donne en mille : « Quand la France sera devenue une démocratie populaire. »

Un antisémite… de théâtre seulement ?

Je me revois devant la porte d'entrée de l'immeuble cossu de la place des Franciscains, le siège des Amitiés hungaro-soviétiques, quelques années après la visite d'Ehrenbourg, aux alentours de 1950. Depuis quelque temps, j'y croise un jeune homme à la démarche insolente, au regard froid et hautain. Je le salue en soulevant mon chapeau mou, incline la tête en arborant un sourire poli. Je l'ai rencontré quelques rares fois dans la bonne société des gentils ruinés de Buda où j'étais chaleureusement accueilli. Mon gandin me regarde sans sourciller, étonné apparemment, et poursuit son chemin. En fait, je le connais depuis dix ans. En 1942, les bons et pieux prêtres piaristes firent construire une scène de théâtre, entourée d'une large bande de stuc façon baroque, au fond du gymnase situé sous la chapelle. La fête d'inauguration avait été confiée aux scouts du lycée, sportifs, musclés, débordant de vitalité et enthousiastes à souhait : « Toujours prêts... » Parents et élèves participaient au spectacle. Une amusante saynète devait égayer les spectateurs : un épicier israélite, chauve et au dos voûté, s'exprimant avec l'accent de sa race et gesticulant selon les indications de mise en scène des affiches antisémites (le pouce, l'index et le médius argumentaient, alors que l'annulaire et l'auriculaire, repliés, se cachaient de honte), trompait naturellement la clientèle sur la marchandise qu'il proposait. Le public riait à gorge déployée au détriment du malhonnête commerçant démasqué. Ma mère essayait de cacher sa gêne, et moi... j'étais médusé par le jeu de l'acteur. Je me rappelle – aujourd'hui, et non point sur les lieux de nos rencontres de naguère, car pour paraphraser l'énigmatique et mallarméen Lacan : « je ne me souviens pas là où je suis, je ne suis pas là où je me souviens » – que j'avais essayé, malgré ma timidité, de lier conversation avec cet adolescent antisémite. J'avais loué son jeu, je l'avais interrogé sur son secret d'acteur et sur sa capacité à s'identifier avec le personnage. Il n'avait pas dû me dire grand-chose et probablement rien d'offensant, je m'en souviendrais. Pourquoi m'a-t-il fasciné ? Il incarnait le type du « petit Juif » dont les israélites de la grande bourgeoisie, qu'ils aient été fidèles à la religion de leurs aïeux ou convertis, avaient honte. Il est difficile de parler de cette hiérarchie établie à l'intérieur de la société des réprouvés. Certains faits sont indéniables, comme l'existence de ce comité chargé par le consistoire de Budapest de collaborer avec les Allemands pour le regroupement des Juifs en vue de leur déportation. Mais comment parvenir à expliquer aux générations à venir cet espoir irraisonné de sauver des vies en engageant des tractations avec l'ennemi ? Qui comprendra que ce sont les nazis qui imposèrent cette attitude démente et perverse aux futurs gazés ? Dès les années 1942-1943, les réfugiés juifs polonais vivaient dans des espèces de cabanes améliorées, serrées les unes contre les autres le long des allées croisées d'un lotissement, au nord de

Budapest. Une femme maigre, misérable et famélique, est venue un jour quêter à notre porte. Sans la laisser entrer, ma mère les a secourus, elle et les siens, mois après mois : de l'argent pour la Polonaise, manifestement restée seule, nos vêtements usés pour les enfants. Dans un but pédagogique, elle m'a emmené une fois dans cette cité de misère construite en échiquier : elle tenait à ce que je comprenne qu'un pareil dénuement pouvait exister à proximité de la capitale des nantis. À sa manière, c'était une non-conformiste, car elle ne niait pas que la misère existât, mais elle ne percevait pas clairement l'ambiance politique menaçante. Sa pensée était limitée par la vision du monde qui était celle de son milieu. À mon grand désespoir, elle me fit confectionner un manteau de demi-saison par un « petit tailleur » du ghetto (bien sûr, le mot était rigoureusement proscrit chez nous) ; néanmoins elle n'arriva pas à m'imposer des souliers achetés chez un chausseur du même quartier. Surprotégé, complexé, je désirais respecter les normes du *chic*, tabou que précisément elle souhaitait briser. Elle ne cachait pas sa désapprobation devant sa belle-mère, ma grand-mère paternelle, qui s'amusait à m'apprendre une blague avec la prononciation « yiddish », à la manière dont l'épicier incarné jadis par l'adolescent devenu le jeune homme hautain prononçait le hongrois sur la scène du lycée.

Dans les années cinquante, je le rencontre à nouveau devant l'église des Franciscains. Une fois de plus, je le salue le premier et lui souris. Il m'arrête : « Ne t'es-tu pas rendu compte que je ne répondais pas à tes salamalecs ? » me lance-t-il. Stupéfait et blessé, j'essaie de me dégager de la situation : « Je ne comprends pas ce que tu dis », et je le quitte en revêtant le masque d'une dignité bien tempérée. Jusqu'alors, j'avais chassé le bonhomme de ma mémoire, aujourd'hui, je lui plante une fourche à foin toute métaphorique, et empruntée au folklore hongrois, dans le dos. Mais elle ne l'a point atteint, et ce spectre magyar me poursuit encore. Pourrai-je m'en débarrasser en le conjurant par une formule magique ? Il m'a repoussé et je sais que ce moi mélancolique qui déambulait dans les rues de Budapest, en mai 1997, était *évidé* par des types de cette espèce. Parviendrai-je à m'arracher à l'asphalte chaud de ce trottoir qui emprisonne mes pas ?

« Ágnes, j'avais à ton cœur livré ma vie entière... »
(Librement adapté de La Juive *de Jacques Halévy, musique de Meyerbeer)*

J'ai découvert l'amour, sous sa forme platonique, très tard, à l'âge de dix-sept ans. J'ai fait la connaissance d'Ágnes, une belle Juive aux cheveux drus, pas maternelle pour un sou, momentanément seule, en fait abandonnée, je l'ai compris plus tard, par Pali, son petit ami attitré.

Son grand-père paternel, seul survivant mâle de la famille, était à la tête du consistoire israélite de Budapest et obligeait sa petite-fille à observer les fêtes religieuses. Pas de concert pendant le shabbat ! La mère dirigeait *Mona Lisa*, une petite entreprise qui confectionnait des chemises pour les deux sexes. Ágnes m'avait invité au bal du lycée israélite organisé dans un grand hôtel sur l'ex-Corso de Pesth. Professeurs et parents surveillaient les couples qui dansaient dans la pénombre. Avant la prise du pouvoir par les communistes, on s'enlaçait sur une musique venue d'outre-Atlantique et on buvait des gin-fizz. Ágnes portait une robe noire en taffetas qui se froissait et crissait à souhait. Elle était rayonnante. Agréablement éméché, je la tenais serrée contre moi et mes doigts frôlaient son sein droit. « Bas les pattes », me chuchota la mère maquerelle, qui n'avait plus à surveiller la virginité de la donzelle mais ne renonçait pas pour autant à faire observer le décorum. Je l'aimais éperdument, stupidement ; je tenais sa main en lui faisant des bises, raccourcissais de jour en jour le temps que je consacrais au piano. (Je lisais peu et passais des heures à jouer Bach, Mozart, Schubert et Chopin, pour essayer, en vain, de rattraper mon retard dans la maîtrise du clavier.) Nous ne parlions pas de religion, mais elle se plaignait des contraintes que lui imposaient les fêtes et de la sévérité du grand-père qui allumait les lumières du shabbat le vendredi. C'était une fille peu soumise, indépendante et décidée. Son regard gai, mais sans tendresse, son visage allongé au menton ferme et pointu, ses cheveux bouclés comme le crin, que je n'arrivais pas à lisser, auraient dû me révéler son caractère dur et impitoyable. Finalement, je l'ai prise dans mes bras et embrassée d'un baiser pénétrant pendant l'entracte de *Don Giovanni* dirigé par Klemperer.

Je la présentai à Aladár Rácz, le joueur tzigane de cymbalum découvert par Ansermet dans un bar louche de Genève ; spécialiste de la musique française du XVIIIe siècle, il enseigna à l'Académie de musique de Budapest à la fin de sa vie. Il vivait retiré dans une petite maison sur les collines de Buda. « Elle n'a pas froid aux yeux », commenta-t-il en présence d'Ágnes. Il fabriquait lui-même ses baguettes pour obtenir un son métallique ou riche en vibrations caressantes. Yvonne, une merveilleuse Suissesse, l'accompagnait au piano. Je n'ai jamais entendu un toucher plus délicat, plus discret, plus soumis. Parfois le romanichel l'emportait sur l'artiste initié à la théorie musicale de Rameau. Dans ces moments-là, au grand désespoir d'Yvonne, Aladár se déchaînait. Il l'obligeait à l'accompagner dans la *Chanson de Jászberény*, aux paroles obscènes, issue d'un prétendu folklore hongrois de gens qui s'adonnaient à la ripaille ; il l'exécutait sur le cymbalum qui venait de faire retentir les notes de la musique gracieuse et maniérée du siècle des Lumières.

Dódy, mon adorable professeur de piano, nous consacra une séance pour analyser le grand duo de *Tristan* de l'acte II. Elle avait perçu la nature de mes relations avec Ágnes. « Vas-y si elle en a envie », m'encouragea-t-elle à ma visite suivante. « Mais ne serai-je pas le premier à… ? » Elle m'interrompit : « Elle aura beaucoup de chance. Embrasse-la dans l'oreille, nous aimons cela, tu verras après. » C'est en ces termes doux et nuancés qu'elle transposa, dans le sens musical du terme, le conseil énergique qu'un père aurait pu donner sur un ton impatient à son fils : « Sois un homme, enfin ! » Mais les nuages roses de ce bonheur assuré ne cachaient qu'une dépression orageuse, noire et agitée. Un coup de cymbales violent, accompagné du grondement d'une paire de timbales désaccordées vint mettre fin aux notes perlées des concertos séraphiques de Mozart. Quelle chute de chérubins joufflus et aux fesses dodues ! Quel déluge dans un paysage assombri, aux rochers envahis de serpents, sillonné d'éclairs zigzagants ! Pauvre de moi, égaré que j'étais par une fausse Carte du Tendre ! Un beau jour, Pali reparut et se remit avec Ágnes, qui me laissa tomber comme une éponge pressée. Jaloux à la manière d'Othello, j'étais fasciné par leur entente. Je les entendis chanter en duo et les inflexions accordées de leurs voix m'émurent profondément. Je sombrai dans le malheur et la déprime, car je n'arrivais pas à la remplacer.

Intermède : la visite au bordel se termine au confessionnal

« *J'ai perdu mon Eurydice !* » Où pourrais-je la retrouver, aux Enfers ? En 1948, le banquet organisé traditionnellement à l'issue du baccalauréat eut lieu au lycée qui venait d'être étatisé, malgré les protestations véhémentes et courageuses du cardinal Mindszenty, une figure opiniâtre et héroïque qui vivait dans le passé : il se considérait comme le premier « porte-étendard » du défunt royaume de Hongrie ! Après le repas, je m'apprêtais à rentrer chez moi, mais je me suis arrêté – au diable la décence et la bonne tenue – pour uriner en demi-érection contre une palissade, que j'ai retrouvée plus tard à la même place, à proximité de l'hôtel Peregrinus, la maison des hôtes de l'Université. J'ai hésité à la photographier lors de mon dernier séjour. Qu'auraient pensé les passants en voyant un touriste, égaré dans tous les sens du terme, pointer son appareil vers une porte faite de pièces de bois et protégeant un terrain vague ? J'étais éméché, et je ne me souviens plus de mon trajet jusqu'au bordel de la rue Király. Je réveille ces dames à deux heures du matin et réclame une demoiselle aux petits seins. Apparaît une grosse nana, dépourvue des charmes pervers de l'héroïne de Zola, et dont les nichons me paraissent felliniens à travers le prisme du souvenir. Ignorant tout de l'« oreiller partagé » et ne me sentant nullement attiré par ma compagne, je m'agenouille entre ses cuisses. À la fois surexcité et dégoûté, j'ai répandu ma semence sur sa jambe, à mon grand désespoir et au mécontentement de la donzelle. Ce ratage m'a marqué pour la vie. Des décennies ont passé avant que je ne m'interroge sur la répercussion démesurée de cet événement somme toute banal. J'en ai parlé avec les femmes que j'ai aimées, et la confidence demeurait une condition préalable aux rapports plus intimes. « Je ne te jaugerai pas d'après tes exploits sexuels », était la phrase que j'attendais de mes partenaires, dont l'une m'écrivit un jour : « Je n'ai jamais eu pour ambition de me glisser dans tes draps pour accomplir un exploit. Je ne recherche que le plaisir d'un amour *partagé* qui passe aussi par le corps. Mais c'est plus pour sentir les soubresauts de l'âme. » Et une autre fois : « Je ne désire pas avoir avec toi une relation mécanique. Je veux que l'orgasme que tu me feras éprouver vienne de l'intérieur, du feu non seulement des sens, mais du cœur et de l'âme. » Quelle adorable morale d'avant Anna Karénine, il faut se mettre à genoux devant un ange pareil ! La visite ratée au bordel était à la fois la conséquence et la confirmation des moqueries de mes condisciples. Flairant mes complexes – personne ne me croit quand j'affirme que je n'ai connu l'explosion du plaisir solitaire que vers seize ou dix-sept ans –, mes camarades de classe qui draguaient leurs premières petites amies à l'école de danse de M. Petris, un corpulent ex-colonel de l'armée impériale et royale de l'ex-monarchie austro-hongroise, se moquaient de ma timidité qu'ils qualifiaient d'impuissance. Ou bien le venin de la déception amoureuse avait-il agi ? Avais-je peur d'être plus homosexuel que la moyenne ? Je fus réconforté par notre médecin généraliste qui exaltait la force prodigue de la jeunesse qui « sème à tout vent ». Pour sa part, au déclin de son âge, il s'interrompait pour fumer une cigarette – se donnant ainsi l'illusion de prolonger le plaisir – avant de repartir une nouvelle fois à la tâche. Le sort de sa femme devait être peu enviable, d'autant que, d'après la rumeur, il ne dédaignait point les charmes de ses jeunes patientes au seuil de l'adolescence.

« L'homme renoue avec sa foi quand il s'apprête à mourir », a écrit un poète hongrois, et c'était mon cas d'une certaine manière, sans que je songe au suicide. Je me suis retrouvé dans un des confessionnaux de l'église des Franciscains. À vrai dire, je ne m'étais jamais senti très à l'aise dans l'église Saint-François. L'odeur de pauvreté *sui generis* m'en avait toujours tenu éloigné. Mais, après avoir perdu Ágnes et raté ma visite à la maison demi-close, oppressé, désespéré, culpabilisé, j'y avais cherché l'anonymat et l'interlocuteur qui m'aurait soulagé du poids qui pesait sur mon cœur. « Mon père, j'ai péché, j'ai pratiqué des attouchements obscènes et interdits. » Le prêtre m'interrompit – de grâce, écoutez-le, écoutez-le, vous n'en croirez pas « *le témoignage de vos oreilles sensibles* » : « Des attouchements sur un chien ?... » Tant de perversité, une pareille déviation de la libido me firent vaciller comme un uppercut inattendu. « Mais non, sur une femme ! » Je l'ai plongé dans le plus profond désespoir, et je l'y ai enfoncé par le récit de ma visite au bordel. Il ne croyait plus à mon salut, mais m'accorda, très sceptique, son absolution.

« Sur un chien ?... » Maudit prêtre, tu hurleras en enfer, pendant que, au ciel, je caresserai le ventre de ma Vodka, mon adorable golden retriever. (Atteinte d'un cancer à la mâchoire, elle est sur le point de nous quitter.) Elle se dirige vers la porte de la cour fleurie de notre immeuble, comme si elle voulait humer ici-bas l'air rafraîchissant du paradis qui l'attend. As-tu enfoncé ton doigt crochu – qu'il se dessèche à l'instant – dans le vagin de ta chienne ? L'as-tu violée, ne serait-ce qu'en pensée, cette bête innocente qui n'est qu'amour, qui ignore le mal, qui n'est pas souillée par le péché originel ? Espèce d'odieux imbécile au visage hâve, sur lequel les cernes de l'onanisme tracent des traits de clown tragique, as-tu éprouvé la joie qui consiste à caresser le corps d'une bête qui se couche sur le dos et qui s'offre à toi en confiance, les pattes levées, les yeux rayonnant de malice et de bonté ? As-tu palpé son thorax, l'as-tu réconfortée d'un massage bienfaisant ? As-tu senti la douceur de son ventre, l'as-tu réchauffée de ta main comme on réchauffe le plexus de tes semblables pour les décontracter ? As-tu tâté le bas de son corps pour t'assurer qu'elle n'avait pas de nodules malins ? As-tu respecté ses organes génitaux comme on respecte ceux des enfants ? As-tu attrapé son museau, as-tu saisi ces deux canines qui ne te mordront jamais ? Être vil et dénaturé, tu m'as fait du bien en me faisant du mal, car tu m'as fait découvrir les abîmes que la frustration remplit d'immondices. Après avoir récité deux *Ave* et deux *Pater*, j'ai quitté l'endroit, outré, indigné, choqué et attristé. Par Dieu et saint Georges, ou plutôt par saint Martin de Hongrie, je n'ai pas pensé à cette confession étrange en passant devant l'église des Franciscains et l'idée d'y entrer ne m'a pas traversé l'esprit lors de ma dernière visite au pays en mai 1997.

Je me suis rendu à une soirée où se trouvait Ágnes. Des couples tâtonnaient dans le noir, disparaissaient pour un temps, puis resurgissaient de leur cachette. Les filles rajustaient discrètement leur corsage, les garçons se reboutonnaient plus ostensiblement. Ágnes se frotta contre moi d'une manière peu équivoque. Délaissée par son ami, qui avait repris ses études en Suisse, elle voulait me récupérer, amoché que j'étais par le deuil amoureux comme une vieille casserole rayée par l'usage. Et je l'ai repoussée, je l'ai évitée pendant une année, suivant en cela les injonctions de ma mère qui voulait me garder tout à elle sous prétexte de me préserver de nouvelles souffrances. Finalement, quelques jours avant son départ pour Israël (les sionistes organisaient des « alyas » avec la complicité des autorités tchécoslovaques), elle vint me voir. Une longue grippe me tenait alité. Ce fut la première fois que j'explorai le corps mouillé de cette fille, en ne cessant de lui répéter que c'était « trop tard ». Ma mère nous guettait dans la chambre à côté, et nous faisait savoir, à travers la porte fermée, qu'il était temps qu'Ágnes rentrât. Par gentillesse ou par pitié sadique, en l'absence de Pali probablement, l'aguicheuse m'invita à passer la nuit chez elle, sous le toit maternel, pour me dire adieu à l'aube.

À mon arrivée, l'atmosphère était loin d'être détendue. Dans l'entrée, j'ai croisé un diplomate britannique, sympathique complice des voyageurs clandestins, qui donnait à Ágnes d'ultimes instructions en anglais et terminait son propos par un bref « bon voyage » en français. Sur la table de la cuisine, j'ai aperçu un lingot d'or et un irrigateur vaginal à faire retrouver sa virginité à la fille la plus délurée et à chasser les spermatozoïdes les plus perfides, viatiques maternels pour une aventure, avouons-le, des plus risquées. Aucun moment de tendresse ou d'intimité ne s'offrit à nous. À quelques mètres de la couche d'Ágnes, j'ai passé une nuit agitée dans mon lit de fortune installé dans l'entrée. De quoi ai-je rêvé ? D'accouplements tardifs, ardemment désirés, mais impossibles à réaliser avec cette fille qui me rendait fou ? Quoi qu'il en soit, à mon réveil, j'étais mouillé de ma semence répandue dans les draps encore immaculés la veille. Faute de temps et de moyens, je ne pus faire disparaître les traces de ma honte. À l'aube, une assemblée d'ex-petits amis se réunit au domicile de cette Esther convoitée par des Assuérus innombrables. Elle prit rapidement congé de nous et s'engouffra dans le taxi qui l'attendait dans la rue. Je suis rentré à la maison et, en écoutant le fabuleux deuxième concerto de Rachmaninov, un aphrodisiaque de la douleur, j'ai sangloté comme un nouveau-né. Pendant deux ans je demeurai inconsolable, en deuil de cette fille aimée, engagée dans la vie de kibboutz et avec qui toute correspondance semblait vaine et décevante. Ágnes a épousé un militaire israélien haut placé qui lui a donné quatre fils. Elle a connu l'angoisse des mères dont les enfants se trouvaient périodiquement sur le front.

J'ai accueilli trente ans plus tard une femme vieillie, aux larges fesses, émerveillée par certaines des rues sinueuses, inégales, pleines d'angles et de tournants de

Paris et par la beauté des balustrades en ferronnerie des boulevards haussmanniens. J'ai serré dans mes bras cette femme frustrée et excitée à la vue de pyjamas exposés dans une boutique de luxe de la rue Saint-Honoré, mais j'avais perdu tout désir. Cette même femme voulut monter dans ma chambre d'hôtel, à Tel-Aviv. Cette fois, j'aurais bien fait l'amour avec elle, mais non sans l'avoir au préalable fouettée pour la punir. Et c'est encore elle qui me harcela de coups de téléphone incessants chez des amis qui m'accueillaient pour quelques jours à Jérusalem. Pauvre Ágnes ! J'ai caressé ton visage naguère rayonnant, embrassé tes lèvres aujourd'hui décolorées, tenu tes mains désormais marquées par l'ambre de l'âge. Et dire que j'avais été tenté de suivre tes pas dans le désert ! Je te croyais intelligente et n'aurais jamais imaginé que tu deviendrais cette femme bornée, brimée par la rude vie du pays de nos aïeux bibliques.

J'ai perdu de vue Ágnes depuis longtemps. Je devrais entreprendre des fouilles archéologiques pour retrouver cette momie qui pourrait me livrer quelques secrets de notre passé peu commun à Budapest.

En compagnie du petit-fils de l'Edison hongrois

Je suis sur le même trottoir, à quelques pas de l'église des Franciscains, devant la brasserie des Carpates, un établissement de seconde catégorie d'un certain renom et dont les prix, en 1997, ne sont plus abordables pour un Hongrois aux revenus moyens. Je me revois en compagnie de Tivadar Puskás, au printemps 1943. Ce garçon nerveux m'était sympathique. Ses lèvres formaient les mots corrects et bien articulés après quelques instants d'hésitation. Sa famille habitait dans des conditions médiocres un appartement sombre et sans gaieté. D'origine transylvaine, ils rêvaient de gloire et d'argent, et l'amertume semblait toujours au rendez-vous. Le grand-père, l'Edison hongrois, avait inventé le téléphone dans son laboratoire obscur au siècle dernier. Une plaque portant son nom apparaissait sur l'un des murs de la capitale, un lot de consolation pour un génie méconnu qui devait se sentir dépossédé par son confrère américain. Mme Puskás, aux traits figés ou maîtrisés peut-être, se tenait très droite, comme les dames magyares d'une certaine classe ; elle était pauvre et sa dignité constituait sa richesse. On m'invitait parfois pour le goûter. Le grand frère se montrait condescendant, mais le plus jeune, mon camarade, se plaisait à jouer au train électrique avec moi, un train qui parcourait inlassablement le même circuit dans cet appartement vieillot, triste et mal chauffé ou bien chez moi, dans ma chambre dénudée, décorée de la fresque de Frankel confectionné avec des chutes de papier peint.

Je dois reconnaître que j'étais quelque peu demeuré du point de vue intellectuel ; je lisais naturellement Jules Verne et l'inévitable Karl May, l'auteur à succès qui décrivait les mœurs sauvages des Skipétars. Pour comprendre le tempérament belliqueux des Albanais, les Occidentaux devraient lire ses livres manifestement interdits d'immortalité. Mais au lieu de me plonger dans la lecture de Walter Scott ou de Tolstoï, j'avais une prédilection pour des romans du type *Le Monde comme dynamo* (1942), dû à un auteur dont le nom n'encombre pas ma mémoire, qui décrivait l'invention d'un ingénieur : des fils tendus comme des lignes à haute tension entouraient la Terre et produisaient de l'électricité grâce à la rotation de la planète, et ce pour le plus grand bienfait de l'humanité. J'étais certainement doué du sens de l'humour, car l'histoire du géant imaginée par Sándor Török, dans son roman *Les Déconvenues du géant* (1934), qui, à force de s'étonner au contact de notre univers si peu fabuleux, avait progressivement rapetissé m'amusait fort. Parvenu à une taille normale, il était devenu propriétaire d'une auberge sur les collines de Budapest où se rencontraient les joueurs de la meilleure équipe de football. Plus de cinq décennies avant la parution de *Truismes* de Marie Darrieussecq, des écrivains jouaient déjà au jeu des métaphores. « Les bras m'en tombent » – d'étonnement –, dit-on en français. Les

Hongrois laissent « tomber leur mâchoire » quand ils sont sidérés. Mon géant était obligé de fixer la sienne avec un fer à cheval, car à chaque fois qu'elle se détachait, il rapetissait d'une dizaine de centimètres. L'enfant qui se croit géant tout-puissant, mais se découvre démuni dans le monde qui l'entoure, ne pouvait-il s'identifier à ce géant devenu humain et se sentir réconforté par cette intégration dans la réalité quotidienne ? Je crois que c'était là le secret de ce « roman d'apprentissage ».

Je n'ai pas rattrapé mon retard pour ce qui est de la lecture des classiques hongrois et des grands auteurs étrangers. En revanche, je m'abîmais dans les plaisirs presque physiques que la musique me procurait. Les symphonies tonitruantes de Tchaïkovsky ou de Dvořak, les poèmes symphoniques et emphatiques à souhait, tels *Les Préludes* de Liszt, les concertos à grand effet de Grieg ou de Rachmaninov, dont l'exécution exigeait la virtuosité, me découvraient le sens de la vie, m'enthousiasmaient, m'éblouissaient, me remplissaient de joie. Les sanglots pathétiques des violons dans la *6e Symphonie* de Piotr-Ilitch, les cordes qui évoquent la Bohême pour le musicien qui se sentait exilé dans le Nouveau Monde, me faisaient pleurer. J'écoutais Mozart, Bach ou Haendel avec une délectation plutôt raisonnable, comme un antidote au poison romantique. J'adoptais tous les clichés de la vulgarisation musicologique : au début de la *5e Symphonie* de Beethoven, le rythme saccadé était un avertissement du destin inexorable ; le thème principal possédait un caractère masculin, le motif mineur relevait de la nature féminine. Je devins un fan de l'opéra dès l'âge de onze ans. Je connaissais à l'avance les dates des retransmissions lyriques, à la radio naturellement. J'achetais le livret en hongrois, puis je suivais le texte italien chanté, ligne par ligne. C'est ainsi que je me suis familiarisé avec *Aïda* ou *Un bal masqué*, que j'ai appris à admirer le chant de Beniamino Gigli, d'Aureliano Pertile, de Gino Becchi ou d'Ezio Pinza. L'art de Maria Caniglia, de Dusolina Giannini, d'Ebe Stignani, de Toti del Monte ou d'Amelita Galli Curci me subjuguait : je connaissais par cœur les vocalises de Violetta et de Gilda, les prouesses vocales de Lucia di Lammermoor, les implorations d'Aïda (« *Numi, pietà del mio soffrir* », « Pitié, grand dieux ! c'est trop souffrir », m'émeut toujours autant) et les imprécations d'Amnéris. Il me semble que ma famille respectait mes soirées d'opéra et que je ne fus pas dérangé une seule fois. M. Taraba, le coiffeur, partageait mon plaisir quand il venait chez nous. Je posais le poste en bakélite sur le radiateur. Le cliquetis des ciseaux rythmait l'air de Figaro du *Barbier de Séville*, et le jet de la douche renforçait le bruit de l'eau dans la fontaine du jardin de *Così fan tutte*. Je ressentais également un plaisir musical « par procuration » en mémorisant les affiches des concerts qui m'étaient restés interdits. Dans les années quarante, Karajan dirigea telle symphonie de Beethoven, et Richard Strauss était à la tête de l'orchestre de l'Opéra qui joua *Le Chevalier à la rose*. Une indéfinissable nostalgie se mêle à l'écoute des musiques qui se sont gravées dans ma mémoire à cette période. Une représentation de *La Veuve joyeuse* me bouleverse autant que le *Requiem* de Verdi ou les lamentations d'Othello brisé par l'adultère fantasmé de Desdémone.

En 1997, je voudrais retrouver le petit Puskás, mon fidèle compagnon de bonne volonté du mois de mars 1943. À la sortie du lycée, sur le chemin du retour, nous avions calmement discuté de la question juive. J'affirmais haut et fort que ma famille était catholique sans aucune origine israélite. Une année durant, l'Histoire se chargea de remonter le ressort du réveil de la vérité. L'entrée des Allemands, le 19 mars 1944, déclencha la sonnerie qui dénonçait mon mensonge. Le désaveu était un moyen d'autodéfense misérable. À partir du mois d'avril, je porte l'étoile jaune, qu'il faut bien qualifier d'« infamante » – j'ai peur que l'expression ne s'use et perde de sa force –, je la cache difficilement à l'aide de mon cartable lourd. Le petit Puskás, devenu grand dans mon estime, a le courage de faire le trajet de retour en ma compagnie. Arrivé à la brasserie des Carpates, il me rappelle, sans grande méchanceté, mes propos d'il y a un an. Au lieu d'admettre mon mensonge, j'affirme que je ne me souviens pas d'avoir énoncé quoi que ce soit de ce genre. Nous continuons notre chemin. Aujourd'hui, je suis du regard ces deux lycéens qui rentrent chez eux.

Pour une ultime fois dans ces mémoires d'un petit-Juif-de-Budapest-qui-vit-encore, je me trouve non pas devant, mais *dans* la cour de ce restaurant, en compagnie de ma mère, en 1945 probablement. Nous faisons la queue pour obtenir une gamelle de « soupe populaire », une lavasse à base de pois cassés, dont nous louerons le goût en découvrant au fond de l'écuelle une lamelle de couenne fumée. Quarante-deux ans plus tard, je consulte la carte de la brasserie déserte. Le menu me donne la nausée, et je n'ai pas envie de m'attabler seul, entouré d'une valetaille servile (« à votre santé précieuse », « je vous salue bien humblement », « puis-je me permettre de recommander comme dessert des petits carrés de pâtes fraîches au chou rouge », etc.), qui m'apporte une salade de laitue mal lavée. Je passe… sans atout… simplement honteux de mes atours de visiteur occidental qui, entre 1940 et 1956, a vécu seize années décisives de sa vie dans ce quartier… Je m'éloigne précipitamment.

Sous le porche, j'écris ton nom

Par la rue de l'Université (Egyetem utca), en partant de la place des Franciscains, j'arrive à l'hôtel Élisabeth, luxueusement rénové, où se trouvait la cantine universitaire entre 1952 et 1954, et dont la spécialité était le « goulasch aux abats ». En face se dresse la sobre façade du palais du comte Károlyi, le président de la République populaire de Hongrie, un aristocrate francophile et idéaliste, rentré d'exil aux alentours de 1946 pour se charger de représenter son pays à la tête d'une légation à Paris. Il conserva le poste jusqu'en 1949 où débutèrent des procès iniques, organisés d'après le modèle soviétique, contre les anciens serviteurs du Parti et les alliés modérés des communistes, dupés par la politique d'un soi-disant Front populaire. Lors de mon séjour en 1997, je ne me suis pas souvenu d'une tempête mémorable qui m'avait surpris à cet endroit précis en mars 1945. Cette tornade tourbillonne aujourd'hui sous ma plume et s'engouffre avec toute sa violence d'alors dans les interstices de mon écriture. La ville est en ruine et les plaies causées par l'artillerie soviétique sont à vif. Des gouttières en tôle ou en plomb, détachées des bords du toit mais demeurées accrochées pendant des semaines, tombent au milieu de la rue. Des battants de fenêtre s'écrasent sur les trottoirs, des tuiles menacent de fracasser la tête des rares passants. Des morceaux de plâtre jonchent la chaussée et une poussière étouffante aveugle les piétons qui se métamorphoseraient volontiers en fantômes. Je m'abrite dans le renfoncement d'une porte qui me protège contre le déluge des matériaux tombés du ciel. C'était le n° 11 de la rue de l'Université. En mai 1997, agacé par les voitures qui stationnaient sur le trottoir, j'ai poursuivi mon chemin sans laisser affleurer le passé qui s'acharne aujourd'hui.

Mon père, malade depuis 1940, probablement atteint d'un cancer au cerveau, est mort en janvier 1944, quelques semaines avant l'entrée des troupes allemandes en Hongrie. Était-ce de mort naturelle ? Ou a-t-il eu assez de force pour attenter à ses jours, terrorisé qu'il devait être par des électrochocs qu'on lui administrait sans anesthésie ? Deux médecins le soignaient : le professeur Lehotzky, une sommité médicale paraît-il, qui délivrait des certificats à l'intention des autorités militaires, et le Dr Klauber (ce nom ne rappelle-t-il pas « Glauber », « qui a la foi » ?), qui habitait le n° 11 de la rue de l'Université, un modeste psychiatre juif, croyant en l'efficacité de la médecine et de la cure parlée. Mon père, de plus en plus dépressif, triste, accablé et à la démarche incertaine, allait le voir tous les jours, de onze heures à midi. Que pouvait-il se dire dans le secret de ce cabinet ? Klauber savait-il avec certitude que son patient souffrait d'une tumeur incurable ? Il admirait le courage inaltérable de l'épouse. Il préparait un ouvrage sur la graphologie et voulut y insérer une page manuscrite de ma mère, dont l'écriture était aussi régulière à dix-sept ans que vingt ans après. Il n'est pas revenu de déportation. Lehotzky, lui, a survécu au siège de Budapest. En 1945, ma mère s'adressa à lui pour obtenir une attestation nécessaire à des démarches administratives. Après avoir empoché des sommes considérables en observant l'évolution de la pathologie de son patient juif et apparemment riche, ce gentil peu aimable joignit un relevé d'honoraires faramineux au document qu'il lui délivra. Le Dr Scheiber, un ami de la famille, éminent chirurgien devenu médecin généraliste après 1945 – car il se sentait diminué par les persécutions qu'il avait endurées –, conseilla à ma mère de ne pas acquitter la totalité de la facture insolente. Ma mère suivit son conseil. D'après les renseignements que j'ai obtenus il y a quelques années, les archives de l'illustre professeur, qui auraient pu me délivrer leurs secrets et me libérer de mes incertitudes, ont disparu pour toujours.

À l'exception d'un étui à cigarettes en or, il ne me reste rien de mon père. De temps à autre, j'essaie de me souvenir de sa signature et je la redessine. La barre du « t » de « Loránt » servait de point d'appui à la boucle du « E », initiale du prénom « Endre ». Le « d » imitait le caractère évidé de la calligraphie dite « gothique », et le « e » final plongeait en un trait parallèle au « L » initial du patronyme. Je revois également, projeté sur l'écran de ma mémoire, un bilan de ses revenus et dépenses, écrit avec soin, une ligne bien dessinée reliant le *total* de la page de gauche à celui de la droite. Je tiens une feuille qu'il a dactylographiée au cours de sa dernière année de vie où les lettres se suivent dans la confusion la plus totale, et où je ne relève pas un seul mot sensé. Cette feuille ne traduisait pas une pensée délirante, mais la rupture intervenue entre l'intention et les doigts qui appuyaient sur les touches dans l'espoir de produire une succession signifiante de caractères. Je m'étais emparé de ce salmigondis pour le montrer au Dr Klauber. Mon père, à qui je dis avoir égaré cette feuille, accepta facilement, trop facilement, mon mensonge. Ce document, je l'ai replacé dans un beau portefeuille en soie, brodé de fils dorés représentant des motifs chinois qui décorait son bureau. L'objet a survécu à sa mort et même au siège de Budapest. Le dessin en relief me gênait quand je posais ma main dessus. Je ne sentais pas ou ne voulais pas sentir l'empreinte paternelle qui l'avait marqué du sceau de la mort.

Le retour « chez moi » retardé

J'interromps mon itinéraire de 1997 qui devait me conduire chez moi. À mon ancien domicile ou à la maison des hôtes de l'Université ? Ce voisinage me trouble, et pourtant je ne les confonds pas ; je sais que je dois m'armer de courage et m'engager dans la rue où se trouve l'immeuble où j'ai habité de 1940 à décembre 1956. Je ruse avec moi-même. Pour le moment, je contourne le palais Károlyi. Je m'engage dans la rue qui part sur la gauche. J'admire ces hôtels particuliers qui se dressent le long de la voie étroite. J'oublie, bien sûr, que j'avais été reçu dans un de ces petits palais de style néo-Renaissance par Richard Schmidt junior, le fils du magnat qui avait racheté les Grands Moulins, l'entreprise de mon grand-père paternel. Suivant la suggestion de ma mère (« en m'adressant à vous, je crois rester fidèle aux intentions de mon père », me dictait-elle), je l'avais prié d'accepter d'être mon « parrain » à l'occasion de ma « confirmation », célébrée à la chapelle des piaristes, en 1947. Il m'avait fait cadeau d'un étui en argent et d'une pièce de vingt francs en or, puis, incapable ou gêné de dire quoi que ce soit sur mon père, il m'avait congédié par quelques paroles bien senties, selon les usages d'une bonne société en voie de disparition. Je l'ai revu, à l'occasion d'une excursion à Sopron, ville frontière entre la Hongrie et l'Autriche, portant un simple sac à dos, visiblement mécontent d'avoir été aperçu. Il voulait quitter le pays aussi discrètement que possible. Je passe devant le bel immeuble qui abritait l'Institut français. Que de fois y suis-je entré le cœur serré, car je savais que les visiteurs étaient photographiés depuis l'une des fenêtres du palais Károlyi ! Que de fois j'en suis sorti réconforté, ayant emprunté la saga des *Pasquier*, ou la biographie de Mallarmé par Henri Mondor ! En pleine période stalinienne, je suggérai aux autorités universitaires de projeter des courts métrages apolitiques empruntés à l'Institut français. J'annonçai par mégarde une date erronée sur un stencil que je déchirai immédiatement sans réfléchir aux conséquences de mon acte. L'intendant de l'université me gronda pour mon imprudence et m'en remis un autre : car il est bien connu, n'est-ce pas, que l'ennemi du prolétariat ne songe qu'à s'emparer par n'importe quel moyen de fournitures de bureau pour les utiliser à des fins de propagande antirévolutionnaire. Et il ne souriait pas quoiqu'il fût aussi peu communiste que moi. Mon idée fut mise en œuvre par János Győry, le professeur nommé par le Parti pour enseigner l'histoire de la littérature française d'après un manuel publié à Moscou. Je le revois fermant sa serviette d'une main qui tremblait d'émotion mal maîtrisée. Il ne connaissait qu'une seule haine, déclarait-il, la « haine de classe ». Ancien cadet de l'École militaire, opportuniste en diable, il avait les traits tourmentés par l'hypocrisie, le sadisme et la tension intérieure. Ce manuel, sentant la bêtise et le roussi marxiste, avait été traduit par un vieil ami, Pityu Kleszky, ancien officier de l'armée hongroise fait prisonnier par les Soviétiques, qui avait appris le russe à la perfection pendant ses années de captivité. À son retour en Hongrie, Pityu demanda à sa famille de l'attendre dans le hall de la gare, car il souhaitait se raser avant de quitter le wagon à bestiaux qui l'avait transporté de Sibérie à Budapest. Élément « déclassé », on lui attribua un emploi au sein de l'administration d'une station météorologique. Coureur invétéré, il prétendait que le souffle des paroles masculines chuchotées dans des oreilles féminines à des fins de séduction pourrait à lui seul faire tourner un moulin à vent. Il est mort d'une crise cardiaque à soixante ans, alors qu'il s'apprêtait à épouser une fille qui en avait trente, dont il magnifiait le corps accueillant. La dernière carte qu'il m'a envoyée à Paris annonçait, d'une écriture pointue marquée par l'éducation allemande : « Je vis encore ! » Nous nous étions moqués du commanditaire du manuel moscovite qui avait touché la prime pour la qualité de son enseignement, une récompense à laquelle je ne pouvais prétendre en tant que contre-révolutionnaire en puissance. Cependant, les projections prirent fin subitement. Alors que la propagande communiste faisait l'éloge de l'outillage technique d'avant-garde de l'Union soviétique, notamment des pelles mécaniques sur chenilles dont on ne voyait que de rares exemplaires en Hongrie, le film projeté à la faculté était consacré à l'exploitation des richesses du Sahara grâce à des centaines d'excavateurs autotractés, qui, sur une musique triomphante, exécutaient un ballet impressionnant dans le désert. Les bulldozers français s'immobilisèrent, du moins sur l'écran, le grand défilé des pelleteuses mécaniques s'interrompit sur l'ordre du Parti, et les bobines enroulées regagnèrent leur place sur les rayons de l'Institut français.

Je m'approche de la grille qui sépare le jardin de la cour du palais Károlyi ; là, à partir de 1940, et généralement à la tombée de la nuit, avaient lieu des concerts en plein air. Le feuillage des hêtres massifs jette une ombre sur le parterre de jadis, aux sièges inconfortables. Une estrade cachait les portes derrière lesquelles se rassemblaient les musiciens, et nous sollicitions souvent des autographes auprès d'artistes inconnus. J'étais libre de me rendre à ces soirées ; au début de la guerre, j'ai assisté au concert dirigé par le vieux Lehár, aux cheveux courts et argentés, et consacré à ses œuvres. J'y ai applaudi Fricsay à ses débuts (on se moquait de lui parce que son père était Kapellmeister de l'armée), admiré la précision des gestes du jeune Ferencsik, l'autorité et le génie de Failoni, un Italien établi en Hongrie digne du grand Toscanini qui avait salué en lui un frère. À partir d'avril 1944, les Juifs, regroupés dans des maisons désignées à leur intention et dont la liste figurait dans le *Journal officiel*, ne pouvaient quitter leur domicile qu'entre onze heures du matin et cinq heures de l'après-midi. (Ils n'y seront véritablement *enfermés* qu'à partir du 15 octobre 1944, et devront y vivre derrière des rideaux baissés.) Il leur était interdit de fréquenter les lieux publics ; à mon immense chagrin, je dus renoncer à écouter de la musique au jardin Károlyi. Après la Libération, les concerts s'y sont réinstallés, et ce n'est pas sans émotion que j'ai entendu *Le Messie* de Haendel dirigé par Stanford Robinson et chanté en allemand dans la version de Mozart. Des artistes français s'y produisirent, comme Pierre Sancan, Monique de La Bruchollerie, ou Jeanne-Marie Darré « de la Légion d'Honneur », comme se faisait annoncer sur les affiches cette dame aux mains puissantes, spécialiste de Liszt, Saint-Saëns, Chopin et Rachmaninov, dont l'un des préludes, virtuose et mélancolique, était son cheval de bataille. Lorsqu'elle jouait à l'Académie de musique, elle dénudait son dos en rejetant d'un geste autoritaire la large étole qui le couvrait, et provoquait des « Ah ! » de la part du public, qui avait l'impression d'assister aux prouesses d'une strip-teaseuse ayant dépassé la soixantaine. Aux alentours de 1948, malade de jalousie, pauvre Don Ottavio, je me trouvais derrière ces grilles, épiant Ágnes dans les bras de son amant Pali-Don Giovanni. En 1970, je n'ai pas résisté à la tentation d'emmener Sylvia, ma seconde épouse, à Budapest pour assister au « Colloque sur la langue maternelle » organisé par le gouvernement communiste qui, usant de ce prétexte, voulait engager le dialogue avec des intellectuels en exil. Les apparatchiks du Parti nous appelaient « camarades », alors qu'ils avaient la consigne de nous donner du « monsieur » ou du « madame ». L'arrière du poste de radio de notre chambre était scellé. Est-ce des lampes ou des micros qui s'y trouvaient cachés ? Le portier de l'hôtel gardait un double des messages téléphoniques consignés sur des feuilles déposées dans notre casier. La police n'eut pas la moindre difficulté à reconstituer la liste de nos relations. Nous étions entourés de provocateurs qui se déclaraient anticommunistes et braillaient sans vergogne contre le régime. C'est avec

Sylvia que j'ai assisté, pour une ultime fois, à un concert, dirigé par Roberto Benzi, donné dans la cour du palais Károlyi. Ces concerts auraient-ils du succès aujourd'hui ? Yehudi Menuhin pourrait-il encore provoquer ce silence rempli d'admiration et de recueillement religieux au moment précis où, après la « cadence » de Kreisler, son violon rejoint celles de l'orchestre ? J'en doute. Les jeunes Hongrois, chaussés d'Adidas, se rendent au concert des Sex Pistols et déclarent que l'histoire de leurs parents ne les concerne point. Ils veulent profiter de la vie, de leur corps, même si l'« économie de marché » leur impose encore d'incontestables restrictions. Ces garçons et filles ne diffèrent pas des jeunes Chinois qui, à l'université, me réclamaient du Lacan alors que j'avais préparé des cours sur *Madame Bovary* : à leurs yeux, le « Petit Livre rouge » était un vestige archéologique du régime de Mao. Les événements de 1956 paraissent aussi loin aux adolescents magyars que ceux de 1968 aux étudiants français, qui ne devinent guère dans les mandarins d'aujourd'hui, sur le point de prendre leur retraite, des contestataires montés sur les barricades du Quartier latin et ménagés pourtant par le préfet Grimaud. Les fins de semaine, il est de bon ton de quitter la ville de Budapest et, les jours ouvrables, on suit des séries télévisées – Derrick, Colombo, Mac Gyver sont omniprésents à l'Est comme à l'Ouest –, ou bien on regarde défiler sur l'écran ces politiciens à peine tourmentés qui justifient leurs errements passés. Et ils accordent l'absoute à leur victime, Imre Nagy, Premier ministre pendant l'insurrection de 1956, qui, au moment où les chars soviétiques s'apprêtaient à entrer à Budapest, déclara que la Hongrie redevenue neutre quitterait le Pacte de Varsovie. Ils *l'amnistient* en 1997, après l'avoir exécuté en 1957, oui, en prescrivant l'oubli, en annulant les conséquences pénales de sa révolte légitime et désespérée contre un régime de terreur, dont l'existence paraît irréelle aux jeunes d'aujourd'hui qui ne croient plus à l'Histoire.

Après avoir été accueilli dans la cour du palais par un employé municipal armé d'un râteau, je contourne le jardin Károlyi. Je m'engage dans la rue d'où l'on voit le monument aux morts style « pompier » à l'angle de la faculté de droit et de l'église de l'université où jusqu'à la prise du pouvoir par les communistes le *Veni Sanctus Spiritus* donnait le signal de la rentrée. Oui, je contourne le « jardin Károlyi » – je tourne autour de moi-même, peut-être autour de l'essentiel sans oser aborder ce qui motive ces thèmes et variations. Est-ce la perte de mes parents ? La mort de mon père ressentie comme une grave blessure narcissique ? La disparition de ma mère, qui emporta dans sa tombe les réponses à des questions dont je ressens la brûlante actualité ? Le rejet dont je fus depuis toujours l'objet en Hongrie ? Le refus de reconnaître qu'il n'existe pas de « royaume perdu » à retrouver ? Je n'ai jamais aimé la terre, cette espèce de masse noirâtre qui nous dévorera un jour, et d'où sortent des vers poilus et d'un rose dégoûtant. Et que l'on ne me raconte pas qu'Œdipe, en entrant dans le lit de sa mère, ne fait que s'unir symboliquement avec la terre ! Il régresse vers le néant, la non-existence, la mort. À la recherche de vestiges anciens, je retourne la terre, et confusément je m'entends dire : « mon trésor, mon père », « mon bijou, ma mère ». Je ne veux pas mourir idiot, je veux me gorger de souvenirs jusqu'à en crever, et qu'on me descende ensuite « in questa tomba oscura… ». C'est l'année des Schubertiades, et je jette un dernier regard sur l'emplacement où se trouvait l'estrade de l'orchestre du jardin Károlyi. Je me rappelle les gestes arrondis d'István Kertész dirigeant la 5e *Symphonie* du jeune Franz, réintégrant les bois jacassants dans la mélodie dansante jouée par les cordes. Cela devait être au début de la période noire, autour de 1950. Il est mort une vingtaine d'années après au large de Tel-Aviv, emporté par une vague, paraît-il. Le grand Solti lui rendit un émouvant hommage.

« Tu les analyses, moi je les enfile », ou de la psychologie expérimentale

Mes fantasmes d'adolescent frustré sont encore les miens. Je rêvais de filles se donnant à moi dans la cabine d'un établissement de bains. Je goûtais à leur « flamant rose » et pénétrais leur « tulipe noire », je jouissais avec elles sous la douche chaude qui gonflait les corps caverneux de mon dard. L'éducation puritaine – « lave-toi devant », me disait ma mère quand j'avais quatre ans et qu'elle me savonnait dans la baignoire –, l'enseignement des prêtres, l'absence du père refoulaient mes élans et m'enfermaient dans une solitude handicapante. Je m'intéressais aux filles, commentais leur comportement et disséquais leur caractère, mais mes propos ne préludaient pas aux gestes, le verbe ne créait pas d'intimité avec la chair. « Tu les analyses, moi je les enfile », concluait Karcsi, qui avait une fiancée attitrée, mais qui, coureur frénétique, semait sans s'essouffler sa semence à tous vents.

Je l'avais rencontré à Buda, dans une étrange famille de bohèmes ruinée. Trois sœurs, autour de la quarantaine, vivaient sous le regard indulgent d'une grand-mère adorable. La plus âgée, Klára, était affligée d'un pied-bot et se déplaçait difficilement ; magnanime, gaie et obèse, elle dirigeait un petit « Kindergarten » et s'occupait principalement d'enfants anorexiques. Elle organisait des goûters pour les poupées et notait avec joie quand ses petits clients leur dérobaient quelques morceaux de pain trempés dans du lait. Irén était une « permanente » du Parti ; elle avait renié sa famille décadente, tout en lui confiant l'éducation de sa fille Zsuzsa, qui se révéla une coloriste remarquable dès son jeune âge. Erzsi avait engagé des études de médecine aux abords de la trentaine ; très douée au piano, elle jouait Bach et les premières mesures du concerto de Schumann sans recourir à la partition. Elle réfrénait difficilement ses pulsions, et Karcsi et des étudiants en médecine profitaient d'un corps qu'elle leur abandonnait généreusement, à l'abri d'un placard ou sur un divan grinçant. Je frôlais les filles dans les surprises-parties organisées par cette famille de surdouées à la dérive, essayant de me lier avec Zsuzsa l'énigmatique, la sphinge aux pinceaux et aux pastels. Je l'ai perdue de vue quand elle épousa le pédiatre au déclin de l'âge qui soignait son enfant né d'un premier mariage.

Des individus passionnants fréquentaient cette maison hors du commun. Toncsa, par exemple, la secrétaire générale de l'Opéra dotée d'une intelligence remarquable ; elle était la maîtresse trop dominatrice du chef wagnérien qui la trompait avec la violoniste, l'une des Walkyries les plus chevauchées par les musiciens de l'orchestre. Le maestro cédait volontiers à notre demande et commentait *Tristan* sur le piano désaccordé de la maison. Il faisait semblant de ne pas tenir compte des interruptions intempestives de sa maîtresse qui prétendait mieux connaître l'œuvre dont son ami réduisait la partition complexe qu'il avait sous les yeux en version pour piano. Il frappait les touches avec d'autant plus d'énergie qu'il voulait faire taire ses sentiments de culpabilité d'avoir pénétré sa violoniste le jour même.

C'est encore dans cet endroit extravagant que j'ai rencontré Anna Gleimann, une psychologue, une victime parmi d'autres du décret stalinien interdisant la pratique analytique. La psychanalyse avait pour but, selon ses détracteurs, de résoudre des conflits personnels afin de rendre l'individu apte à servir le système capitaliste et n'avait donc pas sa place dans le système idéologique marxiste-léniniste. La lutte des classes ferait disparaître les antagonismes qui empêchaient la construction du socialisme. Le divan serait écrasé par les tracteurs des kolkhozes et broyé par les machines de l'industrie lourde. On coupait les vivres aux psychanalystes et on alimentait des souris et des rats pour répéter à satiété les expériences de Pavlov dont on appauvrit, d'ailleurs, l'apport théorique sur l'activité nerveuse supérieure. On opposait la psychologie matérialiste, le phénomène de la « sécrétion psychique » (le son de la fameuse clochette provoquant la salivation), à la psychologie idéaliste coupée des réalités terrestres et s'occupant des traumas de la bourgeoisie expropriée. Avec une servilité obséquieuse qui n'avait d'égale que celle des intellectuels regroupés autour de la revue *La Pensée*, les maîtres à penser du Parti hongrois estimaient que les écrits de Ferenczi ou d'Hermann n'étaient bons qu'à « mettre au cabinet ». La pratique thérapeutique institutionnelle et privée fut brutalement interdite. Anna Gleimann, renvoyée de son centre médical, se mit à boire. Ses amis lui firent parvenir une petite somme mensuelle, au titre d'une soi-disant retraite. La famille de Buda ne pouvait pas résister à la pression du régime. Elle mit tous ses biens et talents à l'encan, et se désagrégea, inévitablement.

Une université mal tempérée

Un étroit passage reliait le jardin Károlyi au boulevard du Museum où se trouvait l'ancienne faculté des lettres. Mes années universitaires furent placées sous le signe de l'installation du régime totalitaire. Avant mon admission définitive, j'eus la visite inopinée de deux émissaires, des « éducateurs du peuple », qui souhaitaient connaître mon opinion sur le renégat Tito, le « chien enragé à la solde des impérialistes ». Je les reçus près de mon piano ; ils comprirent, je crois, qu'ils avaient affaire à un candidat apolitique peu au courant de la « trahison » du maréchal. Le petit György Bodnár – considéré à l'heure actuelle comme une personnalité libérale de premier plan – était à l'époque secrétaire de la jeunesse communiste et s'acharnait contre les « grenouilles du marécage de la décadence bourgeoise » dont je faisais partie, car j'avais décidé de préparer une double licence franco-britannique. À cette époque, je faisais la cour, sans succès aucun, à Judith J***, la fille d'un médecin qui avait des sympathies avouées pour les Croix-Fléchées, mais qui avait très bien soigné mon père, entre 1940 et 1942, au sanatorium qu'il dirigeait. Au mois de mai 1950, nous fûmes convoqués, Judith, moi et les membres du séminaire décadent à une séance de « critique et autocritique » fort humiliante. On nous demanda de parler de nos progrès dans l'étude du marxisme-léninisme et de nos rapports avec le Parti. Je défendis Judith, accusée d'être la fille d'un fasciste notoire – comme si elle était responsable des égarements de son père –, et discourus fort prudemment de mes progrès dans la compréhension des écrits de Marx ou d'Engels. « Le camarade Loránt parle avec autant de circonspection que s'il marchait sur des œufs », déclara Ildikó, un laideron à la hanche abîmée, dure et impitoyable, amère et haineuse. L'histoire de ces laideronnes estropiées reste à écrire. Elles découvrirent un exutoire à leurs souffrances dans le marxisme-léninisme et avec la théorie de la lutte des classes se fabriquèrent une prothèse imaginaire.

Au cours de cet été, des étudiants de ma promotion devaient passer trois mois dans un camp militaire placé sous commandement soviétique. J'y déféquai, en compagnie de mes condisciples, dans des latrines ouvertes, et promis à un ami de ne pas faire savoir à sa mère que ses hémorroïdes saignaient abondamment. D'origine juive – les antisémites ont un flair extraordinaire –, on l'humilia gravement, car dans une de ses lettres, qui n'avait pas franchi le bureau de la censure, il évoquait sa nostalgie du confort bourgeois et rêvait de revêtir son pyjama frais et bien repassé. Un autre étudiant fut condamné aux arrêts par le tribunal militaire, car dans sa fureur et son exaspération, il avait lâché un : « il se conduit comme un Russe » – sa mère avait été violée par un soldat de l'Armée rouge –, pourtant murmuré entre ses dents, propos qui furent rapportés aux autorités par des fanatiques serviles. Au cours de l'entraînement, j'ai grimpé, rampé fusil à la main, passé par-dessus des obstacles (souvent grâce à l'aide d'âmes charitables), affronté les embûches du parcours du combattant, mais je m'essoufflais trop vite. La déclaration d'un sergent me fait encore sourire aujourd'hui : « Camarade Loránt, je vous ferai courir jusqu'à ce que vous quittiez la carte géographique. » C'était de la poésie militaire « pur sucre », dont le pittoresque rejoignait celui de la déclaration d'un sous-lieutenant qui venait d'apprendre la naissance de sa fille : « Je la renverrai, disait-il à haute voix lors d'une séance d'entraînement, dans le vagin de sa mère en attendant que des couilles lui poussent. » Pendant les pauses, je lisais *Bérénice* dans une édition pas plus grande qu'un paquet de cigarettes, mais la beauté du vers racinien m'alanguissait plutôt et ne m'encourageait guère à assiéger la forteresse du capitalisme. Les cibles en contreplaqué figuraient des soldats américains. Quand je rentrai chez moi, je n'ai pas retrouvé mon piano Blühtner. Bien qu'on nous l'ait prêté, ma mère l'avait vendu pour agrandir la pièce en vue de mon mariage éventuel. (Je déclarais à qui voulait l'entendre mon intention de prendre femme et de demeurer sous le toit maternel.) Je crains que la propriétaire du piano, ruinée par une vie insouciante et dissolue, n'ait été que médiocrement indemnisée de sa perte. Pourtant, lorsque j'y songe aujourd'hui, l'incident ne me touche guère, et j'en suis étonné. Depuis le départ de Dódy et mon aventure malheureuse avec Ágnes, ma veine pianistique avait tari. J'aurais dû y consacrer six à huit heures quotidiennes pour arriver à des résultats à peu près satisfaisants, alors que certains de mes camarades maîtrisaient le clavier et improvisaient, transposaient d'une tonalité à l'autre tout naturellement. Ils avaient cette aisance « dans les mains », estimai-je, résigné et renonçant à mon rêve de devenir chef d'orchestre. Ma passion pour la musique, elle, restait intacte. J'organisais des soirées d'écoute de disques dans notre appartement. *Boris*, *Tristan*, les *Passions* de Bach étaient au programme. Un beau jour, la concierge me conseilla de mettre fin à ces concerts enregistrés sur soixante-dix-huit tours bakélite, car elle avait reçu la visite d'un individu suspect s'informant de la nature de ces « rassemblements ».

Un assistant hélé par Haály

Le professeur Eckhardt, maître incontesté que même les communistes les plus acharnés n'arrivèrent pas à déboulonner de sa chaire – il avait été pourtant député conservateur au Parlement, démocratiquement élu avant le putsch de 1948, et traducteur des *Cinq Grandes Odes* de Claudel publiées dans *Vigilia*, la seule revue catholique autorisée –, avait fort apprécié mon diplôme d'études supérieures sur *Mérimée et la littérature russe* (Gogol, Pouchkine, Tourgueniev), rédigé à une époque où ni la correspondance de l'écrivain ni les grandes synthèses sur son œuvre n'étaient accessibles au public. Pour intéresser les princes prolétaires qui nous gouvernaient à mon sujet de mémoire, j'avais avancé la thèse que Mérimée avait cherché à renouveler ses sources d'inspiration en se tournant vers les écrivains russes. En pleine période stalinienne, Alexandre Eckhardt réussit à me faire engager en tant qu'assistant de français.

Mais il fallait neutraliser ce bourgeois aux allures aristocratiques qui devait certainement avoir des sympathies pour les démocraties occidentales. Aussi le Parti prit-il la sage décision de lui adjoindre un jeune cadre issu de la paysannerie *pauvre*. La nuance était d'importance, car cette classe, dépossédée des lopins de terre que lui avait attribués la réforme agraire, était appelée à devenir une alliée soumise au Parti, leader de la classe ouvrière. Mon collègue, Ottó Süpek, fluet dans sa jeunesse, était devenu une espèce de monstre biblique à l'âge où son cœur n'arrivait plus à irriguer son corps de boyard bouffi ; il recevait parfois, à l'université, la visite de son père, un paysan de petite taille, qui nous serrait les mains entre ses doigts abîmés. Jaloux du citoyen de Budapest que j'étais depuis ma naissance, il se vantait des phalanges paternelles trouées de crevasses où on aurait pu mettre des pièces de vingt sous.

L'Institut de français de la faculté des lettres était un lieu relativement protégé contre le Parti qui voulait démasquer les « ennemis de la classe ouvrière » et les enseignants qui n'avaient appris la langue de Voltaire ni dans les champs ni dans les fonderies d'acier. En dehors de mes heures statutaires, j'étais chargé de la formation d'un groupe de jeunes issus de milieux défavorisés, ayant néanmoins acquis au lycée les rudiments de la grammaire et de la littérature. À vrai dire, ils m'étaient très proches et sympathiques, car ils faisaient de grands efforts pour comprendre le « Moi, je » de Rousseau, ou les caprices de Marianne qui désespèrent Coelio. Mon travail de soutien était essentiellement littéraire ; celui de mon maître Echardt pouvait sembler plus aride, mais non moins efficace. Ce grand lexicographe et sévère grammairien, qui s'adonnait avec plaisir à l'imitation de Scapin et des patois que ce personnage de commedia dell'arte parle pour tromper le vieux Géronte, faisait lire aux étudiants d'un cours de « mise à niveau » qui lui était imposé par le Parti une page de *L'Humanité* et exigeait qu'ils découvrissent la signification de chacun des termes qu'ils ignoraient. D'ailleurs, la lecture de *L'Humanité* réservait d'amusantes surprises aux néophytes hongrois. Alors que l'enseignement religieux était interdit dans les établissements scolaires aussi bien qu'à l'église et que les enfants ne pouvaient ni s'initier aux mystères de l'eucharistie ni se rendre à la sainte table, *L'Humanité*, durant l'ère de feu Maurice Thorez, publiait des dessins publicitaires représentant de ravissants modèles de robes de premières communiantes ! Le Parti hongrois n'en était pas à ce détail près ; d'ailleurs, peu de gens lisaient le quotidien communiste que l'Institut culturel français envoyait à la faculté en vingt-cinq exemplaires – en grinçant des dents, j'imagine, mais que ne ferait-on pas pour la cause de la francophonie dans un pays engagé par les Soviétiques dans la construction d'un soi-disant socialisme !

Je suis convoqué, me fait-on savoir un jour, par dame Anna Haály, au service du personnel de l'université, annexe locale de la police politique dite « de la sûreté nationale ». Je m'y rends le cœur tremblant. Une femme blondasse, se donnant des airs, me reçoit, s'installe derrière un vaste bureau et annonce qu'elle voudrait avoir un entretien approfondi avec le « camarade » Loránt. Elle me regarde avec ses grands yeux de veau élevé aux hormones. « On me dit, camarade, que vous vous comportez d'une manière particulièrement sévère et injuste avec nos jeunes cadres issus de la classe ouvrière et de la paysannerie pauvre. » Ainsi débuta notre entretien. « Mais, chère camarade Haály, croyez-moi, c'est le contraire qui est vrai, car je consacre de longues heures, en dehors de mon service statutaire naturellement, à ces jeunes gens pour qui d'ailleurs j'éprouve beaucoup de sympathie, car ils font des progrès considérables », répondis-je à cette ancienne préposée aux toilettes qui avait dû ranger, je m'imagine, sur l'ordre du Parti, la brosse pour la cuvette et la serpillière pour le carrelage, prêt à riposter, estimais-je, à la prochaine provocation. « Dites-moi, camarade Loránt, on me dit que vous allez régulièrement à la messe le dimanche ! Croyez-vous en Dieu ? » L'attaque était inattendue. N'ayant pas la vocation du martyre, prédestiné par mon nom au gril de saint Laurent, j'ai imité l'illustre apôtre Pierre qui, d'après l'Évangile de saint Matthieu, a renié par trois fois son rabbi (voir XXVI : 34-75). Rappelez-vous le poignant commentaire du ténor dans la *Passion* de Bach : « *Er weinete bitterlich* », « il pleura amèrement », à propos du renoncement et de la pénitence de saint Pierre. Quelle merveilleuse lamentation étirée et chromatique, prise en charge par l'évangéliste récitant ! Cet abominable entretien, inquisitorial et humiliant, m'obligeant à renier mes convictions les plus intimes, ne s'est pas trop mal terminé. La dame Haály, probablement diplômée d'un cours accéléré de marxisme-léninisme du Parti, m'a demandé quelques conseils de lecture. Elle se serait sentie chez elle dans la répugnante pension Vauquer. Je lui ai recommandé *Le Père Goriot*. La toute-puissante mégère, investie par le Parti du pouvoir de critiquer ou de réprimander des universitaires intimidés, m'invita à lui rendre visite dans les mois suivants. Pour dénoncer mes collègues et sauver ainsi ma peau ? « Allez-vous à la messe le dimanche ? Croyez-vous en Dieu ? » Ne me posez pas, s'il vous plaît, les questions énoncées par cette espionne formée par le Parti dans un cours accéléré de marxisme-léninisme, aux yeux impitoyables, trônant au rectorat derrière un bureau de ministre ! Oui, je passe des heures à Saint-Pierre de Rome ; oui, je déambule à Saint-Marc pour admirer les mosaïques byzantines et le pavement savamment composé, oui, je suis pendant de longues minutes le déplacement de la tache rouge, projetée par les vitraux, sur le sol de la cathédrale de Séville. Le baroque éloquent, musical, des églises d'Europe centrale me touche de près, mais je suis également saisi par la grandeur austère des cathédrales de Tours ou de Beauvais. Est-ce uniquement la révolte contre la condition humaine, un désir d'immortalité, qui les a élevées aussi fragiles et aussi près du ciel ? Je professe le *Credo* quand il est chanté par Bach *(Messe en si)* ou par Beethoven *(Missa solemnis)*, mais je ne crois pas aux dogmes sauf quand je vois des fresques de Giotto ou de Fra Angelico. Je crois en l'humaine divinité du Christ quand j'écoute les *Passions* de Jean-Sébastien et je vénère en lui un grand prophète dont le culte suscite l'amour chez les uns et l'intolérance chez les autres depuis deux mille ans. Je me sens concerné par l'absolution papale lors de la bénédiction « urbi et orbi », car à la manière des héros de Dostoïevski, je me considère un grand pécheur devant Dieu. Mais je n'arrive pas à réprimer mes sanglots en écoutant réciter le Kaddish au Mémorial du Martyr juif inconnu et je parcours en titubant les couloirs de Yad Vashem à Jérusalem en répétant les propos du crucifié : « Eli, Eli, lamma sabacthani », que je traduis à ma manière : « Mon Dieu, mon Dieu, pourquoi nous avez-vous abandonnés ? » Dieu existe-t-il ? Et s'il existe, comment a-t-il pu détourner sa face des six millions de victimes tuées dans des camps d'extermination ? Femmes, enfants, jeunes gens, vieillards, toi, moi, nous, qui allons chez le dentiste pour soigner la moindre carie, qui mangeons bio, mesurons la radioactivité des déchets traités par l'usine de La Hague, administrons de la morphine aux mourants, et faisons soigner nos chiens avec des corticoïdes et des anti-inflammatoires pour prolonger leurs jours sans souffrance, nous ne pouvons échapper au dialogue avec la Mort. Tout se terminerait donc dans le misérable trou envahi par les vers (les criminologues peuvent déterminer la date d'un meurtre d'après les espèces d'asticots qui se relaient d'un jour à l'autre) ou dans les caveaux de famille ? À quoi sert le couvercle du cercueil de luxe vissé par des écrous en laiton, dignes des boulons d'un Airbus ? Pour préserver la dépouille humaine pour l'éternité ? Vivons-nous sous le regard spirituel de nos aimés ? Notre existence se déroule-t-elle en présence de Dieu, quintessence de nos facultés imaginatives ? Serions-nous simplement des « corps conducteurs » traversés par quelque fluide électromagnétique, par des images, les sons des portables ? De grâce, n'imitez pas dame Haály, laissez-moi croire en l'*Adam et Ève* de Cranach, au *Lazare, lève-toi* de Rembrandt, à la *Crucifixion* du Tintoret, au désespoir hystérique de Madeleine vue par le vieux Titien, à la traversée de la mer Rouge orchestrée par Rossini, à la « mort stupéfiante » du *Requiem* de Verdi. Je demeure saisi par le silence bleuté qui émane du tombeau de Ben Gourion dans le désert pétrifié à l'approche de la nuit, et je me place sous la protection du Bouddha monumental de Kamakura, doré par les derniers rayons du soleil qui transmettent son enseignement à mon cœur bouleversé. Mme Haály, misérable cafard d'un système pourri, où est ta victoire ?

Le pouvoir d'association de l'esprit humain est un phénomène extraordinaire. À côté de Haály, surgit le mot hongrois *halál*, « mort », l'allemand *Heil*, le salut hitlérien qui m'amène au non moins germanique *heilen*, « guérir », fermer les plaies et embrasser leurs lèvres, calmer la mémoire. Apaisez-vous, les six millions de suppliciés des camps : nous les survivants, nous ne cessons de penser à vous, nous restons à votre écoute. Si nous ne pouvons imaginer la somme de vos souffrances, nous perpétuons et transmettons votre mémoire, au-delà des siècles des siècles. Paix à vos cendres, que vos corps dissipés en fumées nauséabondes animent la stratosphère, arrêtent les mauvais rayons et laissent passer les bons. Et vous qui lisez mon imploration, êtes-vous prêts à réciter avec moi un verset du Kaddish dans sa traduction française ? « Que celui qui entretient l'harmonie dans les sphères célestes la fasse régner parmi nous et parmi tout Israël. Amen. »

Tout un passé à décrypter

Au cours de mon itinéraire de mai 1997, je passe devant l'emplacement de la boutique, célèbre à Budapest, où l'on réparait les stylos. L'ai-je aperçue derrière la façade restaurée qui a aspiré ses dernières traces ? J'y suis entré plusieurs fois, d'abord avec mon père, puis seul à partir de 1940. Le tablier du patron était digne des plus beaux tableaux tachistes, et le mur qui recevait l'outrage des jets d'encre rivaliserait avec les panneaux de Pollock. La plupart des stylos se remplissaient à l'aide d'une pompe en caoutchouc, actionnée par un levier. Le caoutchouc pouvait durcir, se casser, se trouer, le levier manifester des caprices que l'utilisateur ne connaissait pas. Au cours de l'été 1944, je me suis rendu chez ce réparateur, une figure tout à fait hoffmannesque. En retournant chez moi, je fus arrêté par un adolescent qui, ayant aperçu mon étoile jaune, menaça de me « casser la figure » si je ne lui donnais pas, immédiatement, une somme d'argent qui devait correspondre à quelque cinquante ou cent francs de notre monnaie. J'ai tâché de désarmer son agressivité qui ne paraissait pas trop dangereuse. Il me raccompagna à la maison. Je m'engouffrai dans la porte d'entrée et priai la concierge de remettre à mon poursuivant la somme réclamée.

Me voilà pris à mon propre piège. Malgré mes ruses et réticences, je me suis enfin rendu « chez moi ». Pourquoi m'étais-je interdit l'évocation de ce retour au foyer ? Voulais-je saisir ce moment privilégié d'une manière délibérée et non sous l'effet d'une rêverie sur le passé ? Et qu'importe ! Pourquoi ne profiterais-je pas du flux et du reflux de cette marée de souvenirs qui, dans le récit, efface les traces de la chronologie, tout en faisant apparaître et disparaître la même plage sablonneuse ?

En 1936, mes parents m'avaient inscrit à l'école communale, située à une vingtaine de minutes de marche de notre domicile, alors que les rejetons des familles honorables fréquentaient des établissements privés. S'intégrer, ne pas être différents, être aussi magyars que les autres, telle était leur obsession. Néanmoins, cela ne les empêcha pas de me faire déposer en voiture, mais à quelques dizaines de mètres de l'établissement, par le chauffeur de mes grands-parents ; mon arrivée en Wanderer, la Mercedes de la bourgeoisie aisée d'Europe centrale, aurait fait découvrir mes origines sociales et même raciales ! Je me souviens de la déclaration provocante que Paula, la fille d'un officier appauvri, adressa à ses camarades – je me trouvais avec eux, en compagnie du fils d'un célèbre pâtissier d'origine juive dont l'établissement luxueux se trouvait avenue Andrássy n° 60, le futur siège du tristement célèbre AVO, le KGB hongrois : « Mon père défendait la patrie, alors que vos pères dansaient la ronde en culotte. » À la suite de cet incident, je fus privé de Wanderer et dus faire le trajet à pied, seul, du domicile – en ce temps-là, nous habitions une villa près du Bois-de-Ville – jusqu'à l'école. Notre maître, selon ses dires, était un ancien professeur de lycée. Traumatisé par la guerre de 1914-1918, il nous parlait quasi exclusivement, sous prétexte de leçons d'histoire, des horreurs de la vie dans les tranchées. Ses récits terrifiants – têtes éclatées, soldats éclaboussés de cervelle palpitante devenus fous – me subjuguaient littéralement. Je craignais qu'il ne lui restât pas assez de temps pour terminer ses récits. Un jour, je me retournai pour consulter l'horloge accrochée au fond de la classe. « Loránt s'ennuie et attend la sonnerie de la récréation », s'écria-t-il, déçu et furieux. Le patriotisme de ce temps-là fut obligatoire, susceptible et ombrageux.

Vers la fin de l'hiver 1938, je quittai mon cocon protégé en tenue de parfait petit Juif qui s'ignore : j'arborais des « pattes » de quelques millimètres plus longues que la moyenne nationale – on avait l'illusion qu'elles ne rappelaient pas les papillotes orthodoxes –, portais des knickerbockers et des casquettes élégantes que mon père me rapportait de Milan. (Récemment, j'en ai parcouru les rues, du Grand Passage à la Scala, du Dôme au château Sforza, pour suivre ses pas dans cette ville où il se rendait souvent « pour affaires ».) La marchande de fleurs et de sucreries ouvrait tôt sa boutique. Elle me connaissait et m'adressait un sourire. Je poursuivais mon chemin, à moitié caché par les monticules de neige entassée par les miséreux de toujours, des hommes et des femmes portant des bottes éculées, fourrées de paille et la tête emmitouflée dans des guenilles ramassées dans les poubelles. Quel choc j'ai ressenti, la figure barbouillée de neige, face à l'injure lancée par un garçon de courses : « Sale petit Juif ! » Mais le monde ne s'est pas écroulé autour de moi. Je m'essuyai le visage et n'eus pas besoin de retenir mes larmes. Parle-lui, me chuchota une voix, désarme-le par des mots, il sera surpris par tes propos. Et un curieux dialogue naquit entre nous : « Ne pourrions-nous pas nous entendre et parler sur un autre ton, dans une langue qui nous est commune, sans utiliser des mots qui blessent ? » Il fut étonné, j'avais apprivoisé en lui le chien qui s'apprête à mordre. Il me parla de son travail qui débutait à l'aube, de la misère de sa famille, de sa haine des riches. Le brouillard de l'oubli envahit ma mémoire. Je le revois non pas sur le trottoir, mais juché sur son tricycle de livreur. M'a-t-il taquiné par un : « Tu n'as plus peur de moi ? » C'est possible. Puis il a disparu. L'aurais-je regretté ? Pédale, mon gars, tu m'as accompagné pendant des décennies, il est temps de se séparer après tant d'années, un euphémisme, plus d'un demi-siècle.

C'est à cette période que j'ai pris le tram, seul, à l'insu de mes parents. J'étais en retard et voulais rattraper le temps perdu. Il n'était pas sans danger de manier le lourd portillon qui protégeait la plateforme. Quelques années plus tard, sur la même ligne, j'assistai à une scène qui m'a marqué pour la vie. Un couple, la cinquantaine peut-être, des miséreux imbibés de boisson, était assis en face de moi. Elle, de ses doigts tendus et resserrés, imitait un pénis épais prêt à la pénétrer, et lui la regardait tendrement, complice du désir de sa compagne. Je n'avais jamais vu un couple mimant ainsi l'union charnelle.

Regnum Marianum : sous le regard de Marie

Mon école communale se trouvait rue Damjanich (l'un des généraux magyars exécutés par François-Joseph après l'échec de l'insurrection de la Hongrie contre l'Empire d'Autriche), à proximité de l'église du Regnum Marianum construite après la signature des traités de Trianon : pourvue d'une coupole, elle manquait de clochers. Ils devaient être érigés, selon le serment solennel des fondateurs de ce lieu de culte, *après* la restitution à la mère patrie des territoires annexés, principalement à la Tchécoslovaquie et à la Roumanie. L'église à la gloire du règne de Marie, en fait dédiée à la Hongrie irrédentiste, fut brutalement rasée par les communistes ; ils songeaient aux défilés militaires et populaires qu'ils organiseraient et aménagèrent une large avenue, dominée par une immense statue en bronze de Staline… qui fut déboulonnée de son socle et dépecée au chalumeau par les insurgés en 1956.

C'était un quartier paisible. En descendant la rue depuis l'édifice religieux, qui tournait le dos au Bois-de-Ville, à droite, dans un sous-sol, se trouvait le magasin de photo de Mme Rigó. Elle développait mes photos de format 6 x 9, agrandissait soigneusement, non sans les retoucher au pinceau (cela relèverait aujourd'hui d'un conte de fées !), mes clichés préférés sur papier sépia, et nous faisait de discrets reproches car nous n'achetions pas nos appareils chez elle. Elle n'avait pas tort : mon père se fournissait chez M. Smura, dans le centre-ville, un ex-coreligionnaire, qui lui faisait vingt pour cent de réduction. À gauche, jouxtant l'école, se trouvait le capharnaüm, je veux parler de la papeterie de Mme Wellisch. Sa clientèle différait essentiellement de celle des bonnes sœurs qui, cinquante mètres plus loin, derrière le comptoir de leur magasin impeccablement tenu, approuvaient avec soupirs et hochements de tête les remarques de leurs pratiques antisémites.

J'avais beaucoup de sympathie et d'admiration pour Erika Temesvári, une petite rousse tout en muscles et énergique, qui avait pour moi sinon un regard doux, du moins un air protecteur. Dans notre classe, Nándor, un énergumène trapu, coléreux et borné se dominait à peine. Rendu furieux, il mordait jusqu'au sang son pouce gauche et se battait avec sa main droite. Erika prenait ma défense chaque fois que ce gnome m'attaquait. Elle n'avait pas peur de ses coups mal orientés, l'enserrait dans ses deux bras et le flanquait par terre. Une fois étalé sur le sol, Nándor reconnaissait la supériorité de son adversaire, la petite rouquine couverte de taches de rousseur, et se relevait en maugréant mais sans se plaindre.

Erika était la fille d'un gynécologue obèse tout à fait impressionnant. Je connaissais et ignorais tout à la fois les secrets de sa spécialité. Une fois par an, il invitait les amis de ses enfants pour une fête. Le cabinet de consultation, recouvert de linoléum, servait de scène de théâtre et la salle d'attente accueillait les spectateurs. La fête débutait par une projection de films en seize millimètres : Laurel et Hardy, Stan et Pan comme on les appelait là-bas, apparaissaient sur l'écran. Les gamins reconnaissaient leurs propres gestes dans ceux de ces personnages naïfs, gauches, ahuris et jamais punis. Puis les clowns d'un cirque des environs faisaient leur entrée en compagnie du chauffeur qu'ils arrosaient abondamment d'eau. Nous étions heureux, et le gynécologue, qui se savait malade, nous contemplait sereinement.

En bas des marches de l'église sans flèche, par un temps hivernal, c'est Margot Takácsy qui reçut ma première bise. Son visage rond et pâle émergeait de sa capuche fermée. J'aimais ses beaux yeux, sa peau douce, sa petite taille. Les bonnes se moquaient de moi, pourtant il y avait quelque chose d'authentique, de sincère, d'irrésistible dans cet élan amoureux.

Par la suite, je fus invité à un goûter d'anniversaire chez les Takácsy qui habitaient une belle villa proche du

Bois. Le salon était entouré d'une galerie où courait la marmaille. La fête se termina en eau de boudin. Surexcités, les frères de Margot exhibèrent leurs fesses dénudées devant les invités qui, horrifiés, quittèrent les lieux. Ce jour-là, je suis entré par mégarde – ou curiosité – dans la chambre de la mère. Des fleurs artificielles, décorées de petits drapeaux arborant des croix gammées, garnissaient les vases. Les Takácsy devinrent des thuriféraires du régime nazi.

La première communion du dernier des Löwenstein

L'enseignement du catéchisme était naturellement intégré dans le programme des écoles communales. Rue Damjanich, c'est le père Luzsenszky qui était chargé d'initier les élèves aux mystères de la religion officielle du royaume – fictif – de Hongrie. Espèce de Vautrin-Carlos Herrera, c'était un homme carré, sanguin et coléreux. Que pouvaient comprendre des garçons et fillettes de cet âge au « credo quia absurdum », aux subtilités du dogme de l'Immaculée Conception, à la présence réelle du Christ dans l'hostie consacrée, à l'Esprit saint émanant à la fois du Père et du Fils ? Est-ce surprenant s'ils confondaient l'Ascension du Christ et l'Assomption de la Vierge ? Le baron Luzsenszky, car il descendait d'une famille d'aristocrates, se contentait de nous faire avaler à petites doses la manne mystique, de gifler les garçonnets d'origine modeste qui n'arrivaient pas à assimiler les secrets du Dieu caché, et d'assener des coups de règle sur la main de ceux qui oubliaient l'un des dix commandements. Erika n'assistait pas à ces leçons édifiantes, elle devait suivre des cours de Talmud dispensés par une personne dont j'avais remarqué les discrètes apparitions à l'école.

Les propos du père Luzsenszky sur la Trinité indivise, l'existence de Dieu prouvée par l'imprévisibilité du climat, nous préparaient à la première communion. Cette solennité devait avoir lieu dans la chapelle d'une institution située en face de l'école communale, et qui formait de futures institutrices placées sous la protection de la sainte visitandine Marguerite-Marie Alacoque. Des séances particulières étaient consacrées à la préparation de la confession. Que pouvions-nous inventer ? Des mensonges inévitables, des larcins, des colères non maîtrisées, des insolences non réprimées, des blasphèmes ou des injures. Quand on vous déclare que Dieu est infiniment bon et qu'il ne ressemble point à un éléphant blanc, vous l'imaginez obligatoirement sous la forme d'un pachyderme blême ravageant un magasin de porcelaine. Toute allusion à la sexualité était soigneusement évitée, et l'absolution, contre deux *Pater* et un *Ave*, facilement accordée.

Chacun de nous avait une « marraine » choisie parmi les futures institutrices. La mienne était une grande fille de la bourgeoisie provinciale, modeste, discrète, modérément affectueuse, et naturellement gâtée par ma mère qui voulait bien faire les choses. L'événement était de taille : le premier descendant mâle d'une famille israélite se rendait à la Sainte Table ; membre de l'Église catholique et romaine, dans le même temps il devenait citoyen hongrois à part entière et s'assurait une protection contre les vilains antisémites qui se faisaient de plus en plus bruyants. Ma mère embrassait la nouvelle religion avec enthousiasme, que n'aurait-elle fait pour rendre notre vie sûre et stable ? Elle m'avait acheté un beau missel (ou bien était-ce le cadeau de la belle marraine ?) et m'avait fait faire un costume d'apparat, d'une blancheur non souillée par le péché originel – ou par des taches de cacao –, une culotte courte et une veste dans la tradition hongroise de Transylvanie, ornée de lourds brandebourgs difficiles à boutonner. À cette époque, comme le disait un chroniqueur du *Figaro* d'il y a plus d'un demi-siècle, la communion « c'était toute une histoire ». Interdiction de manger ou de boire à partir de minuit : les enfants jeûnaient donc dès sept ou huit heures du soir et s'évanouissaient souvent à la cérémonie du lendemain. Le brossage des dents relevait d'un art très particulier, car comment se rincer la bouche sans avaler une goutte d'eau ? L'hostie consacrée était déposée précautionneusement par le célébrant sur la langue tirée à cet effet. Le corps du Christ ne devait pas coller au palais – c'était une vraie torture que de l'en détacher avec la pointe de la langue, il n'était pas question de le décoller avec un doigt – et devait être avalé d'un seul coup. L'extase mystique n'était pas garantie, mais probablement un certain recueillement. La thématique du fils sacrifié par le père *par amour* pour l'humanité me préoccupa pendant des années. Le petit déjeuner tant attendu était servi au réfectoire de l'institution des futures institutrices sous la haute surveillance de la directrice. Nous invitâmes ma « marraine » pour le goûter, en l'absence de mon père, me semble-t-il. La jeune personne, quelque peu engoncée dans son aimable et à peine souriante médiocrité, ne me plaisait guère. Ce type de péronnelle, je le classai dans la catégorie des « femmes à lavement », asexuées, constipées, dépourvues de charme et de séduction. Les femmes qui me plaisaient échappaient à cette espèce condamnée à vider artificiellement ses entrailles. *Shocking, isn't ?*, l'idée de la pénétration anale chez ce garçon communiant ! Dans les années qui suivirent, le père Luzsenszky compensa ses frustrations par un engagement dans une vie politique abominable. Soutien ecclésiastique du régime fasciste, il fit taire la voix de la miséricorde et de la charité chrétiennes qui aurait dû guider son action pastorale.

Je suis enfin de retour à l'hôtel Peregrinus, la maison des hôtes de l'Université. Nicole, la jeune réceptionniste de vingt ans, m'y accueille. Je lui remets la boîte de chocolats aux griottes, un cadeau que des connaissances sans imagination m'ont offert à l'intention de ma famille à Paris. Elle a la délicatesse de m'offrir un bol de fraises. Elle surveille mon compte pour évaluer ma facture et le montant des francs que je devrais changer à la dernière minute. Je la fais rigoler en parlant des « tantines d'en haut », terme par lequel je désigne les femmes de ménage qui travaillent dans les étages. Un jour de forte chaleur, je l'ai vue chaussée de bottines montantes très serrées. Elle a un pied déformé et devrait porter des chaussures sur mesure dont le prix représente le triple de son salaire. Elle est devenue ma fille à gâter à Budapest. J'espère qu'elle sera admise à la faculté des lettres. Son écriture est d'une belle précision ; vive, intelligente, nullement dépourvue d'humour, je la recommande très chaleureusement – par un e-mail imaginaire, hélas – aux « autorités compétentes » de là-bas, pour utiliser la formule consacrée par les usages universitaires d'ici.

Chapitre IV

Rêve ou cauchemar : la réalité

Dans ma chambre, je regarde la télévision ; un politicien explique son changement d'attitude à l'égard des événements de 1956 – qualifiés de contre-révolutionnaires et de fascistes par Georges Marchais pendant les dernières années de son secrétariat général – et sous-entend qu'il ne fut pas étranger à la non-intervention de l'armée au moment où les Trabant est-allemands franchirent par milliers la frontière austro-hongroise. Il s'efforce de nettoyer les lieux d'aisances du bordel communiste, mais, dans son élégant costume bleu ciel, il ne cesse pas de puer pour autant. Je m'écroule sur mon lit. Avant de sombrer dans le sommeil, j'aperçois les belles feuilles des marronniers de la cour de l'église orthodoxe serbe… Je me trouve dans un mauvais lieu, mais je n'y rencontre pas de filles. La baignoire est remplie d'excréments. Une de mes collègues est devenue lesbienne, sans que cela m'affecte. Les amitiés féminines ne suscitent ni ma jalousie ni ma convoitise.

Ce rêve en milieu aquatique chaud et sensuel, sali et souillé, me touche et j'en devine la signification symbolique : je reste attaché à la Hongrie, pays de mon enfance, mais, patrie de mes souffrances, je l'exècre. Quant à cette baignoire malodorante, elle me fait penser à mon séjour clandestin dans un foyer protégé par la Croix-Rouge suédoise, durant l'hiver 1944-1945.

Au cours de cet hiver, je menai une existence cachée, rue Lónyay, à une quinzaine de minutes à pied de l'hôtel Peregrinus, car je ne possédais aucune pièce d'identité. J'avais suivi les conseils hasardeux de gens avisés et pris le chemin de la mairie du IXe arrondissement, où je m'étais déclaré en tant que réfugié de Transylvanie – occupée par les troupes soviétiques – ayant perdu ses papiers, ne sachant plus où se trouvaient son père et sa mère. La démarche n'était pas trop risquée et fut couronnée de succès. Un instituteur géant flanqué d'une femme vulgaire et acariâtre – des réfugiés, des vrais, car ils craignaient la sauvagerie des bolcheviques – vivaient dans l'immeuble placé sous la protection de la Croix-Rouge suédoise. Un jour, je reçus la visite de Fernande, notre ancienne gouvernante française. Elle m'apportait une brioche et, inconscients de la situation, nous bavardâmes en utilisant la langue de la Liberté chérie, au grand étonnement du pédagogue et de son épouse. D'une manière très peu convaincante, je leur expliquai que j'avais toujours vécu dans un milieu transylvain, magyar, roumain et francophile.

À l'approche des troupes russes, nous descendîmes dans l'abri. Le directeur du foyer, un dominicain austère rappelant l'Inquisiteur du *Don Carlos* de Verdi, dirigeait la prière du soir, puis se retirait dans un cabinet attenant pour satisfaire ses besoins naturels dans un tonneau en tôle. Nous y avions droit quand les bombardements devenaient très intenses. Aidé par l'instituteur, un petit Juif costaud à la bouche large, aux traits mobiles, un apprenti menuisier qui n'avait pas de manières et ne faisait pas de façons, était chargé de vidanger l'insolite chaise percée de l'ecclésiastique.

La porte de l'abri cède sous un coup de pied vigoureux. Des soldats russes apparaissent… les libérateurs ! Le premier s'exprimait en un français correct et trimballait dans son sac à dos *Boris Godounov*, enregistré sur soixante-dix-huit tours, avec le légendaire Chaliapine dans le rôle-titre. Pour une raison bizarre, il me jura que les soldats russes ne buvaient pas. Il s'avéra vite qu'ils ingurgitaient aussi bien des eaux de toilette que de l'alcool à quatre-vingt-dix degrés. Ma connaissance de l'allemand faillit me perdre. Le commandant du détachement voulait installer ses hommes dans notre immeuble et réquisitionnait des matelas ; il n'arrivait pas à se faire comprendre et s'enquit d'un interprète connaissant l'allemand pour s'adresser aux locataires. Je me mis à son service, mais ma familiarité avec la langue de l'ennemi me rendit suspect. J'eus quelque difficulté à le convaincre que je n'étais pas un espion nazi, mais un citoyen hongrois persécuté… jusqu'à son arrivée.

Un soldat russe blessé se fait panser par un médecin de l'abri. Le lendemain, revolver à la main, il revient pour nous dépouiller de nos montres et bijoux. Pris de pitié, il renonce à emporter l'alliance d'un bonhomme qui la lui propose. Quelques jours plus tard, deux autres militaires aux mines plutôt sympathiques se présentent à la tombée de la nuit. Ils invitent les troglodytes que nous sommes, hommes et femmes, dominicain compris, à se coucher sans trop tarder. L'un fait le guet devant la porte, l'autre s'installe, choisit une femme mûre, déclare sa flamme, se serre contre elle, excité par le désir. Tout le monde se tait, se terre, se blottit sous sa couverture, ferme les yeux et les oreilles. Je tremble de peur et d'indignation. Le dominicain fait semblant de ronfler, je m'endors pour de bon. La malheureuse victime aurait réussi à dissuader son cosaque de la chevaucher, paraît-il… Je ne le crois guère. C'était un viol, sans cris, sans larmes ni gémissements. « N'aie pas peur pour moi si un jour cela m'arrivait, ça ne fait pas mal », me déclara ma mère en cette période où des patrouilles emmenaient les femmes en « corvée » sous prétexte de laver leur linge. C'est la seule et unique leçon d'éducation sexuelle qu'elle m'ait donnée pour viatique.

La révision d'une seule ligne ou le livre de souvenirs

La plupart des portes d'entrée des maisons de Budapest était pourvue d'un interphone, comme celle de la rue Lónyay. Lors de ma visite de 1997, je n'ai pas revu ce grand immeuble de rapport dont chaque étage était agrémenté d'un couloir à ciel ouvert, soutenu par de grandes équerres en fer fixées aux murs de la cour intérieure. Le mot allemand « Gang » (du verbe *gehen*, « marcher ») est devenu le terme hongrois pour désigner ce type de galerie suspendue. Le foyer placé sous la protection de la Croix-Rouge suédoise occupait le premier étage, mais ses habitants clandestins passaient la plus grande partie de leur temps dans l'abri.

Les bombardements alliés devinrent de plus en plus fréquents et le son des canons russes constituait une espèce de basse continue dans ce concert guerrier, meurtrier, désespérant les uns, offrant l'espoir aux autres… Une rafle semblait imminente et il fallut prendre quelques précautions supplémentaires. Les garçons circoncis acceptèrent de se cacher au fond de la cave, derrière un tas de charbon ; les prépuces inentamés – je faisais partie de ce club restreint – continuaient à circuler librement.

L'angoisse, la mauvaise alimentation étaient à l'origine de mes ennuis de santé. Eczémateux de longue date, j'avais constaté qu'un bouton poussé sous mon bracelet de montre (en avais-je une ?) s'infectait : un Vésuve au cratère rempli de pus. Un généraliste, locataire de l'immeuble, accepta de soigner l'intrus que je fus. Par des pressions douces, il fit jaillir la sanie, saupoudra la plaie d'Ultraseptil et utilisa ses derniers rouleaux de gaze pour bander mon poignet. Il ne prenait guère de précautions quand il changeait le pansement ; après avoir pissé dans la cour tapissée de neige sale, il allait chercher une cuvette rouillée, à l'émail intérieur ébréché, la remplissait d'une eau à peine réchauffée, puis plongeait ma main dans ce liquide infecté. Je bénis sa mémoire et ma chance inouïe. Après la Libération, quand j'eus rejoint mon ancien domicile, un gynécologue-dermatologue compétent et efficace me prit en charge. Conformément aux usages hippocratiques en cours, et faute d'antibiotique surtout, il m'injecta mon propre sang – prélevé dans une veine de mon bras – dans le bas du dos. Quel cirque ce fut ! Il ne disposait pas de solvant et, compte tenu de ma réticence à me soumettre au traitement, le sang coagula plus d'une fois. Cependant, le clown du chapiteau était bien ce malheureux docteur Jelinek, chauve, aimable, peu gracieux mais amateur de chair fraîche : son épouse, une virago décidée, qui coiffait ses cheveux en arrière, était partie pour l'Ouest en compagnie d'un beau jeune homme, moins savant en gynécologie, mais plus doué en amour !

Non, je ne vais pas laisser courir ma plume et fantasmer le puits de pus dans lequel j'aurais pu disparaître. Pourtant, je dois faire état de certains rêves qui précédaient les matinées que j'attendais avec impatience car elles étaient plus favorables à l'écriture du souvenir. En voici un échantillon : Mme ***, l'épouse du maître des études proustiennes, me charge de l'établissement du texte et de l'impression d'un vers des *Regrets* de Du Bellay : « Nous ne faisons la court aux filles de Mémoire… » Cette tâche me tourmente, car je suis peu familier des poètes du XVIe siècle… Au petit matin, une fois sorti du sommeil, je constatais que ce travail de déchiffrage, de vérification, de choix de variante, de modernisation de l'orthographe ne m'incombait pas, qu'il ne relevait que de mon activité onirique. Que fais-je, ici, sinon séduire les « filles de mémoire » ? Comment saisir le passé, comment accepter ou refuser des souvenirs chers ou haïs, réels ou inventés, comment les reconstituer quand ils sont si ténus, incertains, et pourtant obsédants ? Comment les transcrire quand ils m'adressent la parole, comment leur donner voix quand ils se taisent obstinément ?

Aux thermes Gellért

Vous revêtez votre peignoir d'une blancheur immaculée, vous enfilez vos chaussons en caoutchouc, vous prenez l'ascenseur pour descendre à la piscine pourvue d'appareils de « jet stream ». L'eau est salée et vous paraît pourtant douce. Les bonnets de bain de ces messieurs, les turbans lavables de ces dames n'embellissent pas vraiment les habitués. Le décor à la finlandaise est simple.

L'eau vous fait flotter, l'air s'infiltre sous votre bonnet et dans les recoins secrets de votre maillot, vous êtes bercé, porté par les vaguelettes. Vous faites de la rééducation en milieu aquatique, vous utilisez une serviette épaisse et moelleuse à souhait pour vous essuyer. Quel est le programme aujourd'hui ? Un bain bouillonnant parfumé aux algues ou plutôt de boue chaude pour calmer vos douleurs arthritiques ? « Ça fait dégonfler ? » demande une curiste corpulente. « Oui, madame, à condition que vous fassiez un régime », lui répond-on. « Mais, tout est tellement bon ici ! » ; la phrase est assortie d'un soupir oppressé. La douche après la séance de boue algothérapeutique n'est pas sans agrément. Une soignante, pas toujours ménopausée, vous débarrasse de l'argile bienfaisante à l'aide d'eau chaude propulsée. Ses ordres pourraient effaroucher votre pudeur : « de dos », « retournez-vous », et le jet caresse vos organes, mais il est assez puissant pour ne pas provoquer des sensations trop érectiles. Vous obéissez avec crainte et respect, « écartez vos jambes ! », et vous laissez pénétrer l'eau du jet et le regard indifférent qui l'accompagne dans votre raie fessière. Vous vous séchez, vous remettez votre peignoir immaculé, et vous vous rendez dans la salle de relaxation pour contempler, en écoutant l'adagio du *Concerto pour piano* en mi bémol majeur de Mozart, le bleu du ciel dans votre fauteuil à dossier rabattable. Le capitalisme sauvage succédant au dirigisme communiste aurait-il fait faire autant de progrès au thermalisme hongrois ? Je vous préviens que vous n'êtes pas à Budapest, mais aux établissements de cures marines de Trouville, et que j'ai besoin de divaguer, d'improviser ou de préluder, avant d'aborder des sujets plus sérieux. En fin de matinée, je bois un verre de whisky. Sous son effet, j'arrive à terminer la page mais j'éclate souvent en sanglots aussitôt après. « Vous n'avez pas vu des choses horribles, pourtant », me fait remarquer un ami. Il a raison. Cependant, je m'afflige « *super flumina Babylonis* » en compagnie de David, le roi musicien : « Nous nous sommes assis sur le bord des fleuves de

Babylone, et là nous avons pleuré en nous souvenant de Sion. »

Pour me détendre, je quitte l'hôtel Peregrinus et me rends aux célèbres bains Gellért situés sur l'autre rive, à Buda. Je traverse le pont de la Liberté (Szabadság, à partir de 1945, François-Joseph auparavant), désormais décoré des armoiries du royaume de Hongrie ; il est vrai que la couronne de saint Étienne manque à l'insigne pourtant fixé à une trentaine de mètres du sol. À l'entrée de l'immense hall, deux caissières grincheuses répondent de mauvaise grâce aux éclopés assurés sociaux qui ont besoin de soins médicaux. Je continue à refuser les plaisirs relevant du luxe aux yeux des autochtones, et je demande un billet pour les « bassins chauds », au lieu de m'offrir la piscine, devenue inaccessible aux Magyars de la classe moyenne. Pourtant, les pieds nus des naïades obèses et des tritons ventrus que j'aperçois à travers la vitre et qui battent la mesure dans l'eau bleue attirent inévitablement mon regard.

Je m'approche, non sans crainte, de l'entrée des vestiaires. Des préposés aux cabines fermées d'un rideau circulent dans les couloirs avec une indifférence affichée que seul un pourboire de grand seigneur réussit à atténuer. J'entends l'inévitable *baszd meg*, « baise-moi ça », le « Goddam » des figaros du lieu. L'expression conserve en l'occurrence son sens originel (« je l'ai invitée chez moi, elle ne pensait qu'à bavarder, alors que je voulais la baiser », raconte à son collègue l'un des surveillants), néanmoins, elle peut figurer dans les contextes des plus divers. Après une fin de semaine passée au bord du Danube, l'un des gardiens du temple Gellért déclare : « J'y ai même trouvé de la bière à la pression, baise-moi ça. » Je note qu'à la suite d'un désagrément il est bon de s'exclamer : « Que Dieu le baise », souhait rehaussé, éventuellement, par un autre, celui de voir « une bite de cheval au fromage blanc » enfoncée dans le postérieur de la personne exécrée. « Baise ta pute de mère », n'est plus considéré comme un blasphème attentatoire à la vertu ou à l'honneur des matrones. Ma pudeur et mes connaissances de plus en plus défaillantes des subtilités du hongrois m'empêchent d'explorer le vaste réseau des associations fondées sur le latin *basiare*, « baiser » dans le sens de la pénétration intime, et traduit par le magyar *baszni*, prononcez « bassny » ! Je relève simplement quelques variations sémantiques d'une richesse sans pareille, car le verbe peut être rattaché, d'après le modèle syntaxique allemand (« zer » ou « zusammen »), à des préfixes variés ayant le sens de l'assemblage (« baise-moi ça, fous-les ensemble »), ou de la déconstruction (« baise-moi ça, pour les désassembler »). L'expression est à la base de nombreux blasphèmes, vraiment pittoresques, contestant avec force et conviction la virginité de Marie, mère du Christ. À vrai dire, le mot s'est détaché de son contexte, comme « merde » du mot « étron » ; sa fréquence choque néanmoins l'oreille du visiteur ex-apatride qui, distrait, cède lui-même à son penchant pour les obscénités, et joue à la question-réponse : « Qu'est-ce que je cherche ici ? Certainement pas un appendice de cheval à me mettre où vous pensez ! » Je rêve de récrire en hongrois la scène des fossoyeurs de *Hamlet* avec des « baise-moi ça ». À Budapest, l'effet serait irrésistible, ou nul, car les clowns parleraient simplement à la manière des spectateurs.

Que le cerbère de l'entrée vous le propose ou néglige volontairement de le faire, vous vous emparez d'un tablier cache-sexe peu maçonnique, dont vous vous ceignez dans la cabine. Vous faites confiance au préposé soudoyé par le pourboire hors de proportion avec le prix du billet d'entrée qui fermera l'armoire plaquée en Formica où vous déposez vos affaires. Vous apercevez des fesses nues, semblables aux vôtres et, le premier choc passé, vous vous habituez progressivement au spectacle inégalé des sexes à l'air, diversement pigmentés, exhibés par des clients ayant mal attaché des tabliers bien repassés et probablement propres, mais qui paraissent sortir d'entre les cuisses de malades incontinents. Jamais, oh jamais, pendant mes jeunes années, je ne me serais mêlé à pareille compagnie. J'aurais tremblé à l'idée d'exhiber ma virilité d'une manière trop raide, et le spectacle des chairs sans suaire se déplaçant libérées de tout complexe m'aurait certainement effarouché.

Sous le double dôme, deux bassins séparés : on entre avec un visible plaisir soit dans le bassin à trente-huit degrés, soit dans l'autre où la température n'est que de trente-six. Les tabliers commencent à flotter, à gêner, et on les dépose sur le bord du bassin. J'observe. Les murs sont tapissés de mosaïques. En haut, dans les grilles d'aération, j'aperçois des putti palmipèdes, très prisés en pays magyar. Sur les bancs subaquatiques, le tableau est moins idyllique. Dans un coin, un éphèbe aux cheveux décolorés se repose des fatigues de la nuit. Au milieu, des retraités à moitié sourds hurlent pour se faire comprendre. Un homme entre deux âges, aux yeux cernés, se tient sous la vasque centrale où un Neptune déverse l'eau thermale sur les épaules endolories par l'arthrite chronique. Je reste assis, abasourdi par le bruit, ramolli par la chaleur et, somme toute, amusé par le spectacle qui s'offre à mes yeux. L'espace qui sépare les deux bassins sert de corso à des messieurs qui défilent. Certains auraient besoin de soutien-gorge, d'autres de soutien-fesses ; des corsets donneraient plus de tenue aux vieillards décharnés et des bandages herniaires seraient parfois à prescrire. Des pénis plutôt discrets et de dimension plus que raisonnable se tiennent tranquilles, des bourses pour la plupart bien fournies se balancent comme des cloches. Ce sont probablement les organes génitaux qui dépérissent le plus lentement, car le quatrième âge les arbore, sinon fièrement, du moins sans honte aucune. Un rescapé des camps qui se penche pour ramasser un bout de savon, dont je ne vois que les bourses entre deux cuisses amaigries, est une vision inoubliable qui me poursuit après mon retour à Trouville.

Je change de bord, pervers que je suis, car je veux mémoriser la scène côté cour où se trouvent les douches impudiquement ouvertes. Ces messieurs lavent un crâne affligé de calvitie, se savonnent, se frottent, soulèvent leurs genitalia, décalottent leur verge si nécessaire, lèvent leurs pattes pour mieux rincer la vallée ombragée de poils entre les fesses. C'est à la fois ahurissant, épique, grandiose, risible et tragique, pathétique et ubuesque. Apparaissent quelques étrangers, des pères de famille accompagnés de leurs fils, tous revêtus de maillots de bain ; visitent-ils les âmes felliniennes de l'enfer qui, après avoir quitté l'univers embué du *Satyricon* se seraient réincarnées dans des Magyars à la recherche du bonheur dans l'eau amniotique des bassins chauds de saint Gellért ? Avouerai-je que j'ai tenté l'expérience de la douche ? Je me suis savonné, lavé, rincé, mais en m'apercevant que je changeais de mensurations sous l'effet de l'exhibitionnisme, j'ai vite remis mon tablier et pris la fuite.

Nous sommes aux alentours de 1942. À cette époque, mon père souffrait d'une mélancolie profonde, peut-être sous l'effet d'une tumeur au cerveau, mais conduisait encore sa voiture. C'était une petite Fiat Topolino, plus grande toutefois que la Fiat 500 d'après-guerre récemment disparue. On lui avait confisqué sa précédente automobile, une Aprilia, dont la carrosserie préfigurait la future Volkswagen. C'était un vol organisé par l'État et cela fait partie de l'histoire : dès l'entrée en guerre de la Hongrie aux côtés des Allemands contre les Russes, les voitures des Juifs furent « incorporées » dans le parc automobile de l'armée, sans contrepartie aucune naturellement. Qu'à cela ne tienne ! Le jour même – ou presque – où nous emmenâmes notre chère Aprilia à la caserne, mon père et moi nous sommes rendus chez un concessionnaire Fiat pour l'achat de la Topolino. J'ai vu mon père signer sans regret et sans souci apparent une série de traites, et nous sommes repartis en faisant la nique à l'armée, mais sans prononcer une seule parole hostile au régime. Les réflexes de mon père n'étaient plus aussi rapides. Alors que nous traversions le pont de la Liberté pour nous rendre à la piscine Gellért, il heurta légèrement le pare-chocs d'un véhicule à l'arrêt devant nous, mais l'incident n'eut pas de suite. Dans la cabine qu'il avait louée, il se déshabilla, puis se dirigea vers la piscine en plein air ; je restai seul, ma verge dressée m'empêchait d'enfiler mon maillot. Que faire ? J'étais pressé de le rejoindre. Pour conjurer ce phénomène que j'acceptais mal, je n'eus pas de meilleure idée que de me mettre à prier. Comme par miracle, mon vœu fut exaucé et je pus quitter la cabine. Au début de chaque heure, des tambours cylindriques protégés par une grille produisaient des vagues artificielles pour la plus grande joie des Hongrois privés de mer. Néanmoins, dès l'apparition de l'archiduchesse Augusta, une Habsbourg authentique, l'horaire de la marée montante n'était plus respecté. Le bassin se vidait de ses baigneurs, anciens sujets de François-Joseph, et la vieille dame se faisait masser par la houle, s'offrant en spectacle au public installé sur les gradins. J'étais adolescent ; j'aurais eu besoin d'un père qui me conduisît sinon au bordel, du moins me dirigeât d'une main ferme, amicale et complice vers la découverte de la sensualité. Je l'ai aperçu une seule fois dans la baignoire. Il était déjà malade et, par pudeur, j'ai précipitamment refermé la porte de la salle de bains. « Viens, n'aie pas honte », me dit-il. Il avait des bourses volumineuses. Mon histoire n'a rien d'extraordinaire. La lecture d'écrits autobiographiques me rassure. Les « mauvaises habitudes », délicieuses et culpabilisantes, les premiers ratages sont des souvenirs aussi pénibles pour les uns que pour les autres. Je me rassure : mon cas semble relever de la normalité.

Laura et Antal

Dans une des rues derrière l'établissement Gellért habitent les R***. Âgée de soixante-dix-sept ans, Laura est une cousine germaine de ma mère. Belle, digne, philosophe, affligée d'un mari qui approche de sa quatre-vingt-dixième année, elle est restée fidèle à l'image que j'ai d'elle depuis toujours. Je me souviens d'une visite rendue à sa famille, rue Nuremberg, dans une belle villa située à la lisière du Bois-de-Ville. Je devais avoir entre quatre et six ans. J'avais été fasciné par le poste de TSF à couvercle transparent, laissant apparaître un nombre impressionnant de lampes cathodiques, et par un Pianola dont les touches fonctionnaient grâce à un programme inscrit sur une bande de carton perforé qu'une manivelle faisait avancer. Je me souviens vaguement d'une paraphrase de Liszt, jouée par des mains inconnues et spectrales, comme dans l'admirable *Spirite* de Gautier. C'est le 19 mars 1944, deux mois après la mort de mon père, dans cette maison de la rue Nuremberg où nous étions invités pour le déjeuner ma mère et moi, que nous avons appris que les troupes allemandes étaient entrées en Hongrie. Avons-nous réalisé l'importance décisive de cette nouvelle ? Après les humiliations que les autorités avaient infligées à mon père pendant son bref séjour parmi les fous de l'hôpital militaire, ma mère était parfaitement consciente de l'imminence des mesures antisémites. Le lendemain matin, elle se trouvait parmi les femmes juives qui attendaient l'ouverture de la Banque de Commerce pour retirer leurs bijoux du coffre-fort familial. Elle put sauver quelques bagues et bracelets, qu'elle confia par la suite à des relations sûres. Selon un décret promulgué peu de temps après, tout objet en métal précieux détenu par les Juifs devait être déposé à la Banque nationale.

Dans quelles conditions Laura et sa mère, tante Margit, ont-elles passé les mois fatidiques qui ont précédé l'arrivée des Russes ? Des bonnes âmes les ont cachées. Par charité, pour beaucoup d'argent ? Je ne le sais pas. Je me l'explique difficilement, mais je n'avais aucun sens de la solidarité familiale. Était-ce l'effet des événements, le veuvage de ma mère, l'entrée des Allemands, le port de l'étoile jaune, la crainte pour notre vie ? Voulais-je me dégager des liens de parenté pour affirmer mon autonomie d'adolescent ? Le monde des adultes m'ennuyait-il ? Ma mère m'apprit que tante Margit, à ma grande surprise, n'avait pas résisté à l'appel des sirènes peu païennes de l'Église catholique qui proposait aux Juifs de se convertir, en leur faisant espérer que le certificat de baptême les sauverait dans ce monde et dans l'autre. Sa fille et elle ont reçu le sacrement destiné à alléger symboliquement le fardeau du péché originel. Pourtant, une fois franchi le seuil de l'église, et sans doute saisie par le remords d'avoir renié la foi de ses ancêtres, tante Margit déchira sur le parvis les documents paroissiaux. Laura occulte ce souvenir, cet événement n'a pas eu lieu, m'affirme-t-elle. Est-ce que je me trompe au sujet de cette mère qui, soutenue par sa fille, cherchait refuge au sein de l'Église ? Je suis prêt à l'admettre, tout en insistant sur la réalité de mon témoignage, caractéristique de cette période de démence collective. Peut-être s'agissait-il d'une amie de ma mère, la belle-fille d'une personnalité de premier plan au sein du Consistoire israélite de Budapest ?

Tante Margit et Laura ont naturellement « tout perdu comme tout le monde ». Mais, comme les autres descendants des « grandes familles », elles ont récupéré quelques débris de leur ancienne fortune et commencé une nouvelle vie. Ma mère, Laura et tante Margit, ces grandes dames qui avaient connu de beaux jours, ruinées mais riches de beaux souvenirs, ont fait face aux difficultés de leur nouvelle existence avec un courage inouï et sans y avoir été préparées. Grâce à sa connaissance des langues étrangères, Laura est devenue secrétaire multilingue dans une entreprise d'import-export. Elle y a fait une belle carrière après une interruption de deux ans.

De la « déportation intérieure »

Le gouvernement communiste du sinistre Rákosi, le « meilleur élève hongrois de Staline », selon la propagande communiste qu'il avait lui-même organisée, le « révolutionnaire inflexible », qui « porta un coup mortel à la social-démocratie » d'après son encenseur français Georges Cogniot, décida vers 1952 de procéder à un déplacement – en fait à une déportation – à l'intérieur du pays des personnes issues de la grande bourgeoisie, considérées comme hostiles au régime. L'appartement et les biens de ces « ennemis de la classe ouvrière » furent inévitablement confisqués. Ainsi, les survivants de la Shoah, s'ils étaient issus des couches aisées de la société d'avant-guerre, se retrouvaient parmi les persécutés des années cinquante. Tante Margit et Laura furent du nombre, et plus d'une fois ma mère leur rendit visite, non sans crainte, dans une province lointaine. Selon l'aveu de l'héroïque Laura, seules l'absence de sanitaires et l'obligation de se rendre aux latrines installées au fond de la cour entamaient sa bonne humeur. Il ne me vint pas à l'esprit de prendre le train pour les réconforter. Avais-je peur à ce point-là d'être repéré par la police ? Étais-je si indifférent à leur sort ?

La menace d'être chassé de notre domicile et d'avoir à abandonner tout ce qui avait pu être sauvé de la tourmente pesait également sur nous. Est-ce notre ancienne bonne, qui vivait chez nous à titre de sous-locataire, qui m'a averti que ma mère envisageait de s'empoisonner si nous étions déportés et expropriés ? Je pris ces propos très au sérieux, car je mesurais l'ampleur du désespoir de cet être fragile et désorienté, veuve à trente-sept ans, qui, dans les années qui suivirent la Libération, s'efforçait de réinventer sa vie et la nôtre. Alors qu'elle dormait, j'ai fouillé de fond en comble les placards du dressing-room. Je n'ai pas trouvé de poison. En revanche, dans un réticule brodé, j'ai découvert une lettre adressée à mon père, merveilleuse, qui débordait de joie, d'enthousiasme, de reconnaissance et d'amour découvert en commun. Plus de cinquante ans ont passé, et je serais incapable de citer un seul mot de ce message sublime. Mais mon souvenir l'associe à la mélodie fluide, continue, épanouie, à la fois recueillie, rayonnante et hardie dans leurs modulations des quatre derniers *Lieder* de Richard Strauss. C'est l'un des plus beaux témoignages d'amour que j'aie lus de toute mon existence. Au moment de ces menaces de « délocalisation », j'étais marié et j'ai envisagé de quitter le domicile familial, d'abandonner ma mère à son sort. Entendez-vous cette cacophonie qui perturbe la mélodie ininterrompue de Richard Strauss ? Les aléas de la situation politique ne sauraient être invoqués comme circonstances atténuantes. Comment pourrais-je me pardonner ce projet de fuite abominable ?

Dès 1945, nous avions dû abandonner trois des cinq pièces de notre appartement. Nos premiers colocataires furent des collaborateurs envahissants de l'ambassade turque, en attente de leur rapatriement vers Istanbul. Les cheveux collés aux lavabos que les bonnes de madame l'Ambassadrice négligeaient de nettoyer, les mégots que le chauffeur de Son Excellence laissait traîner dans la cuisine attristaient ma mère. Elle pleurait de dégoût. C'est un colonel de l'armée populaire, en possession d'un billet de logement délivré par la mairie, qui s'installa ensuite chez nous. Il tuait au pistolet les chats qui faisaient du bruit dans la cour du lycée d'en face, et recevait des filles, car son épouse était restée en province. Les gémissements que j'entendais dans la pièce attenante – l'ancienne chambre de ma mère – me ravissaient, m'excitaient et m'horrifiaient tout à la fois, surtout quand mon professeur de français, une vieille fille futée et exquise qui faisait semblant de ne rien entendre, était présente. Après la prise du pouvoir par les communistes en 1948, le colonel fut renvoyé dans ses pénates et redevint le jardinier qu'il était. C'est la famille Antos qui emménagea alors dans les trois pièces, après avoir transformé ma chambre d'enfant en cuisine. Pendant les années de guerre, Zoltán Antos, un ancien ingénieur, avait fabriqué des cannes à pêche qu'il vendait dans un magasin de musique, en plein cœur de Budapest ; ce commerce lui avait acquis une certaine réputation. Revenu du camp de travail réservé aux appelés juifs, il s'était engagé à corps perdu dans le mouvement communiste. Son frère, secrétaire d'État aux Finances, acceptait sans sourciller que les produits hongrois exportés vers l'URSS fussent réglés en roubles non convertibles et que la Hongrie payât les produits soviétiques qu'elle importait en dollars. Grâce à ce haut fonctionnaire inféodé au système soviétique, Zoltán fut nommé directeur de la Pêche au ministère de l'Agriculture. Mme Zoltán Antos, une bonne amie de ma mère, communiste idéaliste, rêvait de congélateur collectif dans la cave et de bien-être général dans la rue, et subissait avec équanimité les accès de colère de son mari. Je crois que l'action conjuguée des Antos nous permit d'échapper à la déportation intérieure. C'est seulement en 1953, quand l'ancien préfet Imre Nagy fut appelé à la présidence du Conseil, qu'on rendit leur liberté aux bourgeois végétant dans des villages perdus de la Puszta. En apprenant la nouvelle, le père d'une de mes camarades – un survivant de la Shoah qui, en 1945, avait remis en marche sa fabrique de laitages à Budapest et en avait été éloigné de force en 1951, pour être déporté dans une ferme misérable des environs de Kecskemét – éprouva une telle joie qu'il fut victime d'une crise cardiaque et en mourut.

Laura et sa mère, une fois de plus, recréèrent un foyer à Budapest. Antal – à cette époque-là on pouvait encore l'appeler Tony –, leur fidèle ami, qui était maître de conférences à l'université d'agronomie, épousa Laura, sa cadette d'une vingtaine d'années. Après le décès de tante Margit, une vieille dame indignée par tout ce que les régimes successifs lui avaient fait subir, le couple s'installa dans un bel appartement situé derrière l'établissement thermal Gellért. Je me souviens de leur « Staatsvisite », la visite quasi obligatoire que les mariés devaient rendre à la famille. Tony, un bel homme mince, souple et élancé, et Laura, que l'on croyait difficile à marier, vinrent chez nous pour se présenter à ma mère.

Il y a quelques années, par sa signature apposée au bas d'une lettre rédigée par sa femme Laura, Tony m'a fait savoir que je devais dorénavant l'appeler « oncle Antal Titusz », à l'ancienne, à la romaine, à la transylvaine, s'il vous plaît. Je lui rends visite en ce mois de mai 1997. Laura a préparé un vrai goûter à la mode d'Europe centrale, des canapés dignes des meilleurs traiteurs parisiens et un gâteau crémeux à souhait. Apparaît l'oncle Antal Titusz qui s'est habillé en mon honneur. Gros, gras, chauve à la manière d'un Tartare, le buste large, il pose ses doigts épais sur ses cuisses ; cet espèce de M. Bertin au souffle court, dont le cœur est actionné par un stimulateur, me fait peur. Pourtant, il est miné par l'âge et la maladie. Boris Kochno me terrorisait de la même manière. Le regard du secrétaire et ami de Diaghilev fouillait les recoins les plus cachés de mon âme et, grâce à son intuition dostoïevskienne, lisait dans le livre de mes pensées en m'accusant de lui être hostile. D'une politesse exquise à l'égard des dames et de ses mécènes, il pouvait faire preuve d'une réelle brutalité. Je ne parviens pas à égayer oncle Antal Titusz comme Noureev avait su le faire avec Boris lors de son quatre-vingtième anniversaire (on l'avait fêté en buvant un vin mis en bouteille l'année de sa naissance et offert par notre hôte, Éric, un grand seigneur décontracté, généreux et souriant). À la demande de l'oncle Antal Titusz, que Laura m'avait transmise, j'avais apporté un vin blanc demi-sec de chez Nicolas. « Tu l'as achetée ici, n'est-ce pas ? » s'enquiert-il d'un ton méfiant en désignant la bouteille. Une fois rassuré sur l'origine de l'achat, il n'en demeure pas moins agressif, et finit par donner libre cours à son ressentiment : « En 1989, à l'époque où nous avions mis notre appartement à votre disposition, vous nous avez rendu visite dans notre maison de campagne, n'est-ce pas ? » (Une baraque misérable, en vérité, mais qui témoignait de son illusion aussi héroïque que comique d'être un gentilhomme campagnard et de son aspiration à l'idylle champêtre. L'ancien ingénieur agronome « cultivait son jardin » ; le gros homme, espèce de « perpetuum mobile » ronchonnant, y devenait un Prospero entouré de ses plantes.) « Tu as tourné le dos à la vue splendide qui s'offrait à ton regard, c'était pourtant ce qu'il y avait de plus beau, pour me demander le sujet de ma thèse !… » Au dire des siens, il n'avait cessé de se plaindre, huit années durant, de cette coupable indifférence. J'en fus stupéfait, blessé et attristé. « Mon cher oncle, j'étais probablement aveuglé par la lumière du couchant et, de toute manière, ce n'est pas avec le panorama mais avec vous que je voulais parler. » En effet, nous avions été surpris que le vieil homme n'eût pas un mot gentil, pas un regard affectueux pour nos filles qui nous accompagnaient, mais nous n'y avions pas attaché une grande importance.

Vieux fou, fier de ses diplômes d'honneur, d'argent et d'or, il ne veut pas quitter ce bas monde sans obtenir le diplôme dit « de rubis ». Il y a longtemps déjà, il a acheté l'emplacement de l'urne réservée à ses cendres, au flanc d'une église de Buda. Actuellement, il rédige son faire-part de décès dont il modifie chaque jour le texte. Il pense également au discours que le prêtre prononcera sur sa tombe. Deux de ses amis ecclésiastiques reposent désormais dans le sein d'Abraham, et il n'a aucune confiance en un troisième qu'il considère comme proprement idiot. L'oncle Antal Titusz est en train de lui écrire le texte de l'adieu éternel qu'il devra prononcer lors de sa cérémonie d'incinération. Cet homme souffreteux, dont la peau craquelée ressemble à une parcelle de Sahara insuffisamment irriguée, dont le nez coule sans cesse et dont le rhume blanc provoque au bord de ses lèvres des plaies qui ne se referment plus, ce monstre d'orgueil, cet incontinent plaideur au procès de la vie qu'il refuse de perdre, est demeuré méchant.

Nous évoquons les temps d'après 1945 qui nous ont cruellement désorientés. « Ta mère avait de la sympathie pour le Parti communiste », me dit ce vieil imbécile. Oncle Antal Titusz, ne me poussez pas à bout ! Je ne peux m'empêcher de souhaiter votre *exit* hors de ce monde. Enfant, j'étais très individualiste et je continue à détester la collectivité. En revanche, ma mère, dans sa jeunesse, était enthousiaste et révoltée contre sa caste. Par la suite, elle rechercha un antidote à la solitude dans la société des petites gens. Au printemps 1945, elle s'était inscrite dans un village de vacances fort collectiviste, organisé par la mairie. Les conditions de vie devaient être des plus rudimentaires. Très vite, elle s'était rendu compte du caractère irréversible du destin de la Hongrie ; issue d'une famille possédant des milliers d'hectares, veuve d'un propriétaire d'immeubles, dans sa naïveté elle avait décidé d'adhérer au Parti communiste, espérant ainsi assurer sa survie et faciliter notre insertion dans le nouvel ordre social. Elle avait déclaré que ses parents possédaient plusieurs dizaines d'hectares. « Tant que ça ! »

s'exclama le secrétaire de la cellule locale ; il qualifiait les femmes issues de la bourgeoisie, qui s'inscrivaient au Parti par pur opportunisme, de « Dames au caméléon », ayant entendu parler de la « Dame aux camélias ». Je suis sûr que ma mère chantait de bonne foi *L'Internationale*, les yeux brillants et les joues colorées. Quelques mois plus tard, ce ne fut pas le jour de gloire, mais celui de la terrible désillusion qui arriva. On s'était rendu compte que la grande propriété familiale de Czikola, en Transdanubie, avait été vendue en 1934. Ma mère devait être présente à la séance d'exclusion, minutieusement réglée selon le modèle soviétique : réquisitoire du secrétaire, balbutiements de la personne accusée de fausses déclarations, dépôt par celle-ci de son livret d'adhérent sur le bureau de ses juges, chemin de croix jusqu'à la sortie du local de réunion. Pourtant, j'ai l'impression que ma mère ne fut pas vraiment traumatisée par l'événement. Le Parti lui-même n'arrivait pas à entamer son capital d'exaltation généreuse et irréfléchie. Inscrite aux cours du soir d'une école de bibliothécaires, elle suivait passionnément les leçons d'un professeur sur *La Chanson de Roland*. Elle nous avait raconté, les larmes aux yeux, que sous l'effet du récit du maître, la classe se serait levée pour combattre les Sarrasins et sauver Roland et Olivier d'une mort certaine. En même temps, je crois qu'elle éprouvait une nostalgie infinie pour le Czikola de son enfance. Elle engagea un photographe professionnel (l'a-t-elle accompagné ?) pour mettre en images le manoir, appelé pompeusement le « château », le point de départ des attelages qui faisaient visiter les lacs artificiels destinés à la pisciculture, le ponton d'où, bonne nageuse, elle sautait dans la rivière qui traversait les champs, enfin, tous les endroits aimés de cette grande propriété, comme la cabane en chaume près du potager. D'une manière trop rapide, mais en devinant les instants de bonheur qu'elles éternisaient, j'ai regardé ces photos à Budapest, je les ai revues à Paris. Avant son départ pour la France, elle les sauva de la grande liquidation. L'épouse de mon oncle maternel put conserver cent des deux ou trois mille hectares ayant appartenu à son mari, tué en Russie. Dans les années cinquante, elle m'invita à Czikola. J'ai dormi dans une des pièces de la gentilhommière dévastée. J'y ai eu chaud, et lors de mes promenades j'ai souffert du rhume des foins. L'ancien intendant de mes grands-parents m'a reproché de m'être torché trop généreusement, car le papier toilette avait obstrué le conduit des latrines. Ai-je avoué à ma mère cette déception ? L'ai-je peinée par mon récit de petit citadin allergique, immature, eczémateux, ayant réalisé qu'il détestait la terre noire ?

L'oncle Antal Titusz, essoufflé par la maladie, le grand âge et sa méchanceté innée, se retire. Comment aurais-je pu lui dire ce que je viens de consigner ici sous l'effet de mon whisky de la mi-journée ? Je reste seul avec sa femme, Laura. Nous parlons du passé, mais nous n'arrivons pas à aborder ce qui gît au fond de nos cœurs. Philosophe, cardiaque elle aussi, Laura attend patiemment la mort de son mari qu'elle supporte et soigne d'une manière exemplaire. Je la chéris sincèrement, j'admire sa patience stoïque, mais ne peux rien pour elle. Avant de rentrer en France, je retournerai embrasser Laura, et dire un dernier adieu au peu clément oncle Antal Titusz.

Chapitre V

La villa de l'enfance

Me voici rue Aréna, à l'orée du Bois-de-Ville, devant la maison où j'ai vécu de ma naissance à 1940. Que de fois, au cours de cette dernière décennie, n'ai-je parcouru notre appartement du deuxième étage ! Par un étrange effet de régression, je me retrouvais à l'âge de deux ou trois ans, le soir, agenouillé dans mon lit de fer à barreaux émaillés, tourné vers le mur – il est lisse, nu, je n'y vois ni crucifix ni images pieuses –, récitant en allemand : *Müde bin ich geh'zu Ruh' / Schliesse meine Äuglein zu…* « J'ai sommeil, je vais me reposer / Je referme mes petits yeux… » Les vers suivants de cette prière de mirliton me placent sous la protection des angelots. C'était l'acte de foi typique dans une famille convertie depuis peu, baignée dans la culture allemande héritée de ses ancêtres qui avaient récité le *Shema* en hébreu, et dont la langue véhiculaire avait dû être le yiddish. Pour de multiples raisons – inculture religieuse, prudence à l'égard du Christ, un personnage énigmatique, cristallisant l'antisémitisme ambiant, car « ils ont tué notre Jésus » –, on n'osait invoquer que ces putti ailés, à la fois jouets et statuettes vénérés, bien loin du Golgotha, le « lieu » terrifiant des « crânes ». J'apercevais dans l'entrée une gravure représentant la nymphe Callisto jugée par Artémis, car elle avait trahi son vœu de chasteté. Elle se cache derrière un voile déployé par ses servantes. La jeune fille accroupie me fit deviner très tôt les secrets de la sexualité et entrevoir le mystère de l'enfantement : j'imaginais qu'elle était en train d'accoucher. Longtemps, je n'ai pu accepter l'idée que le bébé à naître empruntait, pour accéder à l'air libre, le chemin du vagin. J'imaginais que les tissus du ventre féminin se relâchaient et permettaient de recueillir le nouveau-né sans que souffre la parturiente. Je me refusais à admettre les contractions maternelles et probablement le simple fait que nous naissions « entre fèces et urine », événement banal et toujours exceptionnel. On passait de l'antichambre – « Vorzimmer » en allemand, dont le hongrois « előszoba » est la traduction littérale – dans la salle à manger où la table massive était entourée de chaises couvertes de velours vert fixé à l'aide de larges clous en laiton. J'y étais très heureux, sauf quand mes parents me forçaient à goûter au potiron découpé en lanières et cuit dans une sauce aigre à l'aneth, qui me donnait envie de vomir. Mon train électrique, mon premier appareil photo – cadeaux de mon père – apparaissaient sur la même table à l'occasion de mes anniversaires successifs. À l'approche des années quarante, mon père perdit patience et devint plus sévère à l'égard de l'enfant « difficile », capricieux et comédien que j'étais ; il me pourchassait en m'administrant un nombre de coups de ceinture établi d'avance en fonction de la gravité de mon délit ! Est-ce un rêve ? J'ouvre la porte du salon et je m'enfonce dans les fauteuils aux coussins revêtus de satin lamé dont le crissement agace mes nerfs. La famille s'y réunissait à l'occasion de Noël – une sonnette au tintement argentin annonçait l'arrivée de l'angelot, « Engelein », et l'ouverture de la porte –, et les parties de bridge s'y prolongeaient tard dans la nuit. Je le devinais le lendemain à l'odeur du tabac, car la nursery se trouvait au fond de l'appartement, séparée du salon par la chambre de mes parents et par la garde-robe à étage où se trouvaient empaquetés et numérotés par ma mère nos vêtements d'hiver, d'été ou de demi-saison.

L'été, des housses claires recouvraient les fauteuils, et les tapis, nettoyés, enroulés et protégés par des boules de naphtaline, laissaient découvrir le beau parquet luisant de cire. Le salon fut transformé en foyer de théâtre à l'époque du Congrès eucharistique de 1938. Le balcon de la façade principale donnait sur la place des Héros, où l'on avait dressé la réplique – plus grande que nature – du baldaquin du Bernin qui servait d'autel principal. Ma mère avait acheté, approprié à l'événement, un service à thé orné d'un filet jaune pâle, la couleur du Vatican, représenté cette année par l'austère cardinal Pacelli, futur Pie XII, qui faisait plus peur à son jardinier, qui s'agenouillait à son passage, qu'à l'état-major allemand. Un prêtre, juché en haut du monument abritant les statues des chefs de tribus ayant les premiers pénétré le bassin des Carpates, dirigeait avec des gestes désespérément enthousiastes le chant de la foule qu'il voulait inspirer grâce à sa voix retransmise par les haut-parleurs allongés. Le cardinal Della Torre, fasciste illustre, ennemi acharné des républicains espagnols, haranguait les fidèles en leur dépeignant les dangers du bolchevisme. Ces dames en robes de printemps contemplaient le spectacle avec un ravissement non dissimulé ; elles ne se rendaient pas compte que ce rassemblement sur la place des Héros préparait plus les pèlerins et les fidèles à la guerre qu'à l'amour de l'humanité. C'est encore au salon que nous fûmes convoqués par ma mère, ma sœur et moi, afin de « poser » sagement pour un artiste, réfugié juif de je ne sais où, qui faisait nos portraits au pastel avec beaucoup de gentillesse et de patience.

Parmi les clients de mon père il y avait M. Helmke, un Allemand élégant que ma sœur et moi devions saluer cérémonieusement en venant au salon. Le bouchon de la bouteille de Martini, dont on lui servait un verre, était caché par une boule argentée. En 1940, Helmke apparut, à notre grande frayeur, en uniforme d'officier SS. D'une politesse exquise, il trinqua avec son verre d'apéritif. En signe d'estime et de reconnaissance, il nous remit une splendide édition, reliée en cuir bleu, de *Mein Kampf.*

Nous ne l'avons plus revu après cette visite, mais nous gardâmes religieusement l'ouvrage redouté dans notre bibliothèque.

Exit Helmke en 1940, *exeunt* les Allemands en 1945. Les Russes organisent le régime d'occupation et leurs acolytes hongrois créent des brigades dont la mission est de dénicher les livres antisoviétiques chez les particuliers. *Mein Kampf* demeurait discrètement caché au second rang de notre bibliothèque, et les visiteurs inopportuns qui s'introduisirent chez nous en fin de journée, alors que l'électricité n'était pas encore rétablie, ne l'ont pas fouillée. Ils n'ont pas vu le journal de Merejkowski, *Au royaume de l'Antéchrist*, publié aux alentours de 1920, qui décrit la vie des réfugiés ayant quitté Saint-Pétersbourg conquis par les communistes, en 1917 : dans leur campement sibérien, les dames utilisaient des bouilloires pour le thé afin de se faire des lavements, détail croustillant qui éveillait naturellement ma concupiscence. Il fut facile de se débarrasser de cet ouvrage, mais que faire du volume de *Mein Kampf*, compact, lourd, protégé par sa reliure en cuir épais d'une qualité exceptionnelle ? Avez-vous déjà essayé de brûler un livre ? La chose n'est pas facile. Nous livrâmes l'objet aux flammes : elles le pourléchèrent respectueusement, mais ne l'entamèrent point. Le jugement de Dieu, l'autodafé que nous avions organisé n'avait servi à rien. Jeter l'immondice du haut d'un pont dans le Danube aurait été le geste approprié que nous n'avons pas osé. Finalement, nous glissâmes l'hitlérien ouvrage dans une charrette de gravats tirée et poussée par des bras humains qui voulaient relever cette capitale. Sa reconstruction – comme en témoignent les façades fendillées – n'est toujours pas achevée.

Ma mère dirigeait une maisonnée typique de la grande bourgeoisie. En ce temps-là, on faisait raccommoder le linge ou confectionner des robes par des couturières à la journée, réparer les tapis et, à l'approche de l'été, nettoyer les papiers peints à la mie de pain ! Des professeurs de langues étrangères fréquentaient la maison, mais l'atmosphère était loin d'y être intellectuelle. Pourtant, cette ouverture linguistique me faisait découvrir les littératures européennes que j'enseigne aujourd'hui, me proposait un cosmopolitisme culturel qui m'anime encore à la fin de ma carrière – ne serait-il pas plus lucide de parler de fin de vie ? Ma mère avait dû se rendre compte que l'éducation donnée à son fils âgé de cinq ou six ans et encore habillé par sa nourrice risquait d'avoir un effet castrateur, qu'il fallait lui donner plus d'indépendance, d'autonomie pour le préparer à son entrée dans le monde « impitoyable » de l'école communale. Elle demanda à son cordonnier de fixer le haut d'une chaussure à lacet sur une planchette de bois. Grâce à cette « machine » quelque peu surréaliste, sa progéniture s'exercerait à passer le cordon plat ou rond dans les œillets qui semblaient se moquer de sa maladresse. Oh, surprise – oh, honte inavouable –, après la première leçon de gymnastique, on me retrouva à la sortie des classes le pied gauche dans la chaussure droite et le pied droit dans la chaussure gauche, mais les souliers étaient correctement lacés !

Il m'est difficile de m'arracher à l'évocation de cet univers surprotégé où j'ai connu des moments délicieux. Jeudi était le jour de congé de Teta, ma nourrice. Dans le courant de l'après-midi, ma mère s'installait dans ma chambre, près de ma petite table. Nous dessinions et découpions des animaux dans du papier glacé de diverses couleurs, préparions de l'« herbe » en attendant l'arrivée du lapin de Pâques qui occuperait sa niche, car on ne parlait guère chez nous des cloches qui « revenaient » de Rome. Le soir nous installions mon projecteur, ma foi fort rudimentaire. Devant une source lumineuse, d'une main il me fallait dérouler un rouleau de papier ciré haut d'une douzaine de centimètres, et de l'autre l'enrouler autour d'un cylindre en bois. Sur l'écran apparaissaient des personnages de Walt Disney, version de 1936. Que fais-je d'autre aujourd'hui que reprendre le jeu de mon enfance ? Je déroule et j'enroule mes souvenirs et décris des figures qui apparaissent lors de ces séances de projection. J'opère pour moi-même et à l'intention des jeunes lecteurs d'aujourd'hui étrangers à ces temps préhistoriques. J'adresse à moi-même les paroles d'Hamlet à Horatio : « Fais un rapport juste de moi et de ma cause à ceux qui demeurent insatisfaits… »

Peu de temps avant la vente de la villa et notre déménagement dans un appartement du centre-ville pas très éloigné de l'hôtel Peregrinus, je traversai une période de crise. Mes conflits avec le personnel de la maison, les fiançailles de ma nourrice avec un gardien de square, les châtiments corporels – certes indolores, symboliques, mais combien horrifiants et humiliants – que m'infligeait mon père (quels devaient être ses soucis, ses ennuis conjugaux, son état de santé ?) me désespéraient. Je pris un petit bout de papier sur lequel j'inscrivis « Sois maudit pour toujours », et le collai sous la porte qui séparait l'appartement du couloir menant à la cuisine. La malédiction enfantine doit s'y trouver encore, à moins qu'on ait retiré le panneau sur lequel j'avais fixé ma haine et ma désolation. Me voilà soulagé, car cet épisode me pesait et m'empêchait de dire que la maison natale de la rue Aréna – en fait, je suis né au Sanatorium du Parc où on étouffait à l'éther les cris des parturientes riches – m'a semblé bien rétrécie. L'espace du souvenir a des dimensions étranges et ne se mesure pas à l'échelle de la réalité. Et pourtant, j'avais revu cette maison lors de mes visites précédentes, et plus d'une fois ! Je me suis rendu à l'évidence : cette façade n'avait qu'une vingtaine de mètres de longueur, et les pièces devaient être petites et encombrées de meubles. Ce réajustement indispensable, commandé par la confrontation du souvenir et de la réalité, ne s'est pas effectué dans mon esprit : aujourd'hui encore, il me faut avoir des photos sous les yeux à la fois pour *voir* ce qui *est* et pour perdre mes illusions. Elles sont tenaces, telles ces versions des symphonies de Mozart ou de Beethoven que j'ai découvertes en écoutant des soixante-dix-huit tours et que je n'arrive plus à « désenregistrer » : monophoniques, elles s'imposent à moi, pour toujours. Je sais pourtant que depuis 1946 les grilles du jardin donnant sur la rue ont disparu ; je sais que pour faire défiler les foules au pied de la statue de Staline, les tenants du pouvoir communiste ont rasé ce paysage de l'enfance. Pourtant, je vois et je persiste à voir Mihály, le valet de mes grands-parents, promener Peggy, leur chienne noire au pedigree anglais irréprochable, devant la maison, dans la neige, près des parterres de fleurs protégés du froid par des bottes de paille.

À la recherche des origines perdues

Mon grand-père paternel, Béla Löwenstein, marchand de grain dans une ville du nord-ouest de la Hongrie, avait réussi à devenir propriétaire des Moulins du Roi. Il les vendit à une grande famille bourgeoise d'origine saxonne, mais il y conserva ses fonctions de président-directeur général jusqu'à sa retraite, en 1940, l'année de la grande cassure pour notre famille. Il y fit engager son fils, qui avait interrompu ses études supérieures, à titre de directeur. Mon père, pour renouveler les activités des Moulins, eut l'idée originale de substituer à la traditionnelle minoterie le décorticage du riz importé du nord de l'Italie. À l'occasion des fêtes de Noël, mes parents avaient l'habitude de faire cadeau à nos employés et à nos connaissances de lourds kilos de ce grain amidonné. Au début de la maladie de mon père, qui coïncida avec celui de la pénurie des denrées alimentaires, personne ne voulait croire que nous n'avions plus accès au grenier des Moulins. Ma mère se sentait obligée d'acheter du riz au marché noir pour ne pas décevoir ceux qui profitaient habituellement de sa générosité.

Le président-directeur général Löwenstein avait obtenu, peu de temps avant ma naissance, l'autorisation de « magyariser » son patronyme en Loránt – à mon arrivée en France, je me suis empressé d'enlever l'accent de mon nom de famille afin de lui donner une consonance plus autochtone – et son épouse, prénommée Vilma, vivaient sur un grand pied au rez-de-chaussée de leur villa, avenue Aréna. Outre la femme de chambre et la cuisinière, ils avaient un valet qui, ganté, présidait cérémonieusement aux repas. Józsi, le chauffeur de la voiture de service, habitait sur place, c'est-à-dire au sous-sol – sans ressemblance aucune avec la « grotte » sordide dont parle le sombre Anouilh – de la villa, où se trouvaient la cuisine, la buanderie, les chambres des domestiques et la chaufferie. Ma grand-mère était une mondaine parvenue, une bavarde adorable, qui passait ses matinées au téléphone, pendant que la manucure s'occupait de ses ongles ou que l'employée du bijoutier renfilait son collier de perles, rite annuel qui se déroulait naturellement en sa présence, car la confiance accordée à une habituée des grandes maisons avait malgré tout des limites. Elle s'informait de mes flirts quand, à l'âge de dix ans, je fréquentais la patinoire du Bois-de-Ville. Mon grand-père, un grand bourgeois autoritaire en diable à l'égard de ses fils en même temps qu'un homme simple – il tenait à cirer lui-même ses chaussures ! –, la rabrouait pour ses questions stupides.

J'ai l'impression que les Löwenstein ont fait une excellente affaire en mariant leur fils Endre à Sarolta Hirsch et en accaparant sa dot, constituée de plusieurs milliers d'hectares cultivés par les paysans les plus pauvres de toute la Hongrie, de bijoux et d'autres biens meubles. Après l'Anschluss de 1938 – les Juifs de Budapest demeuraient sourds au bruit de bottes des nazis, allemands et autrichiens, qui traversaient à pas cadencés la Hofburg de Vienne –, au lieu de faire passer leur fortune en Suisse, sous l'impulsion de mon père probablement, ils se sont lancés dans une folle entreprise de construction de maisons d'habitation, dont le rendement était incontestablement élevé. À l'approche de la retraite du PDG des Moulins du Roi, les grands-parents vendirent la villa de l'avenue Aréna à un marchand de bois qui voulait quitter sa petite ville de Hongrie du Nord. Pour réaliser la transaction dans les meilleures conditions, il fallut moderniser l'appartement du rez-de-chaussée, y installer une cuisine notamment, au grand désespoir de ma grand-mère. La disparition du monte-plats (actionné à l'aide d'une corde de navire, espèce de cordon ombilical aussi disproportionné que dénaturé) représentait pour elle l'écroulement de l'univers. Elle n'avait pas tort. En 1940, elle installa luxueusement son nouvel appartement, en engageant puis renvoyant une multitude de décorateurs, « comme si les grands-parents avaient l'éternité devant eux » : c'est la seule remarque désobligeante à leur égard que j'aie entendue dans la bouche de ma mère. Les figurines de porcelaine Meissen retrouvèrent leur place dans la vitrine en bois précieux – parmi les statuettes, il y avait celle, innocemment coquine, d'une petite dame qui se tortillait et dont l'ample jupe, qu'on soulevait à l'aide d'un couvercle mobile, faisait découvrir une puce sur l'une de ses fesses nues –, et ma grand-mère disposa de nouveau d'une garde-robe (terme français naturalisé allemand), je veux parler de son « dressing-room » d'où elle put téléphoner pendant des heures. Et l'immense bureau de mon grand-père fut réinstallé au fond de l'appartement. Il en ouvrait régulièrement l'un des tiroirs, blindé celui-là, pour vendre des bijoux de famille à M. Steiner.

Les grands-parents menaient un train de vie nettement au-dessus de leurs moyens. Leur fils cadet, ingénieur textile, dut quitter son emploi à cause de ses origines juives et ne fit rien pour en trouver un autre. Joueur, il perdait aux cartes et vivait aux crochets de son père, qui le traitait comme un gamin en lui allouant une somme fixe par mois. Et le sort se déchaîna contre ce Priam grand bourgeois : ma grand-mère décéda d'un cancer à l'estomac décelé trop tard, son fils aîné mourut d'une tumeur au cerveau et son fils cadet ne revint jamais d'Autriche ; pourtant, son nom figurait sur la liste des survivants. À Jérusalem, au Mémorial des Juifs victimes de la Shoah, j'ai consulté le fichier des déportés et n'ai pas trouvé son nom. L'ex-PDG, que d'anciens coreligionnaires charitables avaient nourri pendant son séjour parmi eux – les Croix-Fléchées avaient regroupé les Juifs, qui n'avaient pas réussi à se cacher, dans l'ancien ghetto de Pesth dont ils avaient bloqué toutes les issues –, ne savait pas qu'il mentait en affirmant à sa logeuse que sa bru la dédommagerait au centuple. À la Libération de Pesth par les troupes soviétiques, il était retombé en enfance et a atterri chez nous, exilé dans une chambre de bonne mal chauffée qui se trouvait derrière notre pièce d'habitation unique. L'aïeul incontinent, à qui je refusais par dégoût et timidité d'enlever son dentier, délirait : « Je veux mourir dans mes propres excréments, criait-il, et je vous enverrai une carte postale de là-haut. » Sa bru, la femme de mon oncle, qui avait réussi à nous sauver mais l'avait abandonné à son sort, lui rétorquait sèchement : « Cela ne précipitera pas votre fin. » L'ex-marchand de grain, devenu directeur général des Grands Moulins, est mort dans un hôpital improvisé de la Croix-Rouge, après avoir englouti le plat favori des pauvres, des nouilles au pavot et au sucre. Les figurines de Meissen avaient disparu, le bois précieux de la vitrine servait à chauffer la pièce où sa belle-fille faisait l'amour avec un footballeur promis à un bel avenir. Son bureau massif, ignorant sa propre nature et sa lourde consistance, s'était envolé. Est-ce cela qu'on appelle la ruine ou, plus poétiquement, un incendie général ? La disparition des derniers vestiges, la retombée dans le rien, la non-existence après des années d'opulence insolente, de vie mondaine, de gloriole bourgeoise éphémère et pailletée ?

Qu'il est difficile de revenir sur le dit de l'enfance ! Je ne cesse de m'étonner face au petit immeuble que j'ai pourtant revu en 1970, puis en 1988 et en 1989. Je demeure incrédule. Je scrute l'espace à travers la vitre étroite de la porte d'entrée. Un escalier, tout ce qu'il y a de plus ordinaire, a pris la place des larges marches rivalisant en pompe et dignité avec celles d'un palais d'aristocrate autrichien. Que s'est-il passé ? Suis-je devenu fou ? Je me souviens d'un escalier de maître et d'un escalier de service. Le dernier aurait-il remplacé le premier ? Aurait-on remanié l'espace intérieur ? C'est peu vraisemblable. Qui aurait entrepris de tels travaux, et engager de tels frais pour réaménager la villa ? Dois-je me rendre à l'évidence ? Comment supporter ce réveil des songes de l'enfance ? J'ai rêvé de cet escalier des années durant, je l'ai monté sans parvenir au deuxième étage où se trouvait notre appartement, comme si je me trouvais dans un espace virtuel dessiné par Escher, et je l'ai descendu en sautant, en survolant les marches plutôt. Je me suis arrêté au premier étage, parole de petit garçon, et j'ai aperçu les traces suspectes laissées par Boriska, la fille adulte, anormale et bossue des locataires, qui, *horribile dictu*, avait déféqué sur le palier. Ses parents, honteux comme on pouvait l'être à cette époque, lui firent mener une existence recluse. Je me souviens du sourire qu'elle m'adressa une fois.

En fait, j'avais revu ce lieu, malgré la malédiction que j'avais fait peser sur lui. En 1945, je participais à la manifestation du 1er Mai libre ; sans y avoir été invité, je me suis introduit dans le service d'ordre rapidement débordé et j'ai tourné le dos à la villa. Ce reniement des années d'enfance s'est prolongé pendant de longues décennies. Marika et moi, mariés à vingt-deux ans, nous avons voulu briser notre solitude en nous enfermant dans notre couple précocement formé. Écrasés par des besognes alimentaires – elle dessinait des cartes géographiques, je rédigeais des articles, des comptes rendus, et vérifiais la traduction d'ouvrages français –, traumatisés par les régimes totalitaires d'avant et après la guerre, nous nous refusions à nous pencher sur les fastes du passé. Mais elle éclatait en sanglots en apercevant les premières Mini Morris viennoises sillonnant les rues désertes de Budapest. Ensuite, arrivés en France en janvier 1957, puis installés à la Résidence Universitaire d'Antony au cours du mois de mars, nous souhaitions rompre le lien avec notre passé détesté : nous jetions à peine un œil sur les photographies que ma mère nous envoyait. Que ne les ai-je aujourd'hui sous les yeux, ces photos que j'avais faites en grande partie moi-même ! Comment expliquer notre réaction ? Par une volonté féroce de nous intégrer dans notre pays d'accueil ? Par la peur d'être rattrapés par ce que nous avions fui ? Non seulement le régime à l'étoile rouge nous hantait, mais l'exil devait réactiver nos souffrances marquées par l'étoile jaune.

C'est à Paris, dans un livre d'architecture consacré aux immeubles « Art nouveau » des années vingt, que j'ai revu pour la première fois, reproduite en noir et blanc, notre villa de Budapest. La façade m'était apparue grise, plate, uniforme. En ce mois de mai 1997, je me trouve réellement devant la maison natale, que je contemple encore ému, étonné, mais point bouleversé, avec le regard de l'enfance.

Je demeure confondu par la vision du passé que je n'arrive pas à percevoir dans sa réalité. J'étale sur mon bureau les instantanés que j'en ai pris. Ils sont les témoins des tentatives du photographe qui désirait escalader les murs, désespérément pénétrer dans la maison, qui essayait, sans le recul nécessaire, de capter des images de l'appartement de son enfance. J'apprécie désormais le travail de l'architecte, le volumineux cylindre du milieu qui supporte le balcon du deuxième étage, la dissymétrie des deux côtés de la façade, la frise qui l'unifie, la ronde-bosse de fleurs stylisées qui met en valeur le balcon et sa rampe de fer forgé, tout en boucles. Aurait-on restauré la façade ? Le soleil qui l'éclaire, les jeux de la lumière et de l'ombre font ressortir la dynamique des volumes architecturaux de cette villa bourgeoise, dont la façade fantaisiste, mais nullement ostentatoire, disait la richesse solidement établie de ses habitants. Je contourne l'immeuble et me retrouve dans une espèce de terrain vague encombré de gravats et d'outils. Ici se trouvait le jardin des maîtres aux allées soigneusement gravillonnées, une « symphonie en blanc », d'après mes souvenirs flous, composée de rosiers, de buissons fleuris, et de bancs laqués. Mon regard monte vers *ma* chambre, une véranda couverte et transformée pour accueillir l'exilé de la nursery que j'étais à l'âge de six ou sept ans. La morale décrétait que la sœur et le frère devaient nécessairement être séparés, d'autant que les émois du frère pointaient lorsque la nurse suisse soupesait ses seins avant de les dissimuler sous sa chemise de nuit. Ma nouvelle chambre, au sol en linoléum, me paraissait froide et inamicale. On pratiqua une ouverture dans le mur séparant la nursery de ma nouvelle habitation, pour me rassurer, prétendit-on. Je n'étais pas heureux dans ce nouveau lieu, plaisamment meublé, pourtant, d'un bureau et d'une chaise de conception moderne, dont des tuyaux nickelés constituaient l'armature. Des étagères en équerre, peintes en bleu, que je décorais selon les saisons et les fêtes – crèche à Noël, poussins jaunes à Pâques –, étaient fixées au-dessus de mon lit. Jouer avec mon train électrique, développer des photos à partir de négatifs que j'exposais au soleil me remplissaient de joie. De sexualité, il n'était jamais question. Mon membre dressé m'étonnait, je me plaisais à l'exciter, je ne savais pas quoi en faire pour satisfaire mes pulsions. Brave et docile petit garçon, j'ignorais les secrets de l'alcôve, tout en sachant des choses du sexe. Mes camarades connaissaient ma pudeur et mon refus de prêter l'oreille aux obscénités. Lors d'une villégiature, un petit gars à grande gueule voulut me provoquer et m'humilier par des propos qu'il croyait offensants : « Les couilles de ton père ! » hurla-t-il. Le mot désignant les bourses, « valaga », est d'une rare vulgarité en hongrois, et je le connaissais probablement depuis peu. À ma plus grande surprise – et à la sienne – je m'entendis lui renvoyer : « Je les mets dans un cornet de glace pour les lécher. » Tant de perversité lui cloua le bec. Une fois, à la tombée du jour, dans une allée du Bois-de-Ville, ma nurse et moi nous rencontrâmes deux filles du peuple, peut-être des bonnes habituées à vider les pots de chambre de leurs maîtres paresseux, impudiques et pressés. L'une pleurait et se plaignait : « ... Et il m'a baisée. » Je savais pertinemment de quoi il s'agissait. Mais je n'ai pas pu ou voulu me représenter un seul instant mes parents en train de faire l'amour. C'est seulement au bout de trop longues décennies que j'ai songé au plaisir de ma mère.

« L'écriture du souvenir » abolit le temps

Ma mère et moi nous quittons l'appartement de la rue Aréna. Je lui donne la main dont j'aime la douce chaleur qui rassure, et nous nous dirigeons vers le terminus de la ligne d'autobus n° 1. Sur le chemin, au coin de la rue Benczur, une pauvresse sans âge écarte ses jambes au-dessus d'une grille de canalisation et urine dru. « Tu n'as rien vu », me dit ma mère. En effet, le code non écrit de la bonne éducation permettait – c'était sa force et sa vertu – virtuellement d'effacer l'inconvenant. Cependant, il refoulait les pulsions « indécentes », et l'hygiène exagérée qu'on m'inculquait suscitait mes complexes à l'égard de mon corps et de ses sécrétions. La misère était repoussée à la périphérie du monde bourgeois, sans explication sociologique aucune. Le populaire me faisait peur alors et, je le crains, encore aujourd'hui.

Nous poursuivons notre chemin. Nous allons faire des emplettes dans le centre-ville. C'était la cuisinière qui était chargée d'acheter les ingrédients courants nécessaires à la confection des plats prévus dans les menus de la semaine. L'épicier et le boucher se trouvaient dans une rue adjacente que naturellement je ne fréquentais pas. Ma mère savait que dans l'autobus, qui véhiculait le « bon public » des villas de la périphérie jusqu'au centre-ville, ma place préférée était le banc situé à côté de la vitre protégeant le conducteur. Les manettes en cuivre au milieu du volant, notamment celle du « gaz » reliée à la pédale de l'accélérateur, fascinaient le gentleman conducteur que j'étais. (Pour me faire plaisir, Józsi, le chauffeur de mes grands-parents, bricoleur ingénieux, « maître aux mille astuces » selon l'expression hongroise, avait installé un petit volant et même des pédales à mon usage dans leur automobile.) L'autobus traversait l'actuelle zone piétonnière de la place Vörösmarty. Les voitures de maître étaient rares, et elles s'arrêtaient sans encombre dans des rues à double sens. Ma mère avait sa « liste de commissions » : des pommes calville ou Jonathan à acheter chez M. Braun dont la boutique a disparu à jamais, un flacon d'eau de Cologne et du talc pour la petite sœur chez messieurs Molnár et Moser – la parfumerie à l'atmosphère feutrée et de bonne renommée a été fermée au printemps 1944, bien qu'ils fussent

« livreurs agréés par la Cour Impériale et Royale », et un supermarché insolent, exhibant sur ses rayons éclairés au néon des flacons de Nivéa, d'Orlane et d'Elsève l'a remplacée –, des caramels Dolly chez Stümmer, dont le nom demeurera pour toujours inconnu des clients de M. Hemingway, l'actuel et exclusif propriétaire anglais de l'unique chaîne de magasins de bonbons et sucreries. Paquets impeccablement enveloppés, bâtonnet en bois passé dans le nœud du ruban… Au mois de mai 1997, je quitte l'ombre de ma mère, ma petite Moulouka (décédée à soixante-sept ans, le temps s'est arrêté pour elle ; aujourd'hui, elle est de cinq années ma cadette, d'après l'état civil de mes fantasmes), pour faire un saut à la Redoute, la salle de concert qui demeura en ruine longtemps après la fin de la guerre, puis fut reconstruite à l'ancienne : ce complexe néoclassique sert aussi aujourd'hui de cadre aux « soirées felliniennes » de la haute société maffieuse. Un dimanche après-midi de 1942 ou 1943, après une alerte aérienne, je vais écouter, à la Redoute, la *Missa solemnis* de Beethoven, dirigée par Bárdos. L'excellent chef des chœurs et compositeur de talent s'adresse au public pour lui rappeler à quel point l'imploration finale *Dona nobis pacem*, lancée sur une musique guerrière ponctuée par des trompettes napoléoniennes, est d'actualité.

Je suis de retour, Moulouka, je reprends ton bras, tu étais ma fiancée à l'époque. Nous rentrons à la maison par le métro. Un après-midi, tu es revenue à la maison après une longue séance chez le dentiste. Certes, il t'avait anesthésiée, mais ta joue était enflée, tu souffrais. Comment se fait-il que mon père ne t'ait pas accompagnée ? Où était-il, où se trouvait-il ?

Le départ de Teta ou la fin du monde

La vente de la villa de l'avenue Aréna à un marchand de bois qui ne survécut pas aux persécutions et notre déménagement au centre de Budapest, le « Belváros », sonnaient le glas d'une enfance heureuse, en dépit de ses conflits. Obscurément, j'ai senti venir l'orage et la décomposition d'un univers dont le mode de vie était cohérent et codé. Le mariage de ma nourrice Teta arrangeait la famille, car il était exclu qu'elle nous suive dans notre appartement de la rue Fejér György où chaque centimètre carré était « fonctionnel ». Il m'a été très difficile de me séparer d'elle ; à la fois affectueuse et juste, exigeante à ses heures, son autorité se limitait au monde de la « nursery ». Elle m'a langé, torché, habillé et transmis son allemand rudimentaire. Son fiancé, Imre, le gardien de square, faisait une excellente affaire en l'épousant. Mes parents ont monté leur ménage : draps, casseroles, linge de table et couverts ont été exposés dans l'entrée de notre appartement.

Imre avait envoyé un beau bouquet de roses que je déchirai rageusement – mon geste était quelque peu théâtral, car j'avais fait attention à ce que les épines ne me blessent point – sur le large rebord de la fenêtre de ma chambre d'enfant. Teta et Imre s'installèrent dans un appartement de concierge, flambant neuf, à l'entrée des bâtiments de la Foire internationale. Teta revint parfois chez nous pour se plaindre : « *Er ist so brutal…* », « Il est tellement brutal… » À l'âge de dix ans, j'ai deviné – ou je le savais, plutôt – qu'il s'agissait de leur vie conjugale. En Hongrie, on culbutait une femme vite fait bien fait. Je leur rendais visite de temps à autre. Une fois, j'arrivai avec ma braguette ouverte, à ma grande honte et au grand amusement d'Imre qui était de plus en plus aigri, amer, désagréable et agressif. Je ne sais comment, nous apprîmes au bout de quelques mois que Teta lui avait fait croire que mes parents rempliraient leur garde-manger de farine, de riz, de sucre et de saindoux pendant les années à venir. Il s'agissait d'un chantage naïf auquel les parents n'ont pas cédé.

Nous n'avons plus eu de nouvelles du couple après notre installation rue Fejér György, et pour cause : Imre avait dû céder à sa brutalité toute fasciste et interdire à Teta de reprendre contact avec ses anciens employeurs de la race honnie, surtout par ce petit peuple auquel appartenaient les gardiens de square ! Mais comment Teta a-t-elle pu nous oublier complètement pendant les mois fatidiques de 1944 où les enfants qu'elle avait vus naître, qu'elle avait bercés, baignés, séchés, huilés ou poudrés, portaient l'étoile jaune et étaient exposés à la vindicte publique ? Cette indifférence apparente ou réelle nous a beaucoup peinés et m'a fait très mal. Elle avait été ma seconde mère, nourricière et bienfaisante. Adolescent, je me suis senti abandonné par cette fée, paysanne autrichienne, qui avait cassé sa baguette magique pour nous signifier notre condamnation, imitant en cela les juges du Moyen Âge hongrois prononçant une sentence de mort sans appel. En 1945, une voix anonyme au téléphone demanda à ma mère un certificat de travail pour la « pauvrette » qui avait été à notre service entre 1930 et 1940. J'approuvai la décision de ma mère qui délivra le document en question sans y ajouter un seul mot ou le moindre subside. Deux années plus tard, de la plate-forme d'un tramway, il me semble avoir reconnu notre Teta dans une misérable gueuse assise devant un hospice. Le souvenir de cette pauvresse entourée de ses guenilles, affalée à l'entrée d'une porte – à laquelle on accédait par trois marches – me hante encore. En cette période d'après-guerre, le ressentiment, la déception, la tendresse éteinte, le manque de charité étaient durs comme des cailloux.

La cassure

Je m'éloigne du n° 100 de l'avenue Aréna. Grâce au zoom, j'essaie une ultime fois de saisir ses volumes hétéroclites. L'espèce de tourelle du deuxième étage retient mon attention. Depuis cet observatoire, ai-je découvert la grève des ouvriers, l'une des premières, en 1934 ? Ou est-ce la lecture des livres d'histoire qui suscite un souvenir purement illusoire ? J'éprouve encore la nausée qui m'envahit lorsqu'un ouvrier écrasa avec un grand marteau le doigt de son compagnon qui tenait la roue à rejanter d'un chariot à chevaux. Je me dirige vers le métro, construit à la fin du XIXe siècle – aujourd'hui prolongé au-delà du Bois-de-Ville et des thermes Széchenyi jusqu'à la périphérie de la capitale –, et je descends place Deák, au centre-ville. C'est dans une pension élégante gérée par la famille Tötösy – des nobles de la Hongrie de l'Ouest –, que nous avons passé les derniers mois de 1940, en attente de notre emménagement dans l'appartement de la rue Fejér György, non loin de l'hôtel Peregrinus. Longtemps, je n'ai même pas levé les yeux sur cet immeuble cossu, dit « palais Wertheimer », transformé, dès 1945, en siège de la police nationale passée progressivement sous le contrôle des services secrets, l'AVO, le KGB hongrois. Aujourd'hui, mon regard fait tomber les plaques de travertin qui recouvrent uniformément cette ancienne forteresse policière. Apparaît un bâtiment haussmannien grandiose, orné d'atlantes, d'entablements, de corniches, de frontons et de colonnes, typique du style François-Joseph et de la richesse inouïe des sociétés d'assurances. J'étais malheureux dans cette pension célèbre, où comtes et barons des « deux religions et autres » avaient élu domicile. Notre dame de compagnie, une Belge blonde et apparemment froide – mais chaude et pénétrable au désir des célibataires avec qui elle dansait le slow dans le vaste salon de la pension –, ne m'était d'aucun secours. Ma chambre donnait sur le couloir qui menait vers une des cours intérieures, et le rideau ne protégeait guère mon intimité. Sans préparation, je me suis retrouvé au lycée des piaristes, où le professeur principal imposait une discipline de fer, entretenait une atmosphère de délation et se plaisait à raconter des blagues odieusement antisémites. Il savait pertinemment qu'il y avait trois Juifs dans sa classe. Certains de mes camarades me pourchassaient et me blessaient par leur attitude raciste. Un jour en fin de matinée, à la sortie des classes, je fus arrêté par ce prêtre ventru et sadique que ma mère était allée voir pour solliciter sa protection à mon égard : « Comment veux-tu que je te défende contre certaines attaques, alors que tu te conduis en Juif ? » tels furent ses propos aussi édifiants que consolateurs.

Je voyais peu mes parents. Mon père était fort occupé par la construction de l'immeuble. Souffrait-il déjà à cette époque ? L'infection des amygdales – opérées à l'âge de quarante ans, car la tentative d'évacuation du pus par aspiration mécanique s'était avérée inefficace –, ses ennuis génito-urinaires étaient-ils des symptômes avant-coureurs de sa maladie ? En fouillant, j'avais découvert une seringue à eau cachée dans le placard de la salle de bains. À quoi servait-elle ? À laver l'urètre ?

J'avais l'impression d'avoir perdu mes repères, mes assises. L'école communale m'avait mal préparé aux études secondaires et à la discipline rigoureuse que les piaristes faisaient régner au lycée. Pourtant, mon père avait remué le ciel et la terre créés par Yahvé pour me faire admettre parmi les cinq pour cent d'élèves d'origine juive tolérés au lycée. Il m'avait présenté au curé de l'église du centre-ville, jouxtant la maison conventuelle des pères pieux. Le digne personnage nous avait reçus très aimablement dans sa sacristie et s'était déclaré enchanté de la statue de la Vierge – achetée dans un magasin de faïence sulpicien –, que nous offrions en toute humilité à sa paroisse. Il promit de me recommander à son ami… le supérieur de l'ordre. Je luttais contre mon désespoir mais n'en demeurais pas moins cabotin : je m'arrangeai pour que ma mère me découvre sanglotant sur mon lit, un canif ouvert sur la poitrine. Elle demeura calme, nullement impressionnée par ma comédie. Sûre d'elle-même, elle avait accompli sa tâche. En effet, dès le premier jour de notre installation dans notre nouvel appartement, les serviettes de toilette étaient à leur place, les draps empilés, les torchons accrochés. L'emplacement du moindre clou était pensé, le moulin à café était fixé sur le mur de la cuisine, et l'ancienne crédence de l'avenue Aréna, dont on avait réduit les proportions pour être encastrée, retrouvait la place qui lui revenait dans la salle à manger. Sur le bureau de mon père, dont il se servait rarement, fut posé l'étui brodé pourvu d'un buvard intérieur. Des lustres en fer forgé ou en laiton, simples, modernes – le mot clé du décorateur –, pourvus d'une douzaine de bougies, je veux dire des lampes olive, remplaçaient les anciens aux bras larges, en bois, généreux et dorés. Ma sœur disposait d'une belle pièce avec un balcon ; je fus logé dans une chambre obscure donnant sur une courette peu amicale et distante d'une dizaine de mètres seulement de la fenêtre d'en face. Mes parents faisaient chambre à part, ce qui avait été prévu depuis longtemps, dès l'établissement du plan de l'appartement.

Des photos, en deuil elles aussi

Presque toutes les photos prises lors de ma visite de 1997 sont en couleurs. Curieusement, celles qui représentent la maison de la rue Fejér György, que j'oppose à la maison natale de l'avenue Aréna, sont en noir et blanc, comme si ces dernières images d'une pellicule oubliée dans l'appareil portaient le deuil, étaient l'expression de la dépression du garçon de dix ans qui, dans une atmosphère alourdie par la maladie de son père, avançait en tâtonnant vers l'adolescence. J'essaie de photographier cette maison fatale. Placé au coin de la rue Fejér György et de la rue Szerb, je n'arrive à saisir qu'un alignement de maisons quasi uniformes. Je me poste sur le trottoir d'en face ; à cause de l'étroitesse de la rue qui me surprend une fois de plus, il m'est difficile de cadrer les quatre étages et les huit balcons latéraux dans le viseur de l'appareil. Je me dis que le cœur a son espace que la raison ne connaît pas. La porte d'entrée est fermée ; j'oublie de lire les noms qui figurent sur les touches de l'interphone. Je regarde à travers les barreaux de la porte vitrée. J'aperçois les marches qui mènent au rez-de-chaussée. Le revêtement des murs, une espèce d'enduit gommé, solidifié et peint une fois que la brosse de l'apprêteur l'avait rendu rugueux, n'a pas changé. Je reste extérieur, dans tous les sens du terme, à cette maison. Espèce de Fort Knox inexpugnable, elle n'avait rien à me dire et je suis resté interdit devant sa porte verrouillée.

De retour à Trouville, libéré de l'interdiction de me souvenir qui s'était imposée à moi sur place, j'ai pénétré, plume à la main, dans un immeuble construit par mon père, contigu au n° 8 de la même rue et dont il était également le promoteur. Quelles étaient les motivations qui le poussaient à investir aussi aveuglément dans la pierre ? Voulait-il accaparer d'une manière définitive la dot de ma mère et la fortune de ses parents ? Son désir de se constituer un revenu stable se transformait-il en obsession ? Constructeur d'immeubles, il trouva un champ d'activité à sa mesure, avouable et débordant. Cette débauche de bâtisseur monomane devait très probablement se doubler d'une intempérance secrète d'une tout autre nature. Voulait-il contribuer à l'embellissement de la capitale, à l'extension du centre-ville ou son intention était-elle de nous laisser un héritage patrimonial ? Il menait de front l'achat des terrains, les discussions avec les architectes et les divers corps de métiers à une époque où les matériaux de qualité faisaient déjà défaut. Je me souviens de notre visite chez le maquettiste qui nous présenta la façade du 10 de la rue Fejér György. Plus d'une fois je l'accompagnai au chantier de notre futur foyer. Les grues étaient inexistantes et les ouvriers, courbés sous le poids des briques, gravissaient des planches inclinées, fixées sur des échelles. Il fallut détruire un îlot de masures pour percer la rue Fejér György. On m'a raconté qu'un père de famille exproprié se suicida. Accident de parcours, dommage collatéral, ce décès, mauvais présage, fut vite enterré dans nos consciences.

La figure de mon père apparaît animée d'une vivacité fébrile que je n'arrive guère à déchiffrer. Très tôt, j'ai été impressionné par certaines de ses passions. Il fut bricoleur ; l'achat d'une clé anglaise perfectionnée ou d'un tournevis dernier modèle pouvait l'enthousiasmer. Je me rappelle encore ce coffret en fer-blanc coloré – une boîte pour fruits confits – où il rangeait ses outils. D'ingénieur raté, il devint inventeur. Il imagina un réservoir de sable à fixer sous les garde-boue des tractions avant qui leur permit de démarrer sur une pente verglacée. L'invention, digne d'un concours Lépine, fut enregistrée selon les règles. Aux alentours de 1940, il s'inscrivit à un cours de soudure au chalumeau qu'il suivit assidûment, pendant plusieurs semaines, dans un garage de la banlieue. Il m'initia à la technique du fer à souder. Les gouttes d'étain fondu n'assemblent-elles point mes souvenirs épars dans ce récit rhapsodique ? Aujourd'hui, j'analyse les symptômes qu'un adolescent était à même d'enregistrer, d'observer, de deviner durant les quatre années qui précédèrent la mort de son père. S'agissait-il d'une mort naturelle ? D'un suicide ? Si l'on avait supposé une tumeur au cerveau, se serait-on risqué à prescrire des électrochocs sans anesthésie et l'insulinothérapie pour lutter contre une dépression qui s'aggravait de jour en jour ? Qu'avait révélé l'examen radiologique qui nécessitait l'insufflation préalable de gaz dans les cavités crâniennes ? « Allez savoir », m'a dit un jour d'un ton sceptique un éminent psychiatre. Oui, je partirai en quête de ce savoir que ma mère a tu jusqu'à sa mort. Que savait-elle en effet ? Y avait-il un secret ? Les médecins eux-mêmes ne tâtonnaient-ils pas dans l'obscurité de leur ignorance ? Au début de sa maladie, elle tenait un journal afin de rendre compte à son mari, un jour, de ses démarches, de ses tractations avec les avocats, de la vente des bijoux de famille, de la gestion de ses biens. Sans autre expérience que celle d'une femme au foyer et d'une épouse fidèle, souffrant secrètement des incartades de son mari, elle se trouva confrontée au monde des affaires. Se vit-elle obligée d'admettre qu'elle devait renoncer – provisoirement, puis définitivement – à la parole sensée d'un être qu'elle admirait jusqu'à la vénération, Don Juan bâtisseur de maisons, tennisman déchu au cerveau fêlé ? Ce n'est pas que ses propos eussent été déments. Il ne parlait plus, pleurnichait, s'affaiblissait, buvait son verre de tokay pour mieux faire la sieste. L'évolution fut lente, imperceptible. Il conduisait encore sa voiture, mais il dut abandonner toute activité professionnelle. D'ailleurs, Les Moulins du Roi, de pacifique minoterie, étaient devenus une « usine de guerre ». On le renvoya du jour au lendemain, et le nouveau directeur au service de l'armée se plut à humilier le malade quand il vint chercher ses affaires dans son ancien bureau.

Quelle fut mon attitude à son égard ? Compatissante, hostile ? Vindicative ? Indifférente ? Je le tolérais, le ménageais, mais m'éloignais de lui. Aurais-je vécu des années de cauchemar sans m'en rendre compte ? Sans souhaiter sa disparition ? Aujourd'hui, je sais que ces questions sans réponse sont au cœur de mon récit. Nous avons pourtant connu de bons moments, mon père et moi, notamment à l'Académie de musique où il me fit découvrir les neuf symphonies de Beethoven. Je me rappelle avoir attendu, dès le début de la *Neuvième*, l'entrée du chœur qu'il m'avait annoncé.

Je fréquentais assidûment les cours d'initiation de Dódy. Chaque séance était une fête à laquelle je me préparais en faisant ma toilette et en changeant de linge de corps. Je m'exerçais à la flûte à bec chez moi, et je ne saurais dire à quel point j'ai été choqué, blessé par l'odieuse moquerie qui me parvenait de la maison d'en face pendant que je m'efforçais de mémoriser tel ou tel passage : « Le petit youpin joue du pipeau. » Il s'agissait de la permanence des Croix-Fléchées, les nazis hongrois qui attendaient octobre 1944 pour s'emparer du pouvoir.

« Ceux d'en face » interviendront dangereusement dans notre vie, quand notre maison sera décorée de l'étoile jaune. Cette étoile sous le porche, je l'ai vue pendant des semaines, j'ai vécu dans son ombre. Cet insigne, je l'ai porté plusieurs mois – dans notre microcosme hongrois nous étions repérés, désignés du doigt, « étoilés » depuis toujours, il n'y avait pas de zone libre dans le sud de la Hongrie pour accueillir le tournage des *Enfants du paradis* ! Ce morceau de toile marqué de « l'étoile de David », je l'ai oublié dès 1945, année au cours de laquelle les Juifs ont pleuré leurs morts et raconté les circonstances miraculeuses de leur survie, la récupération ou la perte de leurs biens confiés à des gentils, où les gentils ont fait le récit des exactions commises par les troupes soviétiques, Kirghiz, Mongols et autres indigènes des steppes d'Asie centrale, qui se vengeaient sur la population civile des pertes subies dans les combats acharnés contre les Allemands. Ils étaient en territoire conquis, en Hongrie, la fidèle alliée de Hitler !

J'ai sous les yeux la photo en noir et blanc de la porte d'entrée du n° 10 de la rue Fejér György. C'est en rédigeant ces quelques lignes que je visualise l'étoile jaune aux dimensions réglementaires, dessinée sur un carton apposé sur le vantail fixe du portail. Qui l'a enlevé ? Je ne sais pas. L'un des premiers décrets du gouvernement provisoire formé à Debrecen, composé de communistes débarqués de Moscou et de leurs futures proies – des sociaux-démocrates, des représentants du Parti des petits propriétaires paysans –, fut l'abolition des lois antisémites. J'ai lu ce texte dans je ne sais quel journal de 1945. C'était dans la nature des choses. Mais les efforts des constitutionnalistes hongrois pour établir une continuité juridique entre la dictature communiste d'avant la chute du mur de Berlin et le nouvel ordre politique qui en est issu me semblent une abomination sans nom.

Le retour chez moi ou le désarroi d'un adolescent

La porte d'entrée du n° 10 de la rue Fejér György m'est désormais ouverte. Je la franchis – je porte mon cartable à bretelles, j'ai une dizaine d'années –, je monte les quelques marches du rez-de-chaussée surélevé – prévoir un abri antiaérien était obligatoire au moment de sa construction –, j'entre dans l'ascenseur, j'enfonce la touche avec mon pouce, je sonne à la porte du second étage, j'emprunte le couloir à gauche et j'entre dans ma chambre. Mais qu'il est difficile de franchir le miroir terni qui occulte le passé, à la manière d'un personnage de Cocteau ! J'essaie de saisir les causes de ma tristesse et de mon accablement, et je ne parviens à décrire que mon désarroi à l'approche de l'adolescence. Le nouvel appartement m'inspirait des terreurs enfantines. Mes parents rentraient la nuit, j'imaginais que des cambrioleurs s'introduisaient dans la maison. Je me cachais sous les couvertures en espérant qu'ils ne me découvriraient pas. Je me plongeais dans la lecture de *Grands Cœurs* d'Edmondo De Amicis (*Cuore*, 1886), un recueil de nouvelles ayant pour sujet les actes d'héroïsme accomplis par des enfants, célèbre en Europe centrale. Je me souviens du jeune Ferruccio qui protège de son corps sa grand-mère que le vagabond Vito Mozzoni est sur le point d'assassiner. Frappé dans le dos, il expire. Avais-je peur pour ma propre mère ? Me serais-je hasardé à identifier l'impitoyable Mozzoni à mon père, aurais-je deviné sa maladie latente, qui représentait une menace pour nous tous ? Je ne me souviens que de l'effet hypnotique, paralysant de terreur, abolissant la conscience du réel de ma lecture de De Amicis. C'est à ce livre que j'associe également le souvenir d'un film américain que j'ai dû voir avant la guerre. L'action se déroulait sur une scène de théâtre : un traître au sourire sardonique poussait vers une scie circulaire un garçon ligoté sur un tronc. J'étais cet enfant et je projetais sur lui ma hantise d'être *partagé*. Entre mes deux parents peut-être. Ma mère occupait le lit de la rue Aréna, et elle avait fait fabriquer un large canapé à l'intention de mon père. Les draps et couvertures se trouvaient dans un tiroir, sous les matelas, et le rituel quotidien pour « dresser le lit » indiquait l'approche de la soirée. Un matin, je rencontre mon père dans le dressing-room : il m'interdit de réveiller ma mère que je ne puis m'empêcher d'embrasser. Un moment après, fou de colère, il me gifle de toutes ses forces. J'ai encaissé les coups car je croyais deviner qu'il désirait ménager ma mère après une nuit de retrouvailles ou de dispute. Ma mère ne prit pas ouvertement mon parti, mais je la sentis désolée de l'incident.

Je devais avoir des problèmes de concentration et de mémoire, car je fus un élève médiocre, incapable de résoudre un problème d'algèbre, de retenir les cinq déclinaisons latines ou de résumer d'une manière cohérente un texte hongrois. Le bilinguisme germano-magyar, qui marqua de son sceau mes quatre premières années, perturbait la manière de parler et d'écrire du préadolescent petit-juif-né-catholique-fréquentant-un-lycée-de-prêtres. Je ne parvenais pas à comprendre ma propre situation au sein de ma famille en crise, à définir mon statut, à raconter ma propre histoire, et je n'étais pas en mesure de dire, d'analyser et de reconstituer la structure interne des récits élaborés par d'autres. Je bégayais, les voyelles en début de mot bloquaient mon larynx ou collaient ma langue contre mon palais. Le système de délation inventé par mon professeur principal me glaçait de terreur. Un jour, j'admirais un train électrique dans une vitrine. Fasciné par le mouvement de la locomotive qui tractait des voitures miniaturisées, captivé par la disparition du convoi dans les tunnels et sa réapparition sur les viaducs, j'interpellai l'un de mes camarades alors que, pour une faute vénielle qu'il avait commise, le prêtre nous avait interdit de lui adresser la parole. Je fus dénoncé et dus m'humilier en demandant pardon, comme si j'étais incontinent : « Je me suis oublié, mon père… » Sa libido insatisfaite, la colère rentrée, une constitution sanguine de gros mangeur l'avaient rendu sadique ; avec son index et son médius charnus et recourbés, il pinçait les joues, tirait les oreilles et les cheveux (de préférence les pattes naissantes plus sensibles de chaque côté du visage), vidait méchamment les cartables par terre. Maniaque de la propreté, il nous inculquait la peur des bactéries omniprésentes, nous incitait à nous laver les mains aussi souvent que possible, inspectait nos oreilles et tapait sans merci, à l'aide d'une règle souple, sur les ongles endeuillés. Des semaines entières, j'ai dû ouvrir les portes en me servant de mes coudes. Ses blagues antisémites étaient dénuées de charité chrétienne et alimentaient la haine raciale qui sommeillait dans la plupart de ses élèves. Ses propos me choquaient profondément. « Savez-vous comment, dans mon village natal, en Transylvanie, on punissait le chien désobéissant ? On coupait un bout de sa queue avec une hachette, on l'enduisait de paprika, puis on le laissait courir, fou de douleur… » Tel était ce pervers, orgueilleux et mégalomane, qui a fini ses jours dans une chaise roulante, les jambes amputées. Est-ce que je lui en veux encore ? Peut-être. Oui. Certainement.

Mes aptitudes à la gymnastique étaient catastrophiques et la mensuration de mes biceps nulle. Dans les années 1940-1942, le professeur d'éducation physique m'apparaissait redoutable : il nous faisait courir au rythme de sa claquette comme des prisonniers dans leur préau. Après la guerre, je l'ai découvert sensible, désabusé, indulgent et bon. Un souffle au cœur – soigné par un alitement de six semaines – fut un bon prétexte pour me faire exempter de grimper à une corde serrée d'une manière indécente entre les cuisses ; de toute manière, j'étais incapable de me hisser sur un agrès quelconque, de marcher sur une poutre ou de me suspendre aux anneaux du portique. Je fus naturellement exclu de la communauté des jeunes qui, à partir de 1943, une fois par semaine, durent participer à une préparation paramilitaire. Ce jour-là, les lycéens d'origine juive étaient regroupés dans un établissement secondaire du centre-ville : les catholiques – les baptisés à la naissance ainsi que les convertis – portaient un brassard blanc, tandis que les israélites demeurés fidèles à la religion des aïeux devaient arborer une bande d'étoffe jaune. Interdits de tramway, nous défilions jusqu'à un terrain d'exercices proche du Bois-de-Ville, où nous attendait un lieutenant de l'armée. Ce militaire, grand seigneur dans l'âme, nous accueillait avec une feinte sévérité. Il faisait s'aligner notre troupe intimidée, nous incitait à jouer à saute-mouton, et au bout de deux heures d'exercices nous renvoyait chez nous. Il y avait une certaine compassion chez cet officier de carrière qui faisait cruellement défaut aux prêtres piaristes, mes professeurs. Je devenais mystique, je cherchais refuge dans une religion sentimentale, et j'implorais à genoux, chaque soir, la miséricorde divine. Fétichiste, j'essayais de me protéger contre le mauvais sort en cachant dans ma poche un crucifix en fil d'argent tressé que j'avais acheté à la Foire internationale et que j'ai gardé très longtemps.

Mon orthographe était déplorable ; mon père me faisait copier cinq lignes de texte hongrois par jour. Je détestais ce pensum, le sabotais sans scrupule et à la fin des vacances « égarais » le cahier d'exercices. Il finit par m'imposer Ákos, l'ami de sa secrétaire Isa, sa maîtresse probablement. Durant sa maladie, elle lui rendit visite de temps à autre, sous prétexte de documents à signer. Ákos était un grand bonhomme maigre, pauvre, d'aspect redoutable. Il entendait se venger contre moi de sa situation de fiancé bafoué, obligé d'accepter le droit de cuissage du seigneur au déclin de sa puissance, le prix à payer pour un futur mariage honorablement doté. Ákos suivait les préceptes des pédagogues sadiques de la vieille école : il m'a fait recopier des centaines de fois les déclinaisons et conjugaisons latines, des proverbes hongrois, des adages de sagesse et des promesses de bonne conduite. Ma mère, impuissante, écoutait mes plaintes, mes injures à l'égard du répétiteur vengeur, inhumain et intelligent. Il n'avait pas grand mérite à crever les bulles de mes mensonges. Malgré mes efforts, ma mémoire me trahissait ; un professeur de géographie, acharné et astucieux, réussit à me confondre à chacune de ses leçons, trois semaines de suite : je prétendis qu'il avait sanctionné mon ignorance de trois zéros au cours d'une seule séance. Je pouvais duper ma mère, mais non Ákos. Il redoublait de méchanceté, et mon exaspération augmentait de jour en jour : « Pour tout l'or du monde je ne serais prêt à vous épouser ! » lui lançai-je un jour. Il resta impassible. Mon intuition était manifestement à l'œuvre et s'exprimait au travers de ma remarque soigneusement préparée, insolente et blessante. Une fois marié à son Isa, certainement demeurée fidèle à mon père, Ákos disparut de ma vie.

Pendant l'année scolaire, ma mère faisait venir des dames de compagnie d'origines très diverses pour consolider nos connaissances des langues étrangères, prétendait-elle. En réalité, la malheureuse n'avait plus un moment à nous consacrer.

Tountoulou

Elle avait engagé Tountoulou, une dame de compagnie autrichienne, tout-ce-qu'il-y-a-de-bonne-famille-viennoise, mariée à Hans, un ancien beau garçon séducteur et boursicoteur, issu d'une famille juive non moins bonne et honorable. Le couple s'était *réfugié* à Budapest en 1938, après l'Anschluss. L'inconscience, le manque d'imagination et l'imprévoyance des Juifs d'Europe centrale durant les années qui précédèrent l'Holocauste me semblent aujourd'hui incroyables.

Ces bourgeois viennois qui élevaient sagement leurs enfants en leur faisant écouter un acte de *Tristan* une fois par an étaient aussi des gens insouciants : notre gouvernante nous racontait comment ils montaient dans le tram, achetaient leurs billets, les déchiraient, feignaient de prendre au sérieux la mise en garde du contrôleur, les rachetaient, les jetaient, les payaient de nouveau, jusqu'à leur arrivée. C'était absurde et scandaleux, mais cela les faisait rire, surtout quand le contrôleur, pourtant rabaissé au rang de personnage d'opérette, entrait dans le jeu. Tountoulou nous garda, nous régenta et nous amusa, en allemand bien entendu, entre 1940 et 1943. Elle essaya de me donner des cours d'allemand, sans grand succès. Elle utilisait une histoire de la littérature allemande démodée, car elle manquait de dons pédagogiques. En revanche, grande lectrice de romans policiers, elle racontait admirablement des histoires criminelles qui nous fascinaient, ma sœur et moi. Elle fumait beaucoup, possédait un porte-cigarettes qui contenait une « Symphonia » pour filtrer la nicotine. J'aimais beaucoup sa fermeté, son intelligence ironique et exigeante. Son mari ne faisait pas grand-chose. Il trafiquait au marché noir et nous procurait des œufs frais qu'il transportait dans un sac en papier sur la plate-forme d'un tram. Distrait, il posait son chargement sur sa canne au bec en ivoire sculpté. Secoués par le véhicule, les œufs transportés en secret – alors qu'on les distribuait normalement sur ticket de rationnement – dégoulinaient ; l'incident le faisait rire, à Budapest, comme le faisait rire la farce des billets déchirés, à Vienne.

Ils m'ont accueilli sans façon et sans surcroît de consolation le jour même ou le lendemain de la mort de mon père. Épuisé, je me suis écroulé sur leur divan. Et je garde un bon souvenir de ce profond sommeil. Je ne les ai pas revus lors de l'occupation allemande de Budapest. Ils formaient un couple « aryen à demi », selon l'expression consacrée. Juridiquement, Tountoulou protégeait Hans, dispensé du port de l'étoile jaune. Ils passèrent les dernières semaines du siège de Budapest à l'abri du n° 13 du boulevard Saint-Étienne, à la limite de la « ville nouvelle Léopold », quartier réputé des « Juifs parvenus » où mon père avait fait construire un de ses immeubles. Dans le courant de l'hiver 1944-1945, Hans fut atteint d'un cancer aux poumons. Ses accès de toux exaspéraient les locataires entassés dans l'abri de l'immeuble. Après la Libération – repris par son démon de l'agiotage –, il était entré en contact avec des marchands de devises clandestins poursuivis par la police du régime communiste. L'état de l'oncle Hans s'aggrava et Tountoulou devint la garde-malade de son mari, qu'elle m'interdit de revoir. Il est mort misérablement. Un jour, Tountoulou eut avec ma mère un entretien mystérieux. J'en appris la teneur bien des années plus tard. Éva, l'une de ses élèves de quinze ans, était enceinte des œuvres d'un sympathique jeune homme que j'avais dû croiser. Elle *devait* se faire avorter, ce qui était strictement interdit et sévèrement puni. Tountoulou suppliait ma mère de financer l'opération en lui donnant un napoléon, ce qui correspondait aux honoraires réclamés par la faiseuse d'anges. Ma mère, pourtant fort démunie, répondit à sa demande.

C'est à cette époque que je découvris une lettre d'amour naïve et touchante adressée à ma mère par le libraire-éditeur qui l'avait engagée. C'était un gros bonhomme sincère, affligé d'une épouse qui avait été le professeur de ma mère à l'époque où elle fréquentait l'un des lycées de Budapest. « J'ai cru que le moment était arrivé où tu m'accorderais une faveur » : quelques propos de ce genre constituaient l'essentiel de la missive. En bon fils œdipien, je fus secoué de fureur et de jalousie, et ne savais à quel saint me vouer. Je me précipitai chez Tountoulou qui m'écouta sans broncher et dont la question posée sur un ton calme retentit encore à mes oreilles : « Voudrais-tu que ta mère couchât avec le concierge ? » Je devais être ahuri, mais rassuré, car le reste de l'entretien échappe à mon souvenir. Les projecteurs n'éclairent plus la scène. Pourtant, ils se rallument une dernière fois sur Tountoulou.

Demeurée seule, Tountoulou vécut dans des conditions très difficiles. Son séjour à Budapest n'avait plus aucun sens, aucune justification. Elle se rendit à Vienne pour voir son frère. Comment l'a-t-il accueillie, dans cette ville occupée par les Alliés, divisée en secteurs, et où pesait lourdement la présence russe ? Je ne saurais le dire. Elle est revenue à Budapest, dégoûtée de son pays, découragée, abattue. Nous aurions dû nous rendre compte de sa dépression. Nous connaissions sa misère et nous ne l'avons pas aidée. Elle a d'abord vendu les vêtements de Hans, puis ses objets personnels, toutes ses hardes, jusqu'aux embauchoirs qui ne servaient plus. Oui, elle m'invita une fois encore à déjeuner ; en mangeant dans cette pièce vide du poulet acheté avec ses derniers forints, un étrange pressentiment me saisit que fort égoïstement je ne formulai pas... Tountoulou s'est suicidée sur la tombe de son mari après avoir avalé des barbituriques soigneusement mis de côté. C'est Éva qui nous annonça la nouvelle, et c'est sa mère qui s'occupa de l'enterrement.

Fernande

Je ne sais plus dans quelles circonstances ma mère avait engagé Fernande, plus disponible que Tountoulou, qui pouvait nous accompagner pendant les vacances dans les environs de Budapest ou près du lac Balaton. Selon ses dires, Fernande avait été la gouvernante d'un prince russe qui, sur le point d'être emmené par les bolcheviques, avait demandé à ses meilleurs amis de signer la manchette empesée de sa chemise. Je crois qu'il l'avait ramassée à Paris et emmenée en Russie. Elle avait une cinquantaine d'années au moment où nous fîmes sa connaissance. Elle m'évoque les figures peintes par Toulouse-Lautrec. Je m'aperçus très rapidement qu'elle ne connaissait pas l'orthographe française. D'après ma sœur – stupéfaite d'apprendre qu'à Paris on mangeait du pain avec du chocolat –, elle faisait pipi dans le lavabo, ce qui était certainement vrai, mais personne ne voulait la croire. Fernande, qui nous chérissait sincèrement, habitait chez des gens d'extrême droite, mais elle nous apportait des brioches tressées – cuites par sa famille d'accueil – à l'époque où notre maison portait l'étoile jaune.

Après la Libération, Fernande se réinstalla chez nous ; malade, enflée probablement par l'urémie, elle dévorait en cachette des pots de confiture religieusement gardés dans la crédence. Nous l'avons fait soigner, inquiets néanmoins de son avenir et du nôtre. Heureusement, la famille d'extrême droite, qui était partie fin 1944 pour l'Allemagne de peur des représailles contre les anciens collaborateurs, revint à Budapest et reprit Fernande. Je l'ai revue en 1957 ou 1958 à Paris, à la bibliothèque de l'Alliance française ; elle arborait la même coiffure à étages, surmontée du même bibi que naguère. Par une bêtise incompréhensible, j'ai gardé une attitude réservée à son égard, empêtré que j'étais dans mes problèmes matériels. Ou bien avais-je l'impression que cette messagère surgie du passé me rattrapait pour me rappeler des temps aussi tristes que douloureux ? Je souhaitais rompre avec la Hongrie, devenir français, perdre mon accent (j'allai voir M. Simon, du célèbre cours Simon, boulevard des Invalides, qui, satisfait de ma lecture d'un fragment difficile des *Mémoires* de Saint-Simon, me dit que je ne devais cependant pas me faire d'illusions à ce sujet), recommencer une nouvelle vie. Le souvenir de Fernande m'émeut aujourd'hui ; j'aurais envie d'embrasser son visage carré, flasque et outrageusement poudré de vieille pute.

Ma mère nous éloignait de la maison pendant les vacances. Affecté par la maladie de mon père, la pensée de son décès éventuel ne m'effleurait pourtant pas l'esprit. Je m'ennuyais à longueur d'année. Je végétais entre deux sorties au cinéma et cette période fut ponctuée par des soins dentaires redoutés. Nos parents venaient nous chercher à la gare. Au retour d'un séjour près du lac Balaton, mon père conduisait et roulait vite ; j'eus peur et l'exprimai à voix haute. Un mot de ma mère me fit taire. Elle pouvait compter sur ma complicité et sur ma compréhension à l'égard de mon père, diminué, affaibli et taciturne. La maturation m'entraînait dans la dépression. Mon inculture littéraire était compensée par mon goût pour la musique, seule passion qui m'exaltât et me remplît de joie.

À partir de dix ou douze ans, je lisais régulièrement le quotidien du soir, le *Journal de 8 heures* « 8 órai Ujság ». Je me souviens d'un article paru en 1942 ou 1943, consacré à un neurochirurgien, le professeur Olivecrona de Stockholm – dont parle Frigyes Karinthy dans son *Voyage autour de mon crâne* – en visite à Budapest. Contre une rémunération fort substantielle, il devait opérer le fils d'une grande famille juive atteint d'une tumeur au cerveau ; dans le même temps, et gratuitement cette fois-ci, il pratiquerait une intervention similaire sur le rejeton d'une famille protestante démunie de la petite noblesse transylvaine. Aucun des deux malades ne fut sauvé. Le journal rendit compte de l'inhumation du petit israélite. Les parents le firent enterrer avec son accordéon. Je ne crois pas que l'idée d'une possible opération de mon père m'ait traversé l'esprit. Sa mort demeure mystérieuse ; « allez savoir » la cause réelle de son décès sans document, témoignage ou trace de diagnostic. Elle me parut brutale, inattendue, stupéfiante – un coup de massue, un scandale et non pas la fin logique d'un processus de dégradation. Notre chagrin, notre stupeur, notre inévitable soulagement, nos sentiments contradictoires furent pour ainsi dire balayés par les événements, l'envahissement du pays par les Allemands et la promulgation des premières lois antisémites.

Pendant les heures fécondes de la matinée, j'avance dans mon travail de remémoration. Je ne me sens plus étranger à l'immeuble du n° 10 de la rue Fejér György, je ne m'étonne plus en reprenant la photo noir et blanc, témoin à la fois de ma visite récente et d'un passé lointain. D'ici, je me vois chez moi et revis mon existence tourmentée pendant les années 1944 et 1945. Je franchis sans encombre la porte d'entrée et je monte les marches de l'escalier. Jour après jour, je régresse vers l'adolescent que je fus il y a plus d'un demi-siècle.

Chapitre VI

La mort de mon père

Le 11 janvier 1944, je me retrouve rue Szerb, et je passe devant la librairie du sieur Püski qui, de soutien d'écrivains populistes, est devenu l'éditeur d'auteurs fascistes. Je tourne à gauche et m'engage dans la rue Fejér György. Devant la porte du n° 10, protégée par des barres de fer peintes en vert – mais endeuillées sur mes photos dépourvues de couleurs –, je suis l'adolescent qui rentre du lycée.

Je monte au premier étage pour rejoindre l'appartement de mes grands-parents où la famille avait l'habitude de se réunir avant le déjeuner. Depuis la mort de grand-mère, mon grand-père vit seul, berné par Pötye, sa belle-fille, l'épouse aryenne de son fils cadet, qui veille à son bien-être. Elle avait des amis louches, un baron désargenté et son épouse, qui ressemblaient à des personnages de roman de gare. Ils entraînaient mon oncle dans des jeux de cartes ruineux.

La porte d'entrée, identique à toutes celles de l'immeuble, était en bois plein (utilisait-on du contreplaqué à l'époque ?), percée de trois fentes encadrées de bordures nickelées. À l'intérieur se trouvait une vitre obscurcie par un voilage plissé qui protégeait le foyer bourgeois de tout regard indiscret. On ne laissait pas entrer le facteur : il nous remettait les lettres recommandées par cette ouverture, et glissait le courrier habituel dans la fente de la porte.

Je sonne…

C'est Mizi qui ouvre. « Mon petit Frédy, un grand malheur est arrivé, montez vite chez vous. » Mizi n'est pas une figure d'une nouvelle de Zweig ; elle rappellerait plutôt un personnage de Schnitzler. Femme de chambre chez mes grands-parents, un jour elle s'était fait remarquer en intervenant au cours d'un repas, dans une conversation générale, pour préciser la date de la célèbre bataille de Mohács, perdue par les Hongrois contre les Turcs au XVIe siècle. Cela ne s'était jamais vu, le personnel devant se tenir coi en servant les plats, pendant que les maîtres se restauraient.

L'idée de la mort de mon père ne m'a pas traversé l'esprit. J'apprivoisais au jour le jour ma tristesse de voir cet homme actif, entreprenant et sportif se dégrader, végéter, devenir une espèce d'algue, conscient néanmoins de son affaiblissement. Le mal n'avait cessé de faire des progrès, les thérapies pour le sortir de sa léthargie devenaient de plus en plus violentes.

C'est l'infirmière, engagée pendant les dernières semaines de la maladie – l'entourage avait-il peur que mon père n'attentât à ses jours ? – qui, bouleversée, m'ouvre et me conduit vers ma chambre où je ne m'étais jamais senti à l'aise. J'y trouve ma mère, le docteur Klauber, mon grand-père et ma sœur de dix ans. Ma mère m'annonce : « Papou est mort. » « De quoi allons-nous vivre ? » Telle fut la question inattendue et qui me paraît encore stupéfiante que je posai à l'annonce du décès de mon père, jadis aimé pour sa force, détesté par la suite à cause de sa faiblesse que je devais tolérer, comprendre et lui pardonner. L'image traditionnelle du père faisant vivre sa famille grâce à son traitement, ce cliché de la normalité, m'est-elle apparue sous l'effet du choc ? L'humiliation du directeur des Moulins du Roi, qu'on avait mis à la porte sans ménagement, à la fois à cause de sa maladie et de ses origines juives, avait dû profondément m'affecter, je m'en rends compte aujourd'hui. Ma mère n'en fut pas indignée. Avec une étonnante présence d'esprit et la dignité qui était la sienne, elle répondit : « L'essentiel, c'est de respecter sa mémoire et de suivre l'exemple qu'il nous a donné. » Pauvre petite veuve de trente-sept ans, tu pourrais être ma fille ! Je demeure le témoin de ton courage, même si c'est le soulagement que procure la fin d'un long cauchemar qui te dictait ces paroles étonnantes. Je restai calme et n'eus pas besoin du tranquillisant que le docteur Klauber m'avait glissé dans la main. « N'y avait-il rien à faire pour le sauver ? » demandai-je. Ému, il m'assura que le cas était désespéré et qu'il s'agissait probablement d'une tumeur au cerveau. Ou est-ce moi qui suggérai ce diagnostic sous la forme d'une interrogation ? L'infirmière qui avait passé la nuit dans la chambre de mon père se lamentait : « Hier soir il était encore en vie… » À quelle heure intervint le décès ? Qui s'en rendit compte ? J'étais rentré vers treize heures trente. Quand le médecin légiste était-il passé ?

Je n'avais jamais envisagé l'hypothèse du suicide, jusqu'au jour où, en 1982, György Ferdinándy m'envoya son livre écrit en hongrois, *Cimetière de mammouths – Magyars aux tropiques*. Après avoir publié quelques recueils de nouvelles en France, il avait prolongé son itinéraire d'émigré jusqu'à Porto Rico où il avait enseigné le français. La retraite venue, il traversa une grave crise, selon son propre aveu ; il avait pris en grippe ses états d'âme d'écrivain émigré ayant perdu tout contact avec sa langue maternelle et son pays natal. Il avait décidé de devenir « sociographe », de recueillir les confidences des gens à la dérive qu'il côtoyait. C'est dans ces circonstances qu'il avait recueilli celles de tante Juliska, une ancienne cuisinière des bonnes maisons bourgeoises de Budapest, qui avait rejoint sa fille émigrée à Porto Rico. Sous les tropiques, cette femme du peuple, qui avait vécu toutes les catastrophes de l'Europe centrale pendant sa jeunesse et au cours de sa vieillesse, ratissait désormais la terre autour des palmiers, arrosait les immenses fougères d'un vert haineux du jardin de sa fille, et profitait de la fraîcheur illusoire produite par le ventilateur à hélice pour raconter sa vie. Ainsi parla tante Julie : « Je me suis fait engager, rue Aréna n° 100, près du Ramoneur – un restaurant populaire de troisième catégorie –, par un propriétaire de moulin. Il y avait là une nurse, une femme de chambre, et je suis devenue la cuisinière. Le propriétaire de moulin Lorant – je m'efforce de respecter le style et la phrase de tante Juliska –, c'était un homme riche. » Elle fait la connaissance de son futur mari qui, d'après les racontars, vivait en concubinage avec une jeune femme. Puis, elle reprend un récit qui me concerne de près : « Je suis restée à peu près une année et demie chez le propriétaire du Moulin du Roi. Ces gens étaient fort distingués, ils parlaient le français et possédaient des terres qu'avait apportées l'épouse. Elle était, n'est-ce pas surprenant ? d'une grande simplicité. Éduquée en Suisse, elle devait avoir appris à faire le ménage et à préparer les repas. Ses plats froids étaient de vraies merveilles. »

La cuisinière nous connaissait bien. « Ils ont fait venir une nurse allemande de Kaflenberg, car un petit garçon, Frédy, est venu au monde. C'était un enfant beau, gros, vif, mais il a appris très tardivement à parler. Quand ? Je ne peux pas le dire. De toute manière, ces Juifs ne savaient pas prononcer la lettre "r". Puis, s'est installé le monde nazi, et l'estimé M. Lorant s'est suicidé à cause des lois antisémites. On m'a congédiée ; seule la femme de chambre de Nyék et la nurse allemande sont restées à leur service. »

Le temps se contracte, les événements se confondent dans l'esprit de cette cuisinière hongroise, esseulée, accablée de vieillesse, mal aimée par sa fille et dépaysée à Porto Rico. Manifestement, elle resta chez nous une quinzaine de mois, entre 1930 et 1931. Je me reconnais parfaitement dans ce Frédy, diminutif d'Alfréd, le prénom de mon grand-père maternel : né le 13 juin 1930, bien en chair, joufflu et souriant, d'après les photos de notre album miraculeusement sauvé. La nurse, Teta, s'est mariée en 1940. Certes, des dispositions antisémites entrèrent en vigueur dès cette année et les autorités hongroises constituèrent la liste des Juifs à déporter dans des camps de travail, mais la phase de la « solution finale » ne débuta qu'en mars 1944, date de l'entrée des troupes allemandes en Hongrie. Une amygdalite aiguë et surtout une mystérieuse affection de l'appareil génito-urinaire furent, en 1940, les signes avant-coureurs de la dépression de mon père. Son état s'aggrava d'année en année. Je me rappelle les espèces de croque-morts qui transportaient un immense générateur noir servant à produire du courant pour les électrochocs. « Ses moindres articulations se mettaient à trembler... » soupira un jour l'infirmière qui assistait à ces séances de torture. Est-il arrivé à rassembler ses dernières forces, à se révolter contre le pouvoir médical et son terrible affaiblissement ? A-t-il retrouvé assez de lucidité pour mesurer le caractère inéluctable de sa maladie, et d'énergie pour mettre fin à ses jours en avalant un flacon de barbituriques ? D'après des propos qui me sont parvenus, il se croyait seul dans l'appartement et aurait téléphoné à sa dernière maîtresse pour lui dire adieu. Mais, d'après Pali, son meilleur ami, émigré à Vienne en 1956, il n'aurait pas eu assez de force pour attenter à sa vie.

Je m'entends dire à ma sœur : « Tu ne vas pas pleurer ? » D'ailleurs, personne ne se laisse aller. Mon grand-père entre dans la chambre mortuaire de son fils, et mon oncle Gyuri me demande si je veux revoir mon père. J'ai refusé de pénétrer dans cette pièce sombre, j'avais peur de la mort et du mort. Gyuri m'a gentiment forcé à l'accompagner au bureau des pompes funèbres, qui, conformément aux usages, était drapé de velours noir. Cette visite n'avait pas pour objet de fixer les modalités et le prix de l'enterrement, et elle ne dura que peu de temps. Tandis que Gyuri lisait *Magyar Nemzet*, « Nation hongroise » – un journal qui garda toujours une certaine indépendance vis-à-vis des régimes successifs –, j'aperçus la double annonce du décès de mon père, insérée par la famille et par la direction des Grands Moulins qui l'avait mis à la porte. Il se rendit compte que je détournais le regard, comme si ces lignes m'étaient interdites. Devant ma crainte d'affronter la réalité, il me tendit le journal : « Lis, cela te concerne. »

L'enterrement cristallisait mon angoisse. Connaissant ma nature névrosée et souhaitant ménager la sensibilité de ma sœur, ma mère nous éloigna. La mise en bière me hantait moins que le bruit du marteau enfonçant les clous dans le couvercle du cercueil. Ma sœur fut accueillie par la famille du Dr Hamburger, le chirurgien du Sanatorium du Parc. (Édith vient de me confier, alors que plus d'un demi-siècle s'est écoulé depuis cet événement, qu'elle était jalouse de sa copine Klárika quand elle grimpait sur les genoux de son père.) Pour ma part, je fus hébergé par les meilleurs amis de mes parents, Pali et Médy, dans leur luxueuse villa située sur l'une des collines face au Château de Buda. Pali désirait m'occuper, mais n'avait pas l'intention de me détourner de mes idées fixes. Pendant que nous agrandissions des photos dans son laboratoire, il m'interrogea sur ce qui me préoccupait, ce dont j'avais peur exactement. J'étais obsédé par la descente du cercueil et par les attitudes, qui m'apparaissaient indécentes, des fossoyeurs qui enroulaient autour de leurs jambes la sangle passée au-dessous du cercueil pour amortir le choc. J'ai toujours été – et je le reste – un inguérissable producteur de fantasmes. J'avais l'impression (ou s'agit-il d'images apparues par la suite ?) que ces croque-morts aux jambes écartées déféquaient dans le tombeau, pissaient sur le disparu, étaient en érection et éructaient sans pudeur. La terre grouillait de vers prêts à dévorer morts et vivants. Des serpents me menaçaient et, paralysé, je ne pouvais prendre la fuite. Pali tâchait de m'apaiser, sans essayer de me convaincre de la vanité de ma peur.

Rentré à la maison, je fus rassuré. La dépouille de mon père – le pater familias n'avait-il pas véritablement été absent durant ces dernières années ? – n'était plus là. Nous nous apprêtions à partir. Ma mère était voilée de noir. J'entends encore les propos maladroits mais pleins de tact de notre Teréz : « N'avez-vous pas oublié votre mouchoir ? Il fait un de ces vents là-bas... » Le taxi nous amena vite, trop vite, au cimetière Kerepesi où nous attendait un corbillard de luxe, un carrosse aux vitres dépolies, tiré par des chevaux drapés de noir, à l'ancienne mode. Le maître de cérémonie nous invita à suivre le char funèbre jusqu'à la tombe. (Je me rappelle la poursuite tragi-comique dans laquelle je dus m'engager, entre la Salpêtrière et le cimetière de Bagneux, lors de l'enterrement de ma mère en 1975. Le corbillard, une camionnette Renault, fonçait à toute vitesse pour se débarrasser au plus vite de son chargement. C'est seulement à l'entrée du cimetière que le chauffeur, une espèce de Lucky Luke habillé de noir, afficha un masque de circonstance.) Le cercueil de mon père fut descendu (me suis-je assez approché pour apercevoir le fond du trou ?), tandis que quatre chantres à la voix creuse payés pour dire le Requiem psalmodiaient leur prière. Je ne saisis pas le moindre lambeau de discours, je ne vois passer aucun religieux pour bénir le cercueil et réconforter la veuve et les membres de la famille. Le trou béant, concédé à perpétuité, fut comblé en quelques secondes par les fossoyeurs empressés, qui attendaient le pourboire somptueux que je devais leur remettre selon les injonctions de ma mère. La tombe – le monticule était de rigueur et faisait partie du paysage des cimetières d'Europe centrale – fut rapidement érigée et recouverte de nombreuses couronnes à la grande satisfaction de l'assistance.

Ma sœur n'assista pas à l'enterrement. Les jours suivants furent consacrés à recevoir des visites de condoléances. Au bout d'une semaine, je repris le chemin du lycée, portant, selon l'usage, un brassard noir. Sous prétexte de deuil et de douleur, je me suis soustrait à mes obligations, j'ai saboté mes devoirs et refusé de me laisser interroger en classe. Ai-je profité de la situation ? J'en suis convaincu et j'en étais conscient à l'époque. Ma mère devait répondre à de nombreuses lettres de sympathie et je l'assistai dans cette tâche en inscrivant l'adresse des destinataires sur les enveloppes. Les bienséances étaient codifiées dans cette société bourgeoise, et le nom de la personne devait être précédé de son titre, déterminant ainsi son appartenance sociale, voire sa profession. Pour Károly Herzka, un cousin de la famille, j'hésitai entre « très estimé » et « très honoré » et demandai conseil à ma mère. Curieusement, elle perdit sa patience habituelle et s'indigna avec une violence qui ne lui était pas coutumière : « Comment Károly Herzka serait-il "très honoré", lui, un fourreur ? » Son reproche me blessa profondément, et je me mis à sangloter pour la première fois depuis le décès de mon père : « Que c'est injuste et immérité ! », me suis-je répété des heures durant, assis près du bureau de mon père, toujours impeccablement rangé. Je savais pourtant que je ne pouvais pas en vouloir à ma mère.

À quelle occasion ma mère m'a-t-elle confié que, quelques heures après la mort de mon père, elle avait passé de longs moments près de son lit et qu'elle lui avait « tout dit » ? Le ton de sa confidence m'a laissé entrevoir qu'elle avait dû lui parler de son amour, de ce qu'elle avait fait pour lui et de ce qu'il avait fait pour elle, du bien comme du mal. Ce bilan, ce procès intenté contre l'être à la fois aimé, soigné et détesté, ce monologue d'adieu, cette lamentation silencieuse tissée avec les souvenirs de leur entente et de leurs déchirements, me bouleverse encore. Je l'imagine assise près de la dépouille du mari, non pas secouée par des sanglots, des « pourquoi m'as-tu fait cela ? » hoquetants et vains, mais tranquille, audacieuse et apaisée. Cela dut être un ultime règlement de comptes, après lequel la moindre parole était vide de sens.

Ensuite, sa vie conjugale, la maladie et la mort du père devinrent des sujets « tabous ». Pourtant, une année à peine après son arrivée en France, elle nous demanda de lui projeter un film en 16 mm sauvé de la débâcle, où figurait toute la famille rassemblée dans un cadre idyllique à Abbazia, devenu Opatija, en Croatie. Ma sœur et moi, nous redoutions l'événement ; nous avions peur pour elle, comme pour nous, de cette confrontation avec un passé qui s'était aussi tristement désagrégé. La projection se déroula dans de bonnes conditions, à la satisfaction de ma mère, mais sans commentaire de sa part.

Avant son départ pour la France, elle avait fait recouvrir la tombe de mon père d'une épaisse dalle en granit. Comme si elle avait voulu enterrer ses années hongroises et les sceller pour toujours avec cette pierre grise qui me parut surdimensionnée lors de ma visite d'il y a quelques années. En 1989, ce fut une obligation filiale pour moi que de faire dégager cette sépulture de la broussaille qui la recouvrait dans la partie « historique » du cimetière Kerepesi, jouxtant celle des chefs du mouvement ouvrier hongrois. Quelle ironie du sort ! Les restes du directeur des Moulins du Roi reposent dans le voisinage immédiat de ceux qui croyaient lutter pour l'avenir radieux du prolétariat et qui furent le plus souvent sacrifiés, tués, pendus ou fusillés au nom de l'intérêt supérieur du communisme stalinien.

Je prends dans mes mains son étui à cigarettes en or qui a miraculeusement traversé les turbulences de l'Histoire : la guerre, les persécutions, la Libération, la grande braderie de nos objets précieux. J'appuie sur le bouton noir qui actionne le ressort. Le couvercle fin, rigide, poli à l'intérieur telle une glace, se soulève avec une lenteur élégante. L'étui est vide, désespérément vide ; il est trop petit pour les cigarettes d'aujourd'hui. Il avait été fabriqué pour les Khédive ou les Turmac à bout doré qu'il fumait de temps à autre. Je le referme, je caresse le couvercle, mon pouce sent les striures qui le décorent. Pourrait-on retrouver ses empreintes digitales ? Révéleraient-elles quelque chose de son caractère ou des replis sinueux de son cerveau malade ? Que dirait un radiesthésiste ? Serait-il sensible aux rayons qui en émanent ?

Cet homme, mon père, me manque cruellement : il est mort à quarante-quatre ans, j'en avais alors quatorze. Il serait aujourd'hui centenaire, ou pourrait être le fils que j'aurais eu à vingt-cinq ans. Je le déteste de m'avoir frappé avec sa ceinture en cuir pour je ne sais quelle bêtise, mais je n'arrive pas à lui en vouloir de ses infidélités à l'égard de ma mère qui l'adulait, le soignait et le faisait respecter des siens. Je lui donne la main, et avec quel plaisir je reprends le chemin du cinéma Royal

Apollon pour revoir *L'Étoile du pôle Nord*, un film anglais ou américain sur la Légion étrangère que je cherche dans toutes les cinémathèques du monde. Certes, il avait peu d'estime pour Mozart (qu'il jugeait « primitif »), lui préférant Gounod, le rire imbécile de Méphisto et la fausse rédemption de Marguerite. Néanmoins, les neuf symphonies de Beethoven que nous avons écoutées ensemble à l'Académie de musique se sont gravées dans ma mémoire. Je lui dois mon enthousiasme pour la musique : elle demeure ma passion, grevée de douleur, car je voulais devenir chef d'orchestre. J'affirme qu'il est resté « mon Roi », pareil à celui célébré par Henri Michaux, même si j'ai souhaité l'injurier, cédant à je ne sais quelle impulsion hamlétique :

Dans ma nuit, j'assiège mon Roi, je me lève
progressivement et je lui tords le cou.
Il reprend des forces, je reviens sur lui, et
lui tords le cou une fois de plus.
Je le secoue et le secoue comme un vieux prunier,
et sa couronne tremble sur sa tête.
Et pourtant, c'est mon Roi, je le sais et il le
sait, et c'est bien sûr que je suis à son service.

Chapitre VII

À l'ombre de l'étoile jaune

Nous avons eu l'immense chance de demeurer sur place dans notre propre maison, décorée de l'étoile jaune moins de trois mois après la mort de mon père. Imaginez l'affolement de ces familles qui devaient quitter leur foyer, partir avec le strict nécessaire et s'installer chez d'autres, à la manière de parents pauvres. Nous nous sommes retirés dans notre salon, ma mère, ma sœur, mon grand-père – complètement désemparé depuis la mort de son fils aîné – et moi. Rózsika, une intellectuelle ruinée, veuve ou divorcée, grande fumeuse, désœuvrée, s'installa dans la chambre de mon père, avec son fils Sanyi et sa mère, une petite vieille ratatinée qui ne cessait de maugréer et d'embêter les siens. C'est le frère de Rózsika qui les faisait vivre ; ce débrouillard, pendant les années de guerre, travaillait pour l'UFA, la compagnie cinématographique allemande ayant produit *Les Aventures fantastiques du baron de Münchhausen*, un film d'avant-garde en couleurs, qui n'arrive pas à faire oublier les abominables films de guerre nazis sortis de ses studios. Pista, son nom me revient à l'esprit au moment même où je l'écris, aimait les « diseuses » (terme hongrois pour « chanteuses ») de cabaret, et apparaissait le dimanche avec un plateau de petits-fours achetés à la pâtisserie Gerbeaud. Ce fils était encensé par la vieille sorcière qui accusait sa fille d'insensibilité et d'ingratitude. Rózsika s'attifait de quelques loques usées, en bohémienne et, cigarette aux lèvres, traînait et bavardait la journée entière. Elle m'attirait, car j'étais en révolte contre ma mère, contre l'ordre et la décence qui régnaient chez nous. Je constate avec stupéfaction que je ne parviens plus à cerner la personnalité de cette jeune veuve éprouvée. Je sais qu'en ce mois d'avril 1944, elle fait face sans un murmure à l'envahissement de son appartement par des étrangers, qu'elle assume la vie commune avec son beau-père. Elle incarne le type de ces êtres disciplinés à qui la « bonne éducation » interdit d'extérioriser un quelconque tourment intime. Je ne me souviens pas du moindre relâchement des muscles de son visage, de la moindre altération de son port droit et digne, d'un seul instant où, sous l'effet de l'angoisse ou du désespoir, son regard se serait égaré dans un monde inaccessible aux autres. Je ne devine pas ses états d'âme, je n'aperçois pas une seule larme aux coins de ses yeux. Cette opacité du souvenir, cette incapacité de *dire* ma mère en 1944, de pénétrer sa pensée, d'imaginer ses émotions me paraissent d'autant plus frustrantes qu'au début de l'année 1945 je me rends parfaitement compte de son accablement profond.

Dans la chambre de ma mère habitait Richard, un maître tailleur pour hommes, ancien propriétaire d'un grand atelier, souffrant d'une grave affection cardiaque et soigné par son épouse dévouée, une petite dame énergique, rondelette et peu amène. Il recevait régulièrement la visite d'un cardiologue, professeur réputé, aimable, rassurant et assez téméraire pour franchir la porte des réprouvés. Nous avons juste eu le droit de le saluer, car mari et femme voulaient le préserver du reste de l'humanité et le garder tout pour eux. Leur second visiteur était le père Nándor qui, opposé à l'idée de convertir et de baptiser les Juifs à la sauvette, leur donnait des leçons de catéchisme et les préparait spirituellement au grand jour. D'origine modeste, très modeste, un petit paysan sauvé de la misère et des ténèbres de l'ignorance par le séminaire, idéaliste aux énergies gonflées par l'abstinence, le père Nándor ne m'aimait guère. Il parlait volontiers de son petit frère qu'il battait régulièrement. Il s'en vantait pour me faire comprendre que quelques coups de verges m'auraient fait avancer sur le chemin de la perfection. Il me faisait lire son bréviaire, mais n'appréciait guère mes connaissances en latin. C'était incontestablement un prêtre courageux qui portait la soutane et franchissait la tête haute la porte d'entrée de notre infortunée maison. Du haut du balcon du quatrième étage, le fils Klein, la progéniture mal élevée d'une famille peu distinguée, cracha sur le visiteur. Il ne supportait pas l'entrée de cette soutane noire dans la maison blottie derrière l'étoile jaune... Son geste révolta nos israélites bien-pensants. Il a heureusement survécu à la Shoah. Mon aîné de quelques années, il avait une petite amie à la Libération. Il se vanta de lui avoir acheté une bague en or sertie d'un petit diamant. Cela revenait moins cher, estimait-il, que de payer des putes. Tel était Péter Klein, le révolté hédoniste et cynique. Que Dieu lui pardonne ses péchés et l'accueille dans le sein d'Abraham.

Mes professeurs de lycée, les miséricordieux piaristes, m'avaient complètement oublié – c'était plus commode pour eux –, et mes camarades de classe, issus de la petite bourgeoisie collaboratrice, qui avaient tout à perdre avec l'arrivée des Russes, m'avaient laissé tomber. Sans m'exécrer nécessairement, ils avaient honte de moi, et leur réaction, ou plutôt leur manque de compassion ne m'étonnait guère. Mon ancienne chambre, dont la fenêtre faisait face à celle de la section locale des Croix-Fléchées, était occupée par Annie et Vali, des professionnelles du tricot et de l'assemblage de cardigans. Elles vivaient en compagnie de leur mère, tante Wilhelmina, une adorable petite femme parlant exclusivement l'allemand.

Annie et Vali étaient de jeunes veuves. Frigyes Steinhardt, mari de la première, était décédé de mort naturelle au début de la guerre. Alex Kocsis était courtier en assurances dans les années quarante et démarchait les connaissances aisées de sa femme Vali. Convoqué au « Service du travail », il succomba en creusant des tranchées pour piéger les chars russes dans les zones de l'Est, exposées aux tirs ou aux bombardements. Ma mère et ses amies étaient solidaires les unes des autres. Elles organisèrent des « goûters de tricotage » autour d'Annie et de Vali. Ces dames se mettaient à l'ouvrage, confectionnaient des manches, des dos, des devants de pull et de cardigan, et confiaient à Annie et à Vali – « Annie-Vali » les inséparables – le soin de les assembler, de les repasser, de les cintrer d'une manière seyante. Ces goûters avaient lieu tous les quinze jours, chez chacune des amies à tour de rôle, et les invitées apportaient deux cents grammes de petits-fours pour ménager les économies de la maîtresse de maison. Ces réunions avaient quelque chose de symbolique : ces dames devaient faire face à de multiples problèmes existentiels, elles rembobinaient la pelote de leur vie, attrapaient les mailles d'espérance qui filaient et les remontaient sur l'aiguille d'un geste devenu mécanique et dépourvu d'illusions, elles tricotaient les mailles à l'endroit ou à l'envers, en songeant aux jours ensoleillés ou endeuillés de leur vie.

Annie avait caché ses bijoux dans un trou creusé près de la tombe de son mari. Vali n'avait rien à mettre à l'abri. Elles poursuivaient leur tricot et vivaient modestement. Pourtant, à mes yeux d'adolescent cloîtré, elles possédaient un trésor : une collection de disques ! Leurs soixante-dix-huit tours en bakélite m'ont permis de découvrir des chefs-d'œuvre interprétés par les plus grands artistes de l'entre-deux-guerres : le *Concerto pour violon* de Beethoven par Szigeti (ou Kreisler lui-même ? je ne m'en souviens plus), celui de Tchaïkovski par Hubermann (j'ai découvert, il y a une dizaine d'années, que le Conservatoire de Tel-Aviv portait son nom), le *Concerto pour violoncelle* de Dvořak par Casals et d'autres classiques joués par de grands musiciens. Edwin Fischer, Walter Gieseking, Weingarten, Mengelberg, Toscanini et bien d'autres nous rassuraient, nous enchantaient, tant pis pour le cliché, pendant la nuit de cauchemar que nous vivions. Écoutés et réécoutés, ils se sont gravés dans ma mémoire, et aujourd'hui, lors des concerts, j'ai instinctivement envie de « tourner » le disque posé sur le plateau de notre gramophone, dont le bras était muni d'une tête à membrane que faisait vibrer l'aiguille d'acier.

Annie et Vali ont su éviter les rafles de dernière heure. À partir de 1945, Annie habita l'immeuble devant lequel je passais, indifférent, au mois de mai 1997. Elle était entourée de « petites aiguilles » qui tricotaient pour elle, car les cardigans étaient toujours à la mode. Nous avons parfois écouté des disques, sans retrouver l'atmosphère chaleureuse et enthousiaste qui nous avait sauvés jadis. Vali réintégra l'ancien appartement qu'elle partageait avec Annie. Le régime communiste faisait tout pour décourager les travailleurs indépendants. L'humour d'Annie devint de plus en plus sombre, et les deux sœurs ne s'entendaient plus. Vali, qui était une fantaisiste et ne dédaignait point quelques petits verres de rhum, se fit engager comme vendeuse de bretzels au foyer de l'Opéra. Elle n'avait pas de panier suspendu à son cou et ne vantait pas sa marchandise ; digne, elle demeurait derrière son stand, et ses clients reconnaissaient en elle une dame de la bonne société de naguère. Entre deux entractes, elle assistait aux représentations et ressortait à temps de la salle. Cette vie lui convenait parfaitement.

Ma mère est restée en bons termes avec les deux sœurs jusqu'à ce qu'elle quitte la Hongrie pour nous rejoindre à Paris. Elle leur rendit compte des menus événements de sa vie ici. Misérable, angoissée, elle connut pourtant des moments de joie authentique et devait susciter la jalousie et même le ressentiment d'Annie et de Vali, qui ne sont plus de ce monde.

Le régime se libéralise sous Kádár, aussi Annie et Vali songent-elles à un voyage à Paris, capitale de la mode. Mère tigresse, leur amie les informe à quel point je dispose de peu de temps pour les accueillir. « André, dit-elle, prépare sa thèse et est particulièrement occupé. » Annie et Vali voient rouge. Comment ma mère, l'amie intime des jours meilleurs, ose-t-elle leur parler d'« André » alors qu'elles m'appelaient par mon diminutif « Frédy » depuis ma naissance ! Elles apprennent que la Parisienne jalousée est atteinte d'une angine de poitrine, et ne réagissent point. Elles sont au courant de ses infarctus successifs, n'envoient pas le moindre mot de commisération et se gardent de lui adresser des mots de réconfort. À sa mort, ces Parques tricoteuses m'envoient quelques lignes de condoléances. Je fais comprendre à ces dames sclérosées, d'une gaieté, d'un courage, d'une générosité sans pareils dans les bonnes et tristes années, que leur mot arrive trop tard. Suis-je rancunier ? Je ne le crois point. Mais j'en veux à nos deux colocataires de l'année 1944 d'avoir éprouvé un ressentiment impitoyable à l'égard d'un être anciennement aimé et blessé par la maladie. Quelle tristesse qu'une amitié de longues décennies ne puisse résister à l'amertume de la vieillesse !

Je n'ai pas l'impression que nous ayons été prostrés derrière nos murs. Les enfants se fréquentaient entre eux, les mères faisaient leurs courses pendant les heures de sortie accordées aux habitants des maisons étoilées et se succédaient dans la cuisine dont elles lavaient les carreaux d'après un calendrier fixé à l'avance. Elles « léchaient le carrelage » à l'aide d'une serpillière. L'expression hongroise était familière mais nullement vulgaire. Je me levais tard, je faisais la sieste, je traînais, je m'ennuyais. J'eus une crise d'appendicite et craignis de me faire opérer à l'hôpital israélite surpeuplé. Quelques compresses glacées calmèrent l'inflammation. Je hurlais des ordres à ma sœur, nous nous tirions les cheveux, nous lâchions prise quand la douleur devenait intolérable. Mon grand-père ne supportait pas nos disputes et déclarait qu'il s'en irait. Le malheureux faisait quelques centaines de pas puis revenait. Recevait-il des visites, allait-il voir ses amis ? En avait-il ? À quoi occupait-il sa journée ? Je ne m'en souviens point. Des connaissances venaient-elles chez nous pour réconforter ma mère ? Je ne me rappelle rien. Je circule dans la maison, rends visite aux uns et aux autres, et je me surprends tenant mon crucifix fétiche dans la main, agenouillé sur une marche d'escalier et priant. L'élan venait du cœur et de la peur, c'était un défi lancé au regard de ceux qui auraient pu me surprendre. Une bonne m'aperçut et je m'en rendis compte. J'aurais voulu la faire disparaître. Suis-je assez explicite ? Je souhaitais qu'elle ne survécût point à ces temps troubles (je la reverrai saine et sauve après la guerre, et constaterai avec satisfaction que ma magie mortifère était restée sans effet). Je ne crois pas que nous ayons pu conserver notre ligne téléphonique : je n'entends pas de sonnerie.

En ce mois de juillet 1997, ce sont les quelques heures de rédaction de la matinée qui donnent un sens à ma journée. J'écris de neuf heures à midi, et n'arrive pas à reprendre mon cahier dans le courant de l'après-midi. Je n'y peux rien. Est-ce en rapport avec ma tension, mon taux de glycémie ? Je suis désolé quand pendant ce court laps de temps que m'accorde l'écriture, je ne parviens pas à convoquer le passé. Parfois, ma plume est lestée par je ne sais quel poids, elle n'arrive pas à reconquérir ce carré blanc occulté par l'oubli. Pourtant, je me *vois* – avec ma mère, le dimanche, je vais à l'église en essayant de cacher mon étoile jaune, c'était une « folie en Dieu » –, je ne quitte guère le quartier, sinon pour aller chez Dódy au palais Gerbeaud ; elle m'offre une glace et nous écoutons de beaux disques. Je rentre à la maison, je réintègre ce qui me paraît aujourd'hui une cage faite d'épaisses parois de verre. J'aperçois des êtres, derrière, ils parlent, pleurent, chantent, tour à tour ils rient puis se désolent, vaquent à leurs tâches quotidiennes, lisent les journaux, et je *vois* des enfants qui courent et se cognent contre les murs transparents, je me *vois* enfermé avec eux et je ne capte pas leurs paroles, je ne sais ce qu'ils pensent et ce qu'ils ressentent. J'applique mon stéthoscope contre ce cube de verre, comme des sauveteurs à la recherche des survivants après un tremblement de terre, je n'entends rien. Rien d'étonnant, la plupart sont morts, mais ils continuent à vivre, privés de parole, dans l'aquarium de ma mémoire embuée.

Aujourd'hui, cette maison que j'ai contemplée avec une certaine indifférence lors de ma visite récente livre ses secrets pour la période qui débute en août 1944. Le régent Horthy songe à quitter l'Axe, et à dispenser les Juifs « méritants » du port de l'étoile jaune. Je suggère à ma mère, plutôt sceptique, de faire remettre notre requête d'exemption au général Lakatos devenu Premier ministre, par l'intermédiaire de notre Fernande, qui était la dame de compagnie de son épouse. Je suis chargé de rédiger le texte de ce recours ; j'y invoquai la contribution de mon père, qui avait été nommé chevalier par le roi Victor-Emmanuel II, au développement des relations commerciales entre la Hongrie et l'Italie. Selon Fernande, Mme la générale Lakatos paraissait bienveillante à notre égard. C'est à ce moment-là que le grand-père de notre Mathieu Kassovitz, caricaturiste célèbre, publia un dessin dans *Le Courrier de Pesth* représentant un couple âgé dans une voiture roulant à toute vitesse : « Accroche-toi, Malvina, disait le mari à sa femme, nous voici arrivés au virage. » On commençait à respirer, à espérer, sans prendre la mesure de la situation du pays, occupé par les troupes allemandes décidées à combattre les Russes de manière acharnée, quitte à le transformer en champ de ruines. La catastrophe n'a pas manqué de se produire, après la proclamation du régent de rompre avec Hitler et sa décision d'entamer des négociations avec les Anglo-Saxons pour ne pas se rendre aux Russes ! Les Croix-Fléchées à l'affût du pouvoir depuis l'entrée des troupes allemandes en mars 1944 perpétrèrent alors leur coup d'État. Le chef, Szálasi, se fit nommer « guide suprême », le « Führer » de la nation. Le régent Horthy fut arrêté et expédié en Allemagne, et le général Lakatos subit le même sort. La phase de la « solution finale » avait commencé pour les Juifs de Budapest : on les « regroupa » – c'était la formule hypocrite utilisée par les autorités –, afin de les isoler du reste de la population, dans l'ancien ghetto de la capitale. Ordre nous fut donné de baisser les lourds stores en bois dont les lattes étaient reliées par des lames Gillette, et de ne plus quitter la maison. C'est à ce moment-là que j'ai éprouvé une angoisse nouvelle, particulière et insoupçonnée, la crainte pour notre existence. Il nous paraissait exclu de quitter les lieux. Où serions-nous allés ? Néanmoins, je m'obstinais à répéter qu'il devait exister une solution à notre problème et qu'il fallait la trouver coûte que coûte. Finalement, au nom de toute la maison, nous nous adressâmes à M. Illés.

Illés et le mythe de la légalité dans l'esprit des persécutés

C'était un personnage fort mystérieux qui avait demandé un rendez-vous à ma mère, peu après le décès de mon père, en février 1944. Gringalet, portant lunettes, il ne regardait jamais son interlocuteur en face, et avait les gestes de l'officiant s'apprêtant à lire l'offertoire. En fait, il était candidat à la location d'un appartement du quatrième étage. Il se présenta comme étant secrétaire à l'ambassade d'Italie, utilisait des termes de la langue de Dante et du Duce, mais citait encore plus volontiers des phrases en latin, trahissant l'ancien séminariste défroqué. Il voulait vaincre la résistance, ou la réticence, de ma mère en lui démontrant qu'il savait *tout* sur nous. Sa femme, une fille du peuple simple et naïve, était asservie à son époux dont elle ignorait complètement les activités secrètes. La bonté et la générosité de ma mère finirent par désarmer ce secrétaire d'ambassade, agent probable de la Gestapo. Il abandonna son attitude hostile. Il m'estimait et m'encourageait sans machiavélisme aucun, me semblait-il, pendant ces mois d'épreuves.

Après le putsch d'octobre 1944, Illés devait être parfaitement conscient de la situation et du sort qui nous attendaient. Sur ma suggestion, nous lui avons demandé s'il y avait une possibilité d'être protégé contre les Croix-Fléchées et de rester dans notre immeuble. Quelle naïveté ! Mais on ne saurait la juger à la lumière de la froide logique d'aujourd'hui ! Le sieur Illés était un fétu que, dans notre désarroi, nous avions confondu avec une bouée de sauvetage. Quelques jours plus tard, il nous informa que, contre une forte somme d'argent, un commandant de patrouille de la Gestapo serait prêt à faire une ronde dans le quartier et à nous protéger contre une éventuelle agression des Croix-Fléchées. (Nous avions de l'argent liquide. De mars à octobre 1944, le gérant de nos maisons nous rendait visite une fois par mois et nous remettait les loyers qui nous étaient dus.) Victimes volontaires de son escroquerie, nous avons remis à Illés toutes nos économies qui les a empochées sans scrupule. Les survivants de la maison, qui le firent arrêter peu après la Libération, affirmèrent avoir vu Mme Illés portant un manteau de vison, quelques jours après notre marché de dupes. Quoi qu'il en soit, la « protection » d'Illés, espèce de Tartuffe gestapiste, se révéla bien peu efficace.

Nous sommes restés seuls, ma sœur, notre grand-père et moi, car ma mère répondit « présente » à la convocation des autorités militaires qui faisaient creuser dans les environs de Budapest des tranchées, contre les chars russes, par des femmes juives. Ma mère – comble du déraisonnable caractéristique de ces temps-là – affirmait qu'elle tenait à respecter la loi et qu'il ne saurait être question pour elle de choisir une vie clandestine. Elle et beaucoup d'autres de la « bonne » société, sous l'emprise d'une éducation puritaine, de servilité et de soumission, ne pouvaient se soustraire au mythe de la légalité, même aux dépens de leur vie. Encadrée par des auxiliaires Croix-Fléchées, elle dut satisfaire ses besoins en présence de ses gardes, bêcher à longueur de journée, se nourrir misérablement. Nous reçûmes quelques cartes fort laconiques de sa part. Ma tante Pötye, à qui nous devons notre survie – bénies soient ses cendres que je n'arrive plus à localiser –, se proposa de la faire sortir de son camp de travail grâce à un « Schutzpass » délivré, contre espèces sonnantes et trébuchantes, par l'ambassade de Suède. Tel était le texte d'origine, alambiqué, rédigé avec l'aide des juristes nazis je suppose, figurant sur le passeport délivré par les Suédois : « L'ambassade du royaume de Suède à Budapest certifie que la personne susnommée quitte la Hongrie pour la Suède, dans le cadre du programme de rapatriement approuvé par le ministère royal suédois des Affaires étrangères. Le nom de cette personne figure également dans le passeport collectif établi par l'ambassade. Jusqu'à son départ, l'intéressé(e) et son appartement se trouvent sous la protection de l'ambassade royale. » Le post-scriptum inscrit sur le document, « Perd sa validité le quatorzième jour après l'arrivée en Suède de son titulaire », révèle la fiction juridique inventée par Raoul Wallenberg, le consul de Suède, sauveur de dizaines de milliers de Juifs, qui termina misérablement ses jours dans les geôles de Staline. Fou que j'étais, enfermé dans une pièce privée de la lumière du jour, j'ai déclaré que l'acquisition d'un « Schutzpass » serait contraire aux principes légalistes de ma mère. Autour des années 1950, à l'occasion d'un voyage en groupe, ma mère, qui se soumettait toujours aux lois et acceptait les contraintes sans murmurer – elle ignorait l'indocilité comme beaucoup de femmes juives –, n'a pas refusé de se rendre au camp d'Oswiçim. « Cela n'était pas facile à supporter », nous déclara-t-elle calmement à son retour d'Auschwitz où elle avait vu les fours crématoires, sans commenter ses propos.

La sonnerie et les silences de la mémoire

Après avoir empoché notre argent, Illés disparut. Peu de temps après, vers deux heures du matin, on frappait énergiquement à notre porte. Une dizaine de Croix-Fléchées firent irruption dans l'appartement et, sous prétexte de contrôle d'identité, fouillèrent les placards, emportèrent mes disques, notre machine à écrire, de l'argent. Mon grand-père eut l'étonnante présence d'esprit de jeter son portefeuille dans un pot de chambre. « Cet appartement ferait une excellente permanence de quartier », remarqua l'un des intrus pour nous faire sentir que nous étions à leur merci. Il y avait quelque chose de naïf dans ces propos. Il n'avait jamais vu un logement occupant un étage entier. L'atmosphère se fit de plus en plus pesante et menaçante. Nos colocataires se mirent à préparer des valises. Le tailleur cardiaque fourrait ses affaires dans un sac à dos. Les voisins se cachaient pour rassembler des effets indispensables, par peur ou pour ne pas nous inquiéter. « Mais nous sommes protégés malgré tout », leur ai-je déclaré, aveuglé par mon angoisse et mon espoir irraisonné. En l'absence de ma mère, complètement anéanti, je refusais d'envisager un départ éventuel et de préparer un bagage de survie pour chacun de nous. Une fois de plus, une toile grise descend de je ne sais quels cintres sur mon théâtre intérieur et rend la scène opaque. Bien que je n'entende pas les paroles prononcées, je crois être en mesure d'affirmer que la peur de la mort – ou bien fût-ce de l'indifférence fataliste ? – étouffa chez les habitants du n° 10 de la rue Fejér György toute plainte, toute récrimination contre le sort injuste ou « immérité ». Ou était-ce une affaire de dignité ? Peut-être... Pas nécessairement. En tout cas le régime nous avait également privés des mots.

L'inévitable sonnerie, installée pour donner l'alarme antiaérienne, retentit peu de jours après. « Rassemblement en bas de l'escalier, vous avez une demi-heure pour préparer votre valise », tel est l'ordre de nos déménageurs. Je jette pêle-mêle des vêtements dans une grande malle, sans penser ni à nos besoins ni à un changement de domicile. Le père Hiver et les troupes russes sont aux portes de Budapest. Pour la première fois peut-être depuis notre arrivée en France il y a quarante ans, nous avons évoqué avec ma sœur cette époque de notre vie – elle s'intéresse au présent, au futur, et n'a pas le temps de se replonger dans le passé –, et elle me dit qu'à la dernière minute elle était retournée dans l'appartement pour aller récupérer sa boîte à crayons. Je l'avais attendue d'un pied ferme devant la porte, sur le palier. Un Croix-fléchée m'aperçut et me pressa par des propos qui se sont gravés dans sa mémoire : « Si tu ne te dépêches pas, je te donne un tel coup de pied au cul que tes boyaux en bleuiront à jamais ! » Digne émule d'Hitler, qui fut peintre à ses heures, il devait être sensible au jeu des couleurs. J'aperçois du haut de l'escalier la baronne Grödl – avant la guerre elle vivait dans une belle villa tout près de la nôtre, avenue Aréna n° 100 –, souffletée par un jeune insolent posté près de l'entrée. Son petit chapeau de paille noir tombe par terre et son agresseur déchire son « Schutzpass » suisse. Avec l'aide de Gyuri, mon camarade d'infortune, nous avons tiré le chariot lourd des sacs et valises entassés par les locataires affolés. Habité par je ne sais quelle ardeur hystérique, suivant les ordres d'un croque-juif habillé de son uniforme noir, je tirais énergiquement le misérable chargement vers une destination inconnue. « Ralentis », me chuchota Gyuri, attelé à la même carriole, chez qui il subsistait un grain de révolte. Les doigts serrés à la hauteur de la lisière de leur casquette, des facteurs courageux saluèrent à la manière militaire ces anciens destinataires solvables et bien établis, devenus des sans-logis errants. Encadré par des hommes en noir portant le brassard des nazis hongrois – de couleur rouge, une croix fléchée se découpait dans le rond blanc, à la place de la croix gammée –, notre troupeau était dirigé vers l'un des grands immeubles situés à faible distance de l'actuel hôtel Peregrinus, en face des Grandes Halles, près du pont de la Liberté. En mai 1997, je passais quotidiennement devant l'immeuble du boulevard de la Douane en me rendant aux thermes Gellért. Ici, l'émotion m'envahit. Installé dans notre appartement des Invalides, je contemple ces femmes, ces vieillards abasourdis, portant le fardeau de leur race, qui viennent de quitter sous escorte leur appartement de la rue Fejér György pour s'installer chez des coreligionnaires qui ne les attendaient point. Je ressens leur désarroi, *j'entends* leur silence et je me retrouve de nouveau parmi eux. Nos gardes nous font entrer dans cette maison de rapport, nous montons deux étages. Je sonne à une porte, une femme de trente à trente-cinq ans aux grands yeux beaux et chaleureux nous accueille. Elle nous laisse nous installer dans sa chambre, ma sœur, mon grand-père et moi. Édith me dit aujourd'hui que la fillette de dix ans qu'elle était alors éprouvait le besoin de justifier notre intrusion chez des étrangers. Elle se rappelle d'avoir inventé un « roman de déménagement » : « Notre maison de la rue Fejér György vient d'être transformée en hôtel ouvert aux SS allemands. En attente de notre retour, on nous a logés chez vous, chère madame, de manière tout à fait provisoire. »

En compagnie d'un de nos gardiens, je tire seul la charrette pour aller chercher d'autres valises entassées dans l'entrée du n° 10 de la rue Fejér György. Je reste aimable avec cet homme qui, au fond, n'avait pas l'âme d'un garde-chiourme. Il était menuisier et m'aurait volontiers engagé dans d'autres circonstances : « J'aurais besoin d'un apprenti comme toi », me dit-il. Je le provoque en lui faisant part de mon désir d'entrer prier dans l'église devant laquelle nous passons. « Je ne peux pas y entrer en uniforme », affirme-t-il, non sans une certaine nuance de regret. Qu'est-il devenu, mon menuisier qui s'était laissé entraîner dans cette chasse aux Juifs ? Il s'était trompé de safari. Père de famille exemplaire, a-t-il participé au « massacre des innocents » qui se déroula dans les dernières semaines de cet abominable régime de terreur ? Le lendemain de notre éviction, ma tante Pötye, qui habitait le n° 8 de la rue Fejér György, pénétra de nuit dans notre immeuble et, avec l'aide de Teréz, notre ancienne bonne, la plus fidèle parmi les justes, brisa les scellés de notre appartement et nous constitua, à ma sœur et à moi, un trousseau pour les semaines à venir. Elle est venue nous chercher à la maison du boulevard de la Douane (bien avant 1867, il devait s'y trouver une « barrière d'octroi », où des douaniers contrôlaient les marchandises qui entraient dans la capitale), et nous a fait monter dans un tramway que nous avons quitté à Buda, place de l'ancien marché aux foins, en contrebas de la colline du Château royal.

Au foyer de la Croix-Rouge suédoise

Une grande agitation régnait dans les rues de Budapest : les réfugiés des provinces occupées affluaient vers la capitale, des collaborateurs, effrayés par l'avancée rapide des troupes russes, s'apprêtaient à la quitter et à se « replier » vers l'Ouest. Les Allemands, décidés à défendre la ville et à n'en céder que les ruines aux

Russes, transportaient des munitions sous la bâche des camions. Dans ce chaos, nous avons pris le risque – rester sur place eût été suicidaire – de quitter la maison du boulevard de la Douane. Le spectacle d'une jeune femme, notre tante, accompagnée de deux enfants et d'un porteur tirant son tombereau chargé d'une lourde valise en cuir noir du bon vieux temps n'avait rien d'extraordinaire. Nous nous dirigions par une rue escarpée vers le Château de Buda, entouré des bâtiments officiels abritant de leurs ombres un foyer d'enfants protégé, en vertu d'une fiction juridique, par la Croix-Rouge suédoise.

Il était situé au premier étage d'une demeure typiquement hongroise, construite autour d'une cour éclairée par le soleil et battue par la pluie, parcourue d'un couloir intérieur aux voûtes blanchies à la chaux. J'ai pu réaliser mon vieux désir de revoir cet endroit de la rue Úri (rue des Seigneurs, réplique en miniature de la Herrengasse de Vienne) en mai 1997. Auparavant, je m'étais rendu plus d'une fois dans ce quartier anciennement aristocratique du Château de Buda, envahi par les touristes, mais dont certaines ruelles gardent un charme désuet. Cette fois-ci, j'ai franchi la porte sans encombre, car une boutique de broderies folkloriques s'était installée sous le porche. Des sapins dans des tonneaux posés sur les dalles de la cour resplendissante de blancheur, des pots de géraniums accrochés à la grille du couloir du premier étage égayaient mon regard, me libéraient de toute tension, abolissaient le temps et établissaient une atmosphère de paix en ce lieu. Sur la photo que j'ai sous les yeux, je découvre la porte de la cave qui servait d'abri antiaérien. Je quitte l'endroit, rassuré, heureux de l'avoir retrouvé, sans penser aux angoisses qui m'étreignaient alors, au mois de novembre 1944. Néanmoins la rencontre avec mon double, l'adolescent portant un chapeau mou à la place du béret réglementaire du lycée – décoré d'une médaille émaillée, blason de l'ordre des pères piaristes, et naturellement surmonté d'une croix, il l'aurait peut-être protégé, mais il avait l'impression qu'il n'avait pas le droit de le porter –, n'a pas eu lieu sur place. Je l'aperçois dans le champ de ma longue-vue magique. Il couche dans un lit d'enfant à barreaux, car il n'y a pas de divan dans ce foyer ; il déteste les carottes qu'une cuisinière, bonne âme charitable, prépare à l'intention des pensionnaires poursuivis par les Croix-Fléchées et les Allemands. On lui confie la surveillance de deux garnements qui prennent leur bain. Leur impudeur naturelle réveille ses instincts sadiques, et il trouve un vague prétexte pour les battre. Le danger ne modifie pas le fond du caractère, au contraire. La nausée que provoquent les légumes cuits au contact de son palais demeure la même. Les pulsions refoulées négocient avec la peur de la mort pour se manifester au plein jour.

Je demeure profondément marqué par un épisode de ma vie clandestine que je n'arrive pas à intégrer d'emblée dans mon récit. Je veux ruser avec les souvenirs qui m'assaillent en parlant de ce château royal régenté de 1920 à 1944 par l'amiral Horthy, ex-commandant de corvette de la flotte d'une Monarchie naufragée. Le foyer de la Croix-Rouge suédoise se trouvait à quelques centaines de mètres de ce séjour historique.

La fiction du royaume de Hongrie

Je me suis éveillé à la conscience de l'histoire à l'âge de six ans, me semble-t-il. Sur une photo ou sur l'écran des actualités, j'ai vu le roi Victor-Emmanuel II en visite d'État en Hongrie. Le petit roi roulait dans un immense carrosse d'apparat, tiré par huit lipizzans – des chevaux de Lipica, un village de Slovénie –, accompagné des hussards vêtus de dolmans qui l'escortaient jusqu'au perron du Château de Buda. C'était plus qu'un tableau vivant, c'était un événement historique pour le natif de Pesth. Les places, les avenues, l'espace « officiel » du Château, le quartier des ministères ne constituaient pas un lieu de promenade familier pour les bourgeois industrieux de l'autre rive du Danube ; ils préféraient les allées du Bois-de-Ville aux esplanades bordées de fûts de canon de la colline royale. Lycéen, j'ai défilé devant la « Sainte

Couronne » exposée une fois par an dans la salle d'apparat du Château, surmontée d'une coupole majestueuse. Objet de culte, support matériel de la fable juridique du royaume de Hongrie temporairement privé de roi à l'issue de la Première Guerre mondiale, je l'ai contemplée avec le respect et les frissons que suscite un tabou qu'on approche de près. Les actualités projetaient sur les écrans des cinémas le moment solennel où le comte, qui avait la charge de veiller sur le cercle d'or incrusté de pierres précieuses et décoré d'émaux cloisonnés de style byzantin, sortait l'insigne vénéré de sa caisse richement matelassée. Envoyée par le pape Sylvestre II à Étienne Ier – qui s'était converti au catholicisme et avait fait administrer à ses vassaux et serfs païens le « saint lavement du baptême », selon l'expression pittoresque d'un chroniqueur français du XVIe siècle –, la couronne incarnait le royaume de Hongrie indépendant, notamment vis-à-vis de l'empire des Habsbourg, exerçant sa souveraineté sur toute la Pannonie, des Carpates à l'Adriatique. Elle cristallisait ainsi l'irrédentisme des nationalistes, qui contestaient les traités de Trianon et rêvaient de la reconquête des territoires attribués aux pays voisins. « The hollow crown », ce cercle vide où « la mort tient son festin », a effectué un périple shakespearien avant que je ne l'aperçoive à nouveau. Szálasi, le chef des Croix-Fléchées, l'homme de la « solution finale », l'« empocha » fin 1944 avant de s'enfuir vers l'Allemagne et de livrer huit cent mille Juifs hongrois aux nazis. Les Américains extradèrent le criminel vers la Hongrie, mais gardèrent la couronne, plus que réticents à l'idée de la restituer au régime communiste qui s'installait à Budapest. Ils l'ont gardée jusqu'à la mort du cardinal Mindszenty, le primat de Hongrie qui s'était réfugié dans leur ambassade, et l'ont enfin rendue à Kádár en 1977, légitimant ainsi son système politique du « goulasch communisme » mais en renforçant également les aspirations nationalistes en révolte contre le totalitarisme soviétique. En 1988, j'ai revu cette couronne, entourée des quelques insignes de la royauté, au Musée national de Budapest. Le commun des mortels pouvait s'approcher de ces reliques sacrées enfermées dans leur cage de verre épais. La muséographie a la faculté et le pouvoir de banaliser les objets : elle a parfaitement atteint son but non avoué de désacraliser ces symboles mythiques. En revanche, au printemps 1997, j'ai retrouvé le diadème dans une salle assombrie du Musée, protégée de la lumière et du bruit du monde extérieur. *Requiescat in pace !* Ce n'est pas l'Européen Otto von Habsbourg, prince de Lorraine, reçu périodiquement à Nancy avec chaleur, amitié et dévotion, qui se déclarera prétendant au trône de Hongrie.

De retour au foyer : l'adolescent au feutre mou

Je reprends l'ascension de la colline de Buda. Le funiculaire me hisse jusqu'à la place Saint-Georges toujours déserte, car la reconstruction du Château de Buda et des palais environnant, est loin d'être achevée. Je prends sur la gauche, traverse des jardins, dépasse la statue en bronze d'un gardian qui essaie de retenir son cheval fougueux et m'engouffre dans la Bibliothèque nationale Széchenyi, qui occupe l'une des ailes du Château authentiquement fausse, car rebâtie à l'ancienne d'après des plans du XVIIIe siècle. Je serais heureux de découvrir le vrai visage du comte Széchenyi ; après un voyage à Paris et à Londres dans les années 1840, à l'époque où le banquier Nucingen habitait un appartement somptueux rue de la Chaussée-d'Antin et où Rastignac était ministre, il prôna l'introduction du crédit dans l'économie hongroise et préconisa l'organisation de courses hippiques pour améliorer la race chevaline magyare. Ses rêves de modernisation de son pays arriéré grâce à des réformes appropriées, à la création de voies de communication fluviales et terrestres, l'incitèrent à engager l'ingénieur Adam Clark pour construire l'un des premiers ponts suspendus d'Europe, qui relierait Pesth à Buda. La rupture avec l'Autriche, provoquée par des nationalistes extrémistes en 1848, le rendit littéralement fou, et il mourut dans un asile d'aliénés, à Döbling, près de Vienne. Je sais ce que je cherche dans le catalogue de la bibliothèque : la thèse de mon grand-père maternel sur l'état de la propriété terrienne, publiée à Halle en 1893 ; une « dissertation inaugurale », dans le domaine de la statistique agraire, figure bien dans le fichier. On la trouve également dans celui de la Bibliothèque nationale de France !

La *Vita* de l'auteur, rédigée en latin selon l'usage, m'apprend qu'Alfréd Hirsch, fils d'Adolphe et de Charlotte (ma mère héritera de ce prénom sous la forme Sarolta), est né le 16 septembre 1871 à Szent-Bekálla, commune du comitat Zala. Il fait des études supérieures au Polytechnikum de Zurich, puis à la célèbre université de Halle-Wittenberg. Esprit libéral, il estime que l'affranchissement des serfs en 1848 n'a pas apporté de changements radicaux dans l'économie du pays. L'aristocratie et l'Église possèdent des dizaines de milliers d'hectares, profitent du prix élevé des céréales – conséquence de la guerre de Crimée et de la guerre de Sécession – et négligent l'élevage du bétail. La paysannerie pauvre cultive quelques misérables lopins de terre et vit dans des conditions lamentables. Le jeune Hirsch préconise le développement des domaines de taille moyenne, gage de prospérité et d'équilibre social. Trois décennies après avoir quitté Halle, il possède deux milliers d'hectares où il a créé de nombreux lacs artificiels. Pisciculteur, spécialiste de l'élevage des carpes, homme de son temps, il recourut à la publicité. Un poisson-qui-rit et une vache-qui-pleure égayaient les affiches collées sur les murs de la capitale : le poisson coûtait moins cher que la viande bovine ! La bibliothèque de Buda conserve bien mes thèses sur Balzac, sur le Compromis austro-hongrois de 1867, et dans le fichier mon nom est transmis aux générations futures avec la mention : « Historien de la littérature d'origine hongroise vivant en France. »

Je parcours la Pinacothèque nationale, et apprécie cette fois-ci la peinture romantique ; je constate que les tableaux représentant des voleurs de grand chemin à la veille de leur pendaison, la confrontation de criminels avec les cadavres de leurs victimes, des recrutements forcés et accompagnés de musique sont typiques du tempérament dépressif de ces artistes enfermés dans le provincialisme de la Puszta. Les efforts de ces peintres de la seconde moitié du XIXe siècle à qui Monet, Courbet, Manet apportaient la révélation du plein air et de la technique impressionniste me touchent, mais ne suscitent guère mon enthousiasme. Les œuvres de l'avant-garde hongroise, qu'elle soit d'inspiration expressionniste ou constructiviste, sont enfin mises en valeur ; pourtant, leur nombre restreint et leur caractère fragmentaire ne permettent pas de se faire une idée du génie de Kassák, Moholy-Nagy ou Vasarely, forme francisée de Vásárhelyi. Ces galeries d'œuvres magyares m'épuisent, alors que les salles des retables gothiques de la Hongrie du Nord, avec de splendides Visitations, des rois mages dorés, des Vierges entourées d'anges me ramènent en Europe. Les « autels ailés » – l'expression hongroise pour désigner des retables tripartites – me rendent ma capacité d'envol d'amateur enthousiaste et revigorent également ma plume. Ni trop germaniques, ni trop morbides, ni trop nordiques, ils appartiennent au « gothique international ». Et ils me font oublier l'expression « garage à prière » qu'utilisa un sergent instructeur qui voulait désigner une église, et que j'ai connu au cours des quelques mois de service militaire que j'ai dû passer, que dis-je, endurer, en 1952, dans un camp dirigé par un commandant soviétique. J'avais besoin de parcourir ce Château, détruit par les Allemands au cours de l'hiver 1944-1945, incendié par les Russes, puis reconstruit en partie par les communistes qui ne savaient pas très bien quoi en faire. Vidé de son histoire, on l'a rempli de vestiges culturels du passé, ressuscité en tant que résidence royale, doté d'une coupole monumentale. Pourtant, il n'a pas pu accueillir, à la manière de la Hradžany de Prague, les institutions de la République, ce qui le sauva des projets destructeurs des dirigeants de l'époque. Il vit désormais, reconstruit dans mon esprit, identique à celui que j'ai connu en novembre 1944.

Où reparaît le père Nándor

Caché dans le foyer de la Croix-Rouge suédoise, je me rendis néanmoins tous les dimanches à l'église Mátyás, dite aussi du « couronnement ». Sans sourciller, je supporte le regard inquisiteur d'un individu, un agent de police, me semble-t-il. À ma grande surprise, c'est le père Nándor, l'artisan de la conversion du maître tailleur juif et de son épouse, qui prononce le sermon dominical en cette fin novembre 1944. Une tâche délicate en ces temps troubles, car le prêche était retransmis à la radio. En chaire, le père Nándor se révèle très courageux. Il oppose l'amour, la tolérance et le pardon à l'arbitraire de la terreur, à la toute-puissance de la haine meurtrière. Pendant la prédication, nos regards se croisèrent, et il me reconnut. J'ai compris qu'une fois son homélie terminée, il quitterait précipitamment l'église devenue dangereuse. Avait-il peur d'être arrêté par les Croix-Fléchées qu'il avait défiés par son sermon ? Très imprudemment, je me levai pour le rejoindre. Je le rattrapai derrière l'abside. Il ne s'est pas arrêté, il ne m'a pas réconforté, nous avons échangé des propos désespérément stéréotypés. Le bon pasteur avait abandonné son troupeau, il devait sauver sa peau. Je ne l'ai plus revu. Terré dans une cave durant le siège de Budapest, il crut que l'entrée des troupes russes ouvrirait une ère de paix et de liberté. Au mois de janvier 1945, il quitta l'abri de sa maison, rue de l'Université à deux pas de la rue Szerb et de l'hôtel Peregrinus. Revêtu de sa soutane, il voulait se rendre compte de ce qui se passait dans le quartier. Atteint par une balle russe, il est mort sur-le-champ.

Un tram accroché au pont détruit

Pendant que la mère de famille, la cuisinière dévouée du foyer de la rue Úri, prépare ses carottes cuites, une sourde explosion secoue la rue, sans que les sirènes se mettent à hurler. D'une manière irréfléchie, oubliant le risque, je me retrouve avec quelques dizaines de personnes sur le « Bastion des pêcheurs », derrière l'église Mátyás, d'où nous découvrons l'une des arches du pont Margit, reliant Buda à Pesth, effondrée dans le Danube. Sans avertir les autorités hongroises, les Allemands, qui avaient miné tous les ponts reliant les deux rives, l'ont fait sauter en plein jour alors que la circulation entre Pesth et Buda est fort intense. Le spectacle stupéfiant est digne d'Eisenstein. C'est à Paris que j'ai vu pour la première fois *Le Cuirassé Potemkine* et *Octobre*. Les films visionnaires du grand Sergueï demeuraient interdits en Hongrie, car ils risquaient de nuire à l'essor du « réalisme socialiste » aussi bien au cinéma qu'en littérature. La motrice d'un tramway était restée accrochée sur les rails qui s'inclinaient vers le Danube. « Arrêt sur image » dans l'évocation du passé : je n'ai pas contemplé longtemps la catastrophe – la radio et la presse parlèrent d'explosion accidentelle due à la rupture d'une conduite de gaz –, et je ne me rappelle qu'un étrange silence : aucun son, aucun bruit ou clameur ne parvenait du pont, distant de quelque deux kilomètres à vol d'oiseau de la colline de Buda. Aucun bateau ne se dirigeait vers le lieu du sinistre ; aucune ambulance ne se pointait dans le lointain. La population était l'otage du commandement allemand, et les Croix-Fléchées ne songeaient qu'à se venger des Juifs, les alliés potentiels de l'armée russe qui avançait, en subissant d'énormes pertes, vers les portes de la capitale. Je connus des moments de profond découragement, et j'en fis part à notre tante qui nous rendait visite en compagnie – oui, je m'en souviens à l'instant même – de son amant de la Gestapo. « Si tu ne tiens pas le coup, tu n'as qu'à rejoindre ton grand-père au ghetto », me dit-elle. Sa réponse était le fruit d'un raisonnement irréprochable. (« *Bist du verrückt ? bleibe meschüge* », « Es-tu devenu dément ? demeure fou », écrivait Cohn à Grün quand celui-ci lui fit savoir qu'il ne supportait plus l'atmosphère de la maison d'aliénés où il se trouvait caché. Le mot yiddish « meschüge » est synonyme de fou, d'où la saveur particulière de cette blague typiquement d'Europe centrale.) De toute façon, il fallait quitter notre foyer de la rue Úri et chercher un autre refuge. D'après l'homme de la Gestapo, les Allemands allaient profiter de la position stratégique exceptionnelle du Château dominant Pesth et ses alentours ; des combats acharnés étaient à prévoir. Ma sœur, placée par ma tante affolée chez des religieuses au bas de la colline, et moi, qui avais trouvé une place dans un internat « protégé » par la Croix-Rouge suédoise, nous étions en relative sécurité et avions surtout beaucoup de chance. Mon prépuce intact pouvait me sauver la vie lors d'une éventuelle rafle. Le petit Sanyi, le fils de Rózsika la bohémienne, notre colocataire de la maison décorée de l'étoile millénaire, fut découvert par les Croix-Fléchées dans un foyer d'enfants juifs et a été fusillé sur le bord du Danube. Après la Libération, Rózsika occupait un studio au rez-de-chaussée de notre maison. Dans le silence de la nuit, on l'entendait tousser ; elle aboyait comme un chien blessé et ne s'arrêtait plus ; elle ne parvenait pas à expectorer son chagrin. En quelques mois, la rue Fejér György retrouva son calme…

L'éloge des traînards ou le sens de ces Mémoires

L'intendant du foyer de la rue Úri, un homme sûr de lui, grand, fort, gros, une espèce d'armoire à glace en marche – quelle pouvait être sa véritable identité ? un régisseur de grande propriété, un Haroun al-Rachid aristocrate ou simplement un être dévoué, un « humanitaire » de son temps ? –, nous invita un jour, moi et un garçon aux traits, ma foi, plus accusés que les miens, à l'accompagner pour chercher des blocs de gelée de fruits (ou de la mélasse colorée) dans un dépôt situé derrière les thermes Gellért. « Ne regardez ni à droite, ni à gauche, suivez-moi, rien ne peut vous arriver », affirma ce colosse qui veillait sur nous. Nous avons emprunté un sentier taillé dans le flanc du mont Gellért, et nous sommes parvenus sans encombre à destination. Au retour, chargés de nos caisses, nous avons aperçu une colonne de Juifs, un troupeau de femmes, de vieillards et d'enfants portant leurs misérables bagages, encadrés de

Croix-Fléchées hongrois. Nous aurions pu nous trouver nous-mêmes dans cette colonie pénitentiaire se traînant vers l'Ouest. Notre accompagnateur marchait d'un pas régulier, pas un trait de son visage n'a bougé. Nous sommes restés silencieux. C'était un spectacle terrifiant, et qui faisait partie, sinon de la normalité, du moins de ce que l'on pourrait appeler la « logique du temps ». En faisant semblant de ne rien voir, nous sommes devenus complices des bourreaux. La volonté de survivre est monstrueusement égoïste et ne peut être évaluée à l'aune de la morale. Je ne les ai jamais oubliés, mes frères, mes sœurs, mes parents, mes grands-parents, mes « doubles » d'alors et d'aujourd'hui, mais ce n'est qu'en cet instant que je me souviens de ceux-là. Plus d'un demi-siècle après, au mois de mai 1997, en me rendant aux thermes Gellért, j'ai côtoyé leurs ombres, traversé leurs rangs à l'endroit exact où je les avais aperçus, sans ressentir leur présence spectrale ! Ces pages rédigées à mon retour de Hongrie leur sont dédiées désormais.

Le convoi des déportés défile sous mes yeux. Ce sont eux, ces traînards de plus en plus faibles, abattus sans merci au fur et à mesure qu'ils approchaient de la frontière austro-hongroise, qui donnent un sens à ma quête du temps vécu là-bas et retrouvé ici, à la recherche de mon passé anéanti pour toujours en hongrois et resurgi sous ma plume en français.

Chapitre VIII

Les feuilles mauves de la robe de sainte Teréz

Si ma visite à Budapest avait un but secret, c'était celui de revoir Teréz, entrée à l'âge de treize ans au service de ma grand-mère maternelle. Engagée par ma mère et mariée en 1940 à Sándor, un ébéniste de talent, elle est restée jusqu'à ce jour fidèle à notre famille. À plus de quatre-vingt-dix ans, elle est l'*unique* témoin de la grandeur et de la décadence de notre foyer, des moments de bonheur et de malheur de mes parents. Oui, elle incarne une continuité familiale anéantie dans sa substance par l'histoire, la maladie, la migration et la mort, et dont je garde une nostalgie profonde. Teréz et Sándor habitent un quartier de prolétaires, au rez-de-chaussée d'une maison de rapport où tout le monde se connaît, s'observe et se jalouse. Dans leur immeuble, Teréz et son mari sont considérés comme des aristocrates retraités, car vers neuf heures du matin, ils s'installent près de la fenêtre de la cuisine et prennent un petit déjeuner « à la fourchette » ; l'expression hongroise est la traduction littérale du « Gabelfrühstück » autrichien, et renvoie à la première collation de la journée, aussi complète que cérémonieuse, où cette pièce de vaisselle est de rigueur. Je lui ai annoncé ma visite par téléphone. De ses yeux couverts de taies, elle me reconnaît de loin et me fait asseoir dans sa cuisine. Je contemple sa jolie tête légèrement penchée qui fait saillir les muscles de son cou décharné, ses beaux yeux bleus qui brillent d'amour et d'intérêt ; le flash de mon appareil photo réussit à y faire apparaître ces points mystérieux, secret des grands peintres chinois, qui illuminent le visage qui me regarde tandis que je rédige ces lignes. Ses rares cheveux blancs soyeux, arrangés avec la coquetterie du grand âge, découvrent un beau front à peine ridé qui capte à sa manière tout ce qui vient de l'extérieur, et qui rayonne de pensées généreuses et de sentiments de compassion.

Des feuilles mauves, vertes et grises, légèrement jaunies, égaient sa robe noire qui cache un corps fatigué, animé néanmoins d'une énergie de paysanne qui lui permet de faire face aux agressions de la grande ville. Son mari Sándor, qu'elle a ramené à la vie après une hémorragie cérébrale – elle lui avait fait boire un verre de cognac et l'avait enveloppé d'une couverture chaude en attendant l'ambulance –, la « moitié de sa vie », selon son expression, est un vieillard diminué, quoique large d'épaules. Il la regarde amoureusement tout en gâchant son existence, car il refuse de quitter Budapest pour finir ses jours dans le beau village natal de son épouse, dans la verte Transdanubie, près de la frontière autrichienne. Teréz se sent menacée par les voyous tziganes et autres voleurs de cette banlieue balkanisée, qui s'attaquent aux gens âgés et sans défense. Il lui est arrivé de les chasser à coups de balai hors de son misérable petit logement. Elle doit lutter contre une nièce qui voudrait les placer, elle et son mari, sous tutelle. Malgré ses infirmités, elle est capable d'aller à pied jusqu'au centre de Budapest pour régulariser l'achat de son « une-pièce-cuisine » réalisé grâce à l'indemnité versée à son mari pour ses années de captivité en Union soviétique. C'était un ébéniste merveilleux spécialisé dans l'art de la marqueterie. Alors qu'il se promenait dans la rue en 1945, il fut fait prisonnier par les Russes et retenu en Moscovie pendant quatre ans. À son retour, c'était un communiste enthousiaste, qui fut grondé par sa femme qui l'attendait avec angoisse. Sándor incline son buste pour me saluer. Il y a quelque chose de raide dans ce mouvement, comme un signe de débilité, qui est à l'origine probablement de ses gestes anguleux. Il veut absolument étaler ses décorations d'ouvrier socialiste d'élite. Il sort encore parfois mais, rejeté par ses camarades retraités et joueurs d'échecs, il se contente de faire un tour en tramway pour traverser la ville et revoir les collines de Budapest. Il récite des vers d'une poésie sentimentale mais suggestive, fredonne des chansons grivoises, embrasse dans la cour de l'immeuble des femmes de mœurs légères qui se moquent de lui. Ce désir qui n'a plus d'âge me choque, m'attriste plutôt, pourtant il est le signe d'une vitalité et contribue à la survie de cet être accablé par les années. Teréz est indulgente à l'égard de son mari qui la tyrannise, mais qui, par respect pour elle, fume ses quelques rares cigarettes dans le réduit des cabinets. Elle est fière de lui, car « il est d'une rare propreté ». Je les vois : elle, la sagesse incarnée, le visage assombri parfois par un nuage d'angoisse ou de panique passagère, lui, un vieillard mûr pour l'hospice, l'homme brisé. Et je photographie ce couple dont les jours sont comptés, non sans malaise, pour le conserver vivant. Je souhaite la mort des êtres qui me sont les plus proches, j'en demeure obsédé et culpabilisé. J'ai peur de les perdre et je veux les anéantir pour les enterrer dans mon for intérieur, qu'ils demeurent à moi pour jamais. Je les aime d'un sentiment vorace, destructeur, de tueur par amour. Le « je-te-mangerais » que j'ai dit à des êtres aimés, dans mes jeunes années, le vers, « tout cru, j'aurais dû te dévorer », du poète Attila József qu'il écrivit après la mort de sa mère, hantent mon âme qui, au lieu de s'apaiser, demeure bouleversée.

Je m'assois dans un modeste fauteuil. Près de moi il y a ce lampadaire dont l'abat-jour parcheminé était dans la chambre de ma mère. Teréz a un beau regard ; elle arrange sans fausse coquetterie ses rares cheveux argentés. Elle fait taire son mari, et me fait comprendre par un clin d'œil complice qu'il perd la tête. Elle ne demande pas mieux que de parler de ma famille, elle a passé les meilleures années de sa vie à son service. Lors du mariage de son fils Endre avec Sarolta Hirsch, la fille d'un grand propriétaire terrien de Transdanubie, le président-directeur général des Moulins du Roi, Béla Löwenstein, fit étalage du linge damassé, de la porcelaine Rosenthal, de la batterie de cuisine, bref de la dot du futur mari. Insinuerait-elle que le grainetier enrichi avait l'intention d'éblouir la famille Hirsch dont il convoitait les biens ? « A-t-elle été malheureuse, votre pauvre maman ! gémit Teréz. Votre papa l'a trompée très tôt avec sa meilleure amie Olga, cette dévoreuse d'hommes. » Les incartades de mon père, les crises du couple étaient soigneusement cachées à la maison. Ma mère l'adorait et le respectait comme un dieu, il était le seigneur tout-puissant au foyer. Elle était toujours en avance aux rendez-vous qu'il lui donnait en ville. Il n'était pas question qu'il attende une seule seconde. Aujourd'hui, je me rends compte que nous avons passé peu de vacances ensemble. Maman, la bonne, ma sœur et moi, sans papa – qui ne me semblait pas manquer –, nous avons séjourné dans un domaine transformé en lieu de villégiature, dans un grand hôtel près de la frontière autrichienne où de jeunes Souabes provocateurs se montrèrent agressifs – c'était aux alentours de 1938 – à l'égard des vacanciers de Budapest, des Juifs oisifs peut-être ? Que faisait-il en notre absence ? En profitait-il pour se défouler ? « Vous ne suivrez jamais son exemple, n'est-ce pas ? » me supplie-t-elle avec conviction.

Teréz fut une résistante courageuse avant l'heure. Elle protesta contre l'intrusion du fascisme dans notre foyer. Un jour, certainement après l'Anschluss, Fräulein Seidl, mon professeur d'allemand à la prussienne, demanda l'autorisation à mes parents – elle ne pouvait ignorer nos origines peu aryennes – d'écouter un discours de Hitler diffusé à la radio. « Mais comment donc, installez-vous dans notre chambre à coucher », lui proposa ma mère. Les discours de Hitler duraient au moins trois heures. La Seidl, en transe, hurlait avec la foule et applaudissait frénétiquement. Ma mère ne laissa pas échapper une seule remarque, alors que Teréz fit observer à la Seidl sur le point de repartir qu'un tel comportement lui paraissait inadmissible. « Vous serez la première personne que je ferai arrêter dès l'entrée de nos SS à Budapest », lui certifia celle-ci, en 1938 ! Teréz détestait la haine, l'intolérance et les comportements outrancièrement nationalistes.

En décembre 1944, après être sortie, grâce au « Schutzpass » suisse, du camp de travail pour femmes juives mis en place par les Croix-Fléchées, ma mère avait cherché refuge auprès de Teréz. Son visage était couvert d'un fichu. « Mais la pauvre ne pouvait pas dissimuler son nez », me raconte Teréz qui l'accompagnait d'une cachette à l'autre. « On a failli nous arrêter. "Disparaissez", nous a ordonné un brave policier qui contrôlait nos papiers et à qui votre maman doit la vie », ajoute-t-elle.

Ses révélations concernant ma mère, obligée de danser avec des officiers nazis, allemands ou hongrois, pour prouver qu'elle n'était pas une Juive cachée chez sa belle-sœur – une petite couturière de mœurs légères, fière de ne pas porter de slip –, me frappent de plein fouet. J'entends le crissement de l'aiguille posée sur le disque soixante-dix-huit tours distillant une musique « slow », le craquement de bottes des fascistes qui font danser une veuve de trente-sept ans, qui n'avait pas été enlacée depuis de longues années. Elle remercie son cavalier qui la reconduit à sa place – on a beau être fasciste, on peut rester galant et bien élevé avec ces dames – puis, prétextant la fatigue, se retire dans sa chambre. Elle quittait son abri *pendant* les bombardements pour venir me voir au foyer pas très éloigné où j'étais terré. Elle voulait tirer un trait sur ces mois terribles, et elle ne m'a jamais parlé de cet épisode humiliant de son errance.

Je prends congé de Teréz et de son mari qui me souhaitent « force et santé ». Le regard de Teréz est voilé, il me dit qu'il est triste de dépasser un certain âge. Constatation résignée, faite sans désespoir. Elle me fait cadeau d'une housse de coussin que ma mère broda durant les dernières semaines avant ma naissance. Sándor s'incline à sa manière, et la raideur de ce mouvement de vieillard qui perd la tête défie l'amour que je lui porte. Philémon et Baucis de la banlieue ouvrière, ils vivent au jour le jour, unis, se confient à Dieu, ne renoncent pas à se faire soigner – le médecin du quartier accepte qu'ils lui donnent trois cents forints de pourboire –, et attendent la mort.

Au moment où je relis ces quelques lignes, Sándor s'est éteint, non sans avoir voulu assommer son épouse pendant les crises de démence qui précédèrent sa fin. Teréz a quatre-vingt-dix-neuf ans bien entamés. Affaiblie, elle ne quitte plus son appartement. Les souvenirs l'assaillent, les morts la tourmentent, les vivants la harcèlent. Des hallucinations, dont elle est consciente, l'empêchent de dormir : le crucifix quitte sa place habituelle et traverse sa chambre ; des enfants s'accrochent à sa jupe ; des voyous l'agressent. Pendant la nuit, elle est aux aguets, observe les fenêtres qui s'éclairent, espionne le va-et-vient des locataires. Bientôt centenaire, elle n'arrive plus à porter le poids de son siècle. Elle s'intéresse depuis toujours à l'origine du monde, me confie-t-elle, mais que font les scientifiques, se demande-t-elle dans son délire, qui voudraient capter l'énergie solaire ? Ne finiront-ils pas par affaiblir l'astre qui donne lumière et chaleur ? Épuisé, ne tombera-t-il pas dans la mer ? Et, pourtant, elle a confiance dans la providence divine, dispensatrice de bonheur et de souffrances présentes et passées. Grâce aux soins de son neveu, qui héritera de son petit appartement, son nom est déjà gravé sur la tombe de son mari, le « compagnon de son existence » qu'elle a hâte de rejoindre. Dépositaire de la mémoire de ma famille, elle m'a tout donné, tout dit. Teréz est désormais prisonnière de sa solitude. Son esprit se referme sur lui-même et ne me livrera plus jamais ses secrets.

Je me sens mal à l'aise sur le chemin qui me ramène au métro. À l'approche de policiers habillés d'un gris détestable, quelques paysannes misérables ramassent en hâte – à la manière des Africains au Trocadéro ou sur le Ponte Vecchio – leurs marchandises, quelques poivrons frais étalés sur un large torchon. Je m'engouffre dans ce métro qui fut en grande partie construit par des gens qui, autour de 1946-1947, étaient inscrits sur la « liste B » : d'anciens fonctionnaires d'État soupçonnés de collaboration, des militaires licenciés puis, au fur et à mesure que la lutte des classes s'est exacerbée, des propriétaires terriens, des paysans enrichis chassés de leurs terres (il fallait imiter l'exemple soviétique dans la chasse aux « koulaks »), toute une population dont les humiliations et les souffrances m'étaient inconnues à l'époque. Ce réseau souterrain devait servir d'abri dans le cas d'une troisième guerre mondiale opposant les pays occidentaux et l'Union soviétique qui, usant de ce prétexte, aurait immédiatement annexé les démocraties populaires. Tout était prêt jusqu'au moindre détail, comme en témoignaient par exemple les blasons d'État, dessinés d'après le modèle stalinien. Pendant le court trajet, je contrôle discrètement les épingles à nourrice qui attachent mon portefeuille et mon passeport à ma veste. Dans un des couloirs, je suis agréablement surpris par l'odeur des viennoiseries fabriquées dans des fours récemment importés de l'Ouest, grande innovation dans le no man's land du métro. J'accélère le pas pour atteindre la sortie. Je contourne l'immeuble qui abrite le club Aphrodite, le bordel réputé devant lequel la queue de taxis ne connaît pas de détumescence ; pèlerin déboussolé, je rentre à l'hôtel Peregrinus. Dans ma chambre, je contemple le beau marronnier du jardin de l'église orthodoxe serbe. Hébété, anéanti, je ne sais quoi faire ; j'attends que le temps passe et me réfugie dans le sommeil qui me guette en fin d'après-midi.

Teréz et les trois Grâces : Mariska, Anna, Katica... Noël se prépare en été

C'est en contemplant les arbres des Invalides dont le feuillage devient noir à la tombée de la nuit que je me réveille de ma torpeur, sans cesser de penser à la Teréz de mon enfance. Je suis dans mon lit à barreaux – je dois avoir deux ou trois ans, et j'enroule mon « loulou », mou, sale, rassurant, autour de mon pouce –, elle entre dans la pièce en soulevant un lourd panier rempli de bûches pour entretenir le feu dans le grand poêle en faïence. Je l'aperçois baissant la fenêtre du train qui nous amène à Abbazia pour se laver les cheveux à l'eau pure de la pluie. Elle s'entendait bien avec Anna et Katica, les sœurs blanchisseuses, chargées de la petite lessive hebdomadaire et de la grande lessive mensuelle, lavant, rinçant, tordant le linge dans un baquet en bois blanc posé sur deux tabourets. Il fallait les nourrir pour qu'elles travaillent bien ! C'était le jour des pâtes que je n'aimais guère, des nouilles au pavot, un aliment énergétique et riche en glucides réservé dans les maisons bourgeoises aux blanchisseuses qui auraient pourtant mérité un plat de viande. Anna louchait terriblement en brossant le linge, et ma mère, qui était pourtant très réservée et m'interdisait de me moquer des autres, se plaisait à l'imiter, à notre plus grand amusement. Mariska était la troisième sœur de cette famille d'anges stakhanovistes : elle repassait le linge fin avec un fer électrique, tandis qu'Anna et Katica, au moyen de fers aussi lourds que des boulets de forçat et chauffés aux becs de gaz, comme on en voit dans les tableaux de Degas, défripaient les innombrables draps qu'on avait au préalable accrochés aux cordes du séchoir hissé jusqu'au plafond. Entre mars et décembre 1944, nous leur confiâmes certains objets de valeur – mais ce sont les Russes qui les ont trouvés et volés en janvier 1945, et elles disaient vrai « afin que vous le croyiez aussi », selon la parole de l'Évangile ! Ces trois Grâces avaient un frère détective à l'ancienne mode de chez nous, vêtu de costumes sombres, au visage rassurant agrémenté de moustaches retroussées, qui nous racontait des histoires de vols, de crimes de sang, d'enquêtes rusées et de malfaiteurs arrêtés à faire frémir.

Selon le complexe « savoir vivre » d'Europe centrale, je n'avais rien à faire avec les domestiques. Cependant, leur univers me fascinait. J'aimais l'atmosphère embuée de la cuisine où je humais le fumet du rôti, goûtais, en y plongeant le doigt, la préparation de la sauce au chocolat.

Dans la buanderie, je flairais l'odeur des bûches de bois fraîchement coupées et entassées et j'étais gêné par les effluves du dénuement qui me parvenaient de la chambre de bonne attenante ; les deux lits en fer, pliables, qui la meublaient de manière rudimentaire ne s'abîmaient pas sous la flamme de la lampe à souder qu'on utilisait pour tuer les punaises.

Je suis dans la cuisine, qui m'est quasiment interdite, debout près du plan de travail, recouvert – une fois par semaine, c'était un rituel – par la pâte à strudel fine, quasi transparente qui déborde. Mon front touche la table, et je me dis, là, dans le gynécée des servantes : « J'ai quatre ans ! » Elles s'amusaient à mes dépens en me ravalant, de quelque manière, du statut de jeune maître à celui d'« idiot de la famille ». Les recluses de ce harem, les houris, pouvaient se transformer en harpies. L'un de leurs jeux favoris s'appelait « Le bout en est de l'autre côté ». Il consistait à me faire passer par-derrière et par surprise un balai entre les cuisses. Avais-je l'intuition que l'expression argotique « brosser une femme » signifiait la pénétrer sans amour ? Cette chevauchée domestique, ce mini-carnaval de cuisine, mon air ahuri, mes protestations, la braguette du fils de famille garnie de poils, le manche qui touchait ses parties les faisaient rire aux larmes. J'étais blessé, choqué, outré, mais je n'en voulais pas à ces sorcières qui ne mettaient dans leur chaudron ni crapauds, ni yeux de serpent, ni herbes cueillies à minuit sous le gibet, comme celles de *Macbeth* ou de *Faust*, mais des ingrédients amoureusement choisis et agrémentés d'une pincée de cumin hongrois pour le pot-au-feu du déjeuner.

Mme Konrád, une petite boulotte portant des lunettes à monture noire, se voyait confier, une fois par mois, le linge à repriser. C'était une spécialiste du blanc : elle veillait au bon état des nappes damassées, des draps en lin de coton et des serviettes éponge. Elle céda un jour au caprice de ma mère et s'ingénia à me confectionner un sous-vêtement « une-pièce », maillot et culotte dépourvu de braguette, où seules les fesses se dénudaient ; ce projet castrateur, qui comportait des séances d'essayage humiliantes, ne vit pas le jour, car je sanglotais comme un nourrisson qui a des douleurs d'entrailles. Un grand malheur frappa Mme Konrád : son fils aîné, militaire de carrière, se suicida à cause d'une stupide affaire d'honneur. Nous ne l'avons plus revue à partir de 1940. Ilona, la couturière à la journée, cousait des robes pour ma mère et pour ma sœur ; elle disparut également au cours de cette année fatidique où nous quittâmes la villa de l'avenue Aréna. Je ne sais comment Mária la brune, l'institutrice débutante, atterrit chez nous pour me donner des leçons de *hongrois*. Douce, patiente, indulgente, elle avait compris que le petit Juif, dont la « langue nourricière » était l'allemand, qui prononçait les « r » au fond de la gorge – ce qui l'excluait de la communauté des Magyars de souche – prendrait bientôt le chemin de l'école communale où il devrait faire bon usage de sa langue maternelle. Un jour, Juci aux grands pieds, la sœur cadette de Mária, vint chez nous. Elle léchait de sa large langue charnue l'encre renversée sur mon bureau pour le nettoyer ! Juci portait des chaussures d'homme ! Ma mère m'apprit qu'il ne fallait pas « voir » ces singularités : ces pauvres gens n'avaient pas assez d'argent pour acheter des souliers à leur fille qui arpentait les rues de Budapest dans ceux de son père. Mária la blonde succéda à Mária la brune. Cette petite bonne femme énergique, directive et exigeante m'initiait au maniement de la scie à chantourner, à peindre le bois découpé et à le vernir. J'ai retrouvé Mária la blonde en 1948, au rectorat de Budapest, à l'occasion d'un concours général. Je l'ai désirée, couverte de baisers, et elle se laissa embrasser ; mais les retrouvailles s'arrêtèrent là.

Ma mère était reconnaissante du dévouement de ses gens. Elle préparait Noël dès le mois de juin. Elle se rendait chez M. Lusztig, propriétaire d'une boutique de tissus à la lisière du Bois-de-Ville – pas un magasin du centre-ville, malgré tout –, et choisissait des mètres de toile à carreaux, de crépon à petites fleurs, de laine fine, de satin noir, de coton blanc en fonction de l'âge, du goût et des besoins de ses fidèles et aimées vassales. À l'approche des fêtes de fin d'année, l'empaquetage et l'étiquetage prenaient des journées entières. Katica et Anna, reconnaissantes, voulaient embrasser sa main, mais ma mère les en empêchait par une courte phrase stéréotypée et affectueuse : « N'y songez pas, ma fille, laissez cela pour un autre jour ! »

Une prisonnière décorée

J'étais parti à la recherche des derniers témoins de mon enfance, des rares survivants qui avaient connu mes parents. J'ai recueilli leurs propos pour témoigner de leur courage, de la magnanimité qui les animait, de la dignité qui les faisait vivre dans des conditions souvent déplorables. Ils ont gardé des splendeurs de naguère une grandeur d'âme, une bonté, une exigence éthique incomparables. Les communistes avaient-ils tort de pourchasser les descendants de la bourgeoisie ruinée ? Les idéologues du Parti n'ignoraient pas que les déclassés conserveraient un état d'esprit *européen* et que leur culture constituerait un rempart tout intérieur contre l'adversité et la barbarie des nouveaux temps. Alice et Édith, les sœurs de Dódy, appartenaient à cette génération.

Après le décès de son mari, Dódy n'a pas voulu quitter la Suisse. À quatre-vingts ans, elle donnait encore des leçons de piano. Restée désespérément seule, elle refusa de retourner en Hongrie tant son pays balkanisé lui faisait horreur. Alice, quelque peu diminuée par l'âge et par la maladie, coupée de ses sept petits-enfants par une bru énergique, se laissait terroriser par Édith, une nonagénaire fragile au caractère inoxydable. L'ancienne secrétaire de l'attaché commercial de la légation française à Budapest fut accusée d'espionnage. Elle fut arrêtée en 1948 et les communistes la condamnèrent à six années de prison. Affamée, réveillée en pleine nuit, soumise aux interrogatoires, aveuglée par des projecteurs, elle a résisté à la torture psychologique. À la « taupe » à peine sortie du lycée qui était chargée de lui extorquer de misérables secrets inexistants, elle fit réciter des poèmes et se moqua d'elle en l'aidant à reconstituer la succession des rois de Hongrie. Entre-temps, son mari, un biologiste, chanteur amateur digne de Fischer-Dieskau incarnant le rôle du Christ dans les *Passions* de Bach, est mort. À sa sortie de prison, elle a subvenu à ses besoins en donnant des leçons de français, d'anglais et d'allemand. L'État français lui a alloué une rente de quelques centaines de francs, et le président Chirac vient de la décorer de la Légion d'honneur. J'ai promis de lui envoyer quelques centimètres du ruban adéquat (on peut l'acheter au mètre dans une boutique de la galerie du Palais-Royal), car le plastique rouge lui déplaît souverainement. Elle circule seule et les conducteurs de trolleybus, qui la connaissent bien, s'arrêtent près du trottoir pour lui faire plaisir. D'une main tremblante, elle semble me bénir et me félicite de « n'avoir pas changé ». Édith est une artiste du quatrième âge : elle se déplace avec une agilité étonnante dans son appartement, du salon encombré de photos et de souvenirs jusqu'au balcon étayé de poutres qui, comme elle, ne cède pas au poids des ans. J'ai du mal à la quitter. Elle a bien connu ma mère et l'a aidée, avant son départ pour Paris, à rafraîchir ses connaissances en grammaire française. Elle l'a accompagnée à la gare. Le train s'ébranlait déjà, mais elle a crié, en guise de dernier adieu : « N'oubliez pas que l'imparfait remplace le conditionnel après le *si* hypothétique ! »

Je me dirige vers le métro. Au coin de la rue Bajza, pas très éloignée de l'avenue Aréna où nous habitions jusqu'à la rentrée 1940, apparaissait la pharmacie Wittmann dont nous étions de bons clients avant la guerre – ma mère refusant résolument toute acceptation de la douleur. Dans les années 1942 et 1943, nous nous y sommes approvisionnés en tranquillisants, antidépresseurs et piqûres d'insuline pour soigner mon père. Plus une seule trace... Seul demeure le souvenir de quelques noms de médicaments – *Algogratine*, un antalgique, *Panaflou*, contre la grippe, *Birobine* et *Fercupar*, contre l'anémie – prescrits par le professeur Preizics, un petit Juif bossu dont le stéthoscope pesait lourd sur ma poitrine, ou par le docteur Armin Flesch, un adepte de la méthode Priznitz préconisant d'envelopper le corps avec des linges mouillés pour faire baisser la fièvre.

Le monde disparu du Bois-de-Ville

Dans les années de l'après-guerre, l'idée de retourner rue Aréna ou de revisiter les allées du Bois-de-Ville, arpentées en landau, puis à pied et enfin en trottinette, ne m'a pas traversé l'esprit. Pourtant, le Bois est un espace accueillant. Je contemple les allées goudronnées du haut de mon landau, je les parcours en jouant au cerceau. Essoufflé, je m'arrête devant la carriole du laitier réfrigérée par des blocs de glace qui dégouttent ; le cocher vend des bouteilles de chocolat froid, fermées par un couvercle en carton qu'il faut percer avec une « paille » en papier ciré. Gentleman-driver, je lance mon bolide, actionné par des pédales, sur la piste qui longe les bas-côtés sablés réservés aux cavaliers et à leurs compagnes qui se rendent au manège du Tattersaal. N'est-ce pas de Milan que mon père m'a rapporté ma première trottinette à pédale ? Et pendant que les bonnes d'enfants médisent de leurs patrons, je rêve en écoutant le ruisseau qui s'engouffre bruyamment dans les bouches d'égout. Comme j'aimerais pouvoir suivre le trajet souterrain des objets que j'y ai jetés ! J'en rêvais en courant sous les beaux marronniers blessés à mort pendant le siège de la ville en décembre 1945.

La configuration du Bois a radicalement changé après la guerre. Devenu dépôt de gravats, le terrain s'est boursouflé de collines qui n'existaient pas auparavant. La construction du « Stade du peuple », prévu pour cent mille spectateurs, a fait déplacer des millions de mètres cubes de terre. Des fossés furent comblés, des gradins involontairement créés qui conféraient une certaine théâtralité au lieu. Et puis les herbes folles et, par la suite, le gazon planté ont recouvert cette Atlantide disparue pour toujours. On chercherait en vain l'emplacement de la Foire internationale, où en 1938 j'assistai à l'une des premières retransmissions télévisées, quelque peu décevante car l'image sur l'écran n'avait rien à voir avec le tournage que j'avais suivi auparavant à travers la vitre du studio. Où est l'avenue Stéfánia, la promenade des élégantes d'avant-guerre, qui sert aujourd'hui de garage aux cars momentanément abandonnés par les touristes ? La statue du tireur à l'arc, une imitation libre par le sculpteur Stróbl de celle de Bourdelle, a-t-elle rapetissé devant l'entrée de l'ancienne patinoire désertée ? Où sont la roseraie et les gardiens qui séduisaient les bonnes d'enfants ? Où sont les préposés à l'éclairage public, les allumeurs de réverbères à gaz ? Dès notre emménagement dans l'appartement de la rue Fejér György en 1940, j'avais « oublié » ce monde à la fois chic et louche, car il englobait le Prater budapestois, le « Vurstli » – du patois austro-allemand « Würstli », qui signifie « petit saucisson » –, paradis des enfants, qui montaient dans son train à la locomotive-dragon aux yeux rouges et à la langue écarlate, et des employées de maison, proies toutes désignées pour des militaires en permission et des voyous à casquette.

Dans mon rêve, je traverse à pied le lac artificiel à l'orée du bois de Boulogne budapestois. L'eau douce et chaude, qui recouvre en été le fond bétonné de la patinoire ouverte en hiver, m'arrive à la taille. Je me dirige vers l'autre rive d'où quelqu'un me lance un câble qu'un flotteur en polystyrène maintient à la surface. Malgré les mises en garde que je crois entendre, je n'attrape pas ce fil car je ne me sens pas en danger. Que suis-je allé chercher dans l'axe de ma traversée ? Vers cinq ou six ans, j'avais fait une promenade aux abords de l'endroit où je suis sorti de l'eau dans mon rêve. Un groupe de Juifs en caftan y priait. Ma bonne me fit éviter le rassemblement en me disant que les gens donnaient à manger aux poissons. En fait, je le sais aujourd'hui, il s'agissait de la veille de Roch Hachana, la fête du Nouvel An ; ces Juifs étaient là pour jeter symboliquement leurs péchés dans l'eau, au seuil d'une période de dix jours de pénitence. Est-ce que je désire me rapprocher d'eux ? Lors d'une visite universitaire en Israël, je me suis trouvé devant le mur des Lamentations, un samedi soir pour fêter la fin du shabbat, en compagnie de Shlomo Elbaz, un remarquable spécialiste de la francophonie. Il connaissait mes origines et mon statut quelque peu équivoque en ce lieu saint. Libéral et généreux, il me fit entrer dans la ronde qui « dansait » sa joie à l'issue de la journée de recueillement. J'en fus heureux et profondément ému. Shlomo, qui avait l'intuition de ma quête nostalgique de la religion de mes ancêtres, me déconseilla pourtant de pénétrer dans le couloir, sous le mur, où les Juifs orthodoxes se balançaient en priant. Ma présence aurait pu les effaroucher. Comment m'auraient-ils accueilli, les orthodoxes rassemblés près du lac du Bois-de-Ville ?

Un Opéra au milieu de ruines

Les gravats déposés au Bois-de-Ville, désormais couverts de gazon et qui, au fil des années, s'enfoncent dans l'humus de l'oubli, m'évoquent la capitale jonchée de ruines d'après le siège de 1944-1945, au milieu de laquelle seul le palais de l'Opéra est illuminé. Après avoir restitué aux musiciens de l'orchestre leurs instruments confisqués, les autorités soviétiques firent ouvrir les portes du théâtre lyrique ; les Russes ne sont-ils pas mélomanes depuis toujours ? Rouvert à l'intention du commandement de la garnison d'occupation et aux amateurs pesthois d'art lyrique qui arrivaient jusqu'à l'avenue Andrássy – après avoir emprunté des rues où les chiens affamés, les voleurs hongrois et les maraudeurs russes guettaient les passants –, l'Opéra était un lieu féerique. Chez soi, on s'éclairait à la bougie, et on découvrait le foyer illuminé par ces lampes dont l'abat-jour en verre bleuté et transparent atténuait la force rayonnante. On quittait des appartements dévastés et on retrouvait au parterre des sièges recouverts de velours ; on longeait des façades éventrées et on apercevait sur la scène des murs en faux marbre. De grands artistes qui ne s'étaient pas compromis durant la dernière période du fascisme hongrois – contrairement à cette basse profonde admirable qui avait eu la malheureuse idée de serrer la main du Führer hongrois, à l'occasion d'une réception au Château de Buda, en présence d'un photographe – retrouvèrent leur place dans des distributions prestigieuses. Les artistes juifs, à la voix parfois éraillée, reprirent leurs rôles, et le public se montra indulgent à leur égard. L'Opéra de Vienne, qui avait été détruit lors d'un bombardement par les Alliés et qui poursuivait ses activités au Theater an der Wien, « prêtait » quelques artistes, en fin de carrière, à la maison sœur de Budapest. Avec l'inflation, les places au dernier balcon ne coûtaient pas plus cher qu'une galette de pâte au levain préparée au coin d'une rue. Je découvris que l'art lyrique me procurait une véritable jouissance physique et qu'il alimentait mes fantasmes. Je sanglotai avec Rodolphe découvrant que Mimi était morte, gémis avec Aïda, m'identifiai à Hoffmann dont les amours étaient contrariées par son ennemi, l'homme noir aux visages changeants. J'assistai au finale de l'acte premier de *Don Giovanni* où le séducteur déclame : « Viva la libertà ! », exaltant la liberté, synonyme de dignité humaine dans le contexte hongrois. À l'époque de la « trahison » d'Ágnes, « Non, elle ne m'a jamais aimée », l'air de Philippe II dans *Don Carlos*, m'avait profondément bouleversé. Je vibrai avec les chanteurs et partageai l'enthousiasme des chefs et de l'orchestre qui redonnaient sens à ma vie. Je jubilai de plaisir, oubliai ma misère et mes angoisses. La troupe chantait alors en hongrois. Mais il arrivait qu'un artiste invité chantât en italien et un autre en allemand. On faisait abstraction de la confusion babélienne des langues, la musique nous paraissait supranationale et le chant universel. C'était l'avis du grand Klemperer qui, dépité par ses insuccès viennois d'après-guerre, s'établit pour plusieurs années à Budapest et dirigea les cinq grands opéras de Mozart chantés en hongrois. Paralysé de la main droite, il accompagnait, de la main gauche, les récitatifs au piano, intercalant dans la partition quelques notes de son cru – « un signal radio », écrivit un critique malveillant – quand il voulait rappeler à l'ordre un chanteur inattentif. Il séduisait de jeunes cantatrices pour la plupart sans talent qui accueillaient leur dieu Priape avec une rose rouge à la bouche. Artiste austère, il dirigeait généralement assis, sans baguette, le poing fermé, d'où émergeait un pouce immense qui battait la mesure d'une manière quelque peu mécanique. Mais, saisi par l'émotion, il se levait, soudain, et tendait ses bras de géant lors des moments exceptionnels tels que le quatuor de *Fidelio*, le canon des noces burlesques dans *Così fan tutte*, ou le chant épanoui du chœur quelques mesures avant la fin de la *Neuvième*. Il circulait librement entre Budapest et Vienne ; s'est-il rendu compte des changements intervenus dans la vie culturelle du pays auquel il était si attaché ? Il quitta la Hongrie après le tour de vis infligé à la programmation musicale : les opéras de Wagner furent interdits et les *Passions* de Bach, la religion étant « l'opium du peuple », proscrites.

Je remets mon scaphandre ; je connais le fond marin, les allées qui le parcourent, les navires naufragés couverts d'algues et de petits coquillages qui s'y reposent pour toujours ; apparaissent les colonnettes de fer qui soutenaient les dômes des kiosques à musique où l'on jouait des mélodies d'opérette de Lehár, qui distillaient de la nostalgie austro-hongroise dans ce pays qui avait perdu son « sourire » et se préparait à la guerre.

Une Académie où on ne joue pas que de la musique

En ce mois de mai 1997, le métro me dépose au Rond-point de l'avenue Andrássy, à proximité de l'Académie de musique. À défaut de concert, je me rabats sur une soirée de musique de chambre, animée avec nonchalance par Tamás Vásáry à qui l'irréductible Kodály envoya un piano dans les années 1950-1952 alors que, « déplacé », il croupissait dans un village perdu de la Puszta. Je m'approche de ce bâtiment vénéré jadis. La statue du vieux Liszt assis dans son fauteuil, intégrée dans la façade de cette grande école de compositeurs et d'instrumentistes, contemple, dans le square en face, la sculpture en bronze d'un virtuose fou, son « double » au visage égaré et à la chevelure flottante, dont les mains démesurées n'effraient point les enfants qui grimpent sans respect sur ses genoux. La soirée improvisée me déçoit, et les trois péronnelles qui ne cessent de bavarder derrière mon siège situé au premier balcon sur la gauche m'énervent prodigieusement. Je m'ennuie pendant l'entracte, je déambule dans le foyer du rez-de-chaussée à la recherche de visages connus, comme si le temps s'était arrêté depuis mon départ en 1956. Je photographie les escaliers « Art nouveau », les fontaines décorées de mosaïques scintillantes. Comment ai-je pu oublier les concerts exceptionnels de mes jeunes années ? La matinée de l'Orchestre philharmonique de la Ville, en février 1945, consacrée aux œuvres de Mendelssohn interdites par le régime nazi ; Menuhin jouant pour la première fois à Budapest la *Sonate pour violon seul* qu'il a commandée à Bartók, malade de leucémie à New York ; Annie Fischer en transe s'attaquant au *Hammerklavier* de Beethoven ; Richter encore élégant et mince, entrant en scène la tête penchée vers son épaule gauche et imposant aux staliniens un programme exclusivement composé d'œuvres de Debussy et de Ravel ; Székely et son Quatuor hongrois ; Végh et ses musiciens ?

Cette salle prestigieuse servit de cadre – je m'en avise au moment où je trace ces lignes – au procès des Croix-Fléchées. Le public était soigneusement sélectionné par le Parti communiste qui distribuait des places pour un spectacle qui laissait la foule indifférente. Installé au premier balcon sur le côté gauche, j'assiste à une séance, un matin de mars 1945. Sur l'ordre du président du « tribunal du peuple », entre un sinistre personnage à l'allure insolente. Sanglé dans son uniforme, chemise noire, pantalon noir, bottes de cavalerie noires, il décline son identité : « Ferenc Szálasi, chef suprême de la nation hongroise. » Le président le rappelle à l'ordre, mais l'ex-« Führer » l'insulte en déclarant que ce tribunal fonde son autorité sur la présence des « baïonnettes soviétiques ».

Le président lui coupe la parole et l'expulse de la salle. (Dire que cette crapule a foulé les mêmes marches que Mahler, Mengelberg, Furtwängler, Szigeti ou Jacques Thibaud !) L'accusé suivant, l'ancien maire d'un quartier du nord – la « Villeneuve Léopold » – de Budapest, avait refusé, à partir d'octobre 1944, de vendre du lait disponible, en échange des tickets de rationnement, à des mères juives qui devaient nourrir leur bébé. Le personnage est minable, il se repent, mais en vain, car il n'échappera pas à la sentence de mort.

Il est incontestable que cette juridiction émanait du système mis en place par les Soviétiques. Néanmoins elle me paraît légitime encore aujourd'hui. Dans sa démarche, il y avait quelque chose de naïf, d'idéaliste ou d'humain, tout simplement. Elle fit conduire Szálasi et sa clique au bord du Danube pour qu'ils contemplent la ville en ruine, les ponts détruits par les Allemands, le Château de Buda calciné, les rives encombrées de gravats. Comme si ce tribunal estimait que ces criminels devaient se rendre compte de la catastrophe qu'ils avaient provoquée par leur folie. Ils furent condamnés à mort, et pendus dans une cour de prison. *L'Express* hongrois de l'époque – son titre m'échappe – publia la photographie des pendus encore accrochés à leur gibet, le visage caché par les bandelettes qui entouraient leurs têtes. Ce procès nécessaire, qui se justifiait selon moi, n'avait rien à voir avec celui intenté aux anciens communistes, mis en place par des conseillers soviétiques, et qui reposait sur des déclarations obtenues par la torture et une méthode de persuasion diabolique (« dans l'intérêt du Parti et du mouvement ouvrier international… »), un mécanisme décrit et analysé aussi bien par le lucide Arthur Koestler dans *Le Zéro et l'Infini* que par le médiocre Arthur London dans *L'Aveu*.

Déçu, je quitte la soirée Tamás Vásáry et m'engouffre dans le Mc Donald's du boulevard Erzsébet, garanti sans musique tzigane, où le client est servi par des jeunes gens souriants et nullement serviles. (Des instructeurs américains ont débarqué au moment de l'ouverture du premier restaurant de la chaîne à Budapest, pour initier les Magyars à la chorégraphie adaptée à la bonne marche et au profit de l'entreprise.) Je parcours le boulevard jusqu'à l'avenue Rákóczy ; ce prince de Transylvanie n'est pas un inconnu pour le public français, il tient une maison de jeu fréquentée par Des Grieux dans *Manon Lescaut*. Je passe devant une librairie où ma mère a travaillé ; comme si j'avais oublié les années d'après-guerre, je traverse le boulevard et tourne le dos au cinéma où, avant l'interdiction des films américains par le régime communiste, j'ai vu Veronica Lake dans *Ma femme est une sorcière* de René Clair. L'autobus qui me ramène à l'hôtel Peregrinus me laisse à peine entrevoir l'Urania, exploité jadis par la compagnie cinématographique allemande UFA, où je vis, avec mon père, un film de guerre nazi. Sur mon écran intérieur se déploient ces images qui m'ont marqué. Un marin a du mal à ouvrir l'écoutille du submersible qui s'enfonce rapidement dans les profondeurs de la mer. Il perd pied, lutte contre les vagues, et se noie irrémédiablement. Un malaise me saisit, je cherche le regard de mon père que je sens proche de moi.

Chapitre IX

Un album de photos

L'album de photos est couvert d'une toile rembourrée ornée de roses blanches et rouges, et porte la mention inscrite à la plume : « FRED 1930- ». Comme dans un dictionnaire de contemporains, il manque la date de la mort. Personne ne l'y inscrira. Dans l'esprit de ma mère, le tiret ne renvoyait pas à ma disparition, il ouvrait des perspectives, guidait le présent vers l'avenir. Comment cet album a-t-il échappé aux désastres, à la ruine, au pillage, à la dispersion ? Je ne le sais pas. Il se trouvait dans l'une des trois ou quatre caisses, que dis-je, trois ou quatre *cartons*, que je transportai, après la mort de ma mère, de son dernier domicile dans notre cave. Je le feuillette pour la première fois de ma vie ; je n'avais jamais osé me confronter aux images d'un passé qui me paraît tellement proche, et dont je ne cesse de parcourir, telle la taupe de Kafka, l'inextricable et chaud labyrinthe. Un bébé dodu et replet, content et souriant, qui se dresse sur ses bras – son coussin est posé sur une table du balcon décoré de plantes vertes dans l'appartement des grands-parents paternels, au rez-de-chaussée de la villa de l'avenue Aréna. Ce nourrisson qui se repose, après la tétée, sur les genoux de sa mère, c'est moi. Le garçonnet pleurant sur son pot de chambre ou secouant les barreaux de son lit, c'est mon image dans le miroir, car je me vois encore couché, suçant mon « loulou ». Je devais être souvent de mauvaise humeur, même quand j'étais dans les bras de cette jeune femme qui était ma mère. Le photographe amateur ne possédait pas l'art de M. Veress qui, dans son atelier, saisissait l'instant propice, la pose avantageuse, le regard incontestablement expressif des mômes de bonne famille que l'on amenait obligatoirement chez lui et pas ailleurs. Ce parc, cette chaise à bascule également pourvue de quatre roues, le landau à lourde caisse suspendue sur des ressorts chromés faisaient partie du mobilier qui m'environnait, d'après ces photos de format 6 × 9 ou 6 × 6, prises probablement avec un Kodak-box ou une boîte Agfa. Je me revois en compagnie de ma grand-mère maternelle, que j'ai perdue vers l'âge de quatre ans, dont le regard souriant me rassure. J'ai une raquette de tennis sur les genoux, j'en pince les cordes de couleurs différentes – le souvenir s'immisce ici, car naturellement ces photos sont en noir et blanc –, fasciné par la surface quadrillée dure, glissante, comme enduite de colophane. J'étais visiblement heureux dans l'eau, aussi bien à l'établissement thermal, où nous avions notre cabine, que dans la piscine de ce village autrichien où nous passions des vacances. Tiens, je suis dans les bras de mon grand-père paternel, si autoritaire avec ses fils adultes, puritain à sa manière, excédé par la volubilité et les manies ostentatoires de sa femme qui jouait avec son triple collier de perles. Voilà un garçonnet de quatre ans, habillé de blanc et portant une lavallière noire, sur sa trottinette ; il s'amuse sur le balcon de la villa qui se trouvait à proximité du Bois-de-Ville. Il s'apprête à monter dans sa voiture, ô combien démodée, une espèce de baignoire roulante à pédales. Il est surtout en compagnie de sa mère, aussi bien dans les collines de Buda que dans l'alpage autrichien. Ses cheveux sont séparés par une raie sur la gauche, ses mèches sont égalisées jusqu'au milieu de l'oreille, qui demeure dégagée, et retombent, plus longues, en arrière. La jeune femme lit un livre qu'il contemple en lui passant un bras autour du cou ; de l'autre il s'accroche à la collerette de sa robe. Il l'embrasse ostensiblement en lançant au photographe un regard complice. J'étais si heureux dans les Tatras tchèques quand je tirais ma luge, habillé d'un collant beige et d'un bonnet chaud, et non point, comme dans les années à venir, d'une casquette à visière qui faisait reconnaître en moi le petit Juif. Je garde une incommensurable nostalgie de ce séjour, du funiculaire qui me faisait découvrir d'immenses étendues enneigées, et j'éprouve encore le bonheur qui ne faisait qu'un avec celui de ma mère.

Je suis près du berceau de ma sœur, mon bras posé sur ce nourrisson endormi. Je ne me souviens pas de ma mère quand elle était enceinte ! Qu'est-ce qui obscurcit ma mémoire ? Certainement la pudeur excessive de certaines familles où la sexualité ne pouvait être dite que sous une forme déguisée et refoulée. La cigogne qui, de son long bec, attrape le bébé voguant sur l'onde du lac céleste et le dépose dans le foyer choisi est typique à cet égard. En revanche, je me revois entrant pour la première fois dans la chambre du Sanatorium du Parc où avait accouché ma mère, et découvrant ma sœur près d'elle. Ruse suprême de la prévoyance maternelle, un rouleau compresseur miniaturisé – ce type d'engin me fascinait à l'époque – se trouvait également dans le berceau. J'acceptai sans sourciller ce « cadeau » de ma cadette atterrie ici-bas, destiné à me faire admettre la perte de mon statut d'enfant unique.

Viennent ensuite des photos d'Abbazia, près de Fiume, débaptisée en Rijeka, port de la monarchie austro-hongroise puis du royaume d'Umberto II. Je suis avec ma mère, une jeune femme élégante et sportive, et mon père qui porte un short. Il est heureux, détendu, plus proche de moi que de son épouse. Les « hommes », mon père et moi, ont des casquettes italiennes plates ; un bandeau blanc protège les cheveux de ma mère. Les séjours à Abbazia, en 1936 et 1938 probablement, se confondent d'autant plus dans mon esprit que les photos de l'album maternel ne les distinguent pas. Le voyage en Lancia, dans la journée, de Budapest à Abbazia avec mon père et notre Teréz est un de mes bons souvenirs. À Ljubljana, où nous arrivâmes à l'heure du déjeuner, monsieur le directeur Loránt se fit ouvrir une chambre d'hôtel pour faire la sieste avec son fils. Je me sentis proche de lui, physiquement, et cette sensation avait quelque chose d'exceptionnel au cours de mes années d'enfance. Ma mère, ma sœur et Teta arrivèrent par le train, le lendemain matin. La question de ma mère : « t'es-tu brossé les dents ? » me blessa dans ma fierté. En fait, je ne me les étais pas brossées !

Abbazia la blanche resplendissait de sa beauté adriatique. Nous habitions une dépendance du Grand Hôtel, propriété de la famille Zehentner. Avant la guerre, mon père avait confié des bijoux à Annie et Louisa, les deux sœurs. Elles les ont naturellement restitués à ma mère qui put ainsi faire face aux dépenses considérables occasionnées par la maladie paternelle. Expropriée par le régime de Tito, Annie devint cantinière en gros de l'armée américaine à Venise ; Louisa ouvrit un bar à Mestre. Enrichies une fois de plus, elles se retirèrent à Rome et me reçurent dans leur appartement du Monte Mario. Dans les années 1980, Annie et Louisa ont disparu pour toujours de l'annuaire téléphonique de la capitale. Elles devaient avoir l'âge de ma mère.

À l'annexe du Grand Hôtel, la chambre des enfants donnait, comme celle des parents, sur la mer. La journée était rythmée par l'amerrissage de l'hydravion le matin, la baignade, les promenades au bord de la mer et le passage du *Mocenigo*, un beau navire fellinien, éclairé le soir par des guirlandes de lampes, qui reliait Venise à Fiume. Le *Giulio Cesare*, un paquebot mystérieux, jetait l'ancre loin de la jetée gardée à l'entrée par la douane abritant le café du port. J'ai appris à nager dans l'établissement de bains situé au-delà du parc, suspendu par une sangle à la perche tenue par le maître nageur. Par un mouvement imperceptible, le perfide pouvait me faire boire la tasse. J'avais non seulement peur des requins inexistants, mais aussi des pieuvres, et j'ai bien cru en apercevoir une sous la galerie où se tenait le maître nageur. L'un de ces polypes me regardait de ses gros yeux saillants. Puis, nous avons changé de plage : la nouvelle s'abritait dans la courbe de la promenade du bord de mer en direction de Fiume. Le beau Victor régnait sur les cabines et les canots. Soldat de la Brigade bleue envoyée par les Italiens sur le front de l'Est, il devait mourir en Russie. Un radeau était fixé à quelques dizaines de mètres du rivage ; mon père me promit cent lires d'argent de poche si je sautais à pieds joints dans la mer. L'argent réussit à me corrompre et à vaincre mon appréhension – il est vrai que le cornet de glace coûtait cinquante centesimi... Ainsi passaient les jours. Mon père jouait au tennis, et la grand-mère malicieuse d'une bonne famille ruinée de Buda m'a laissé entendre, dans les années 1946-1947, qu'il s'intéressait de près à la petite Erzsébet Ribáry qui jouait remarquablement au tennis, aussi.

Les photos sont taciturnes et leur placidité exaspère la patience de qui veut percer leurs secrets. Certes, le célèbre hôtel Quarnero figure sur l'une d'elles. Mais, si elles pouvaient parler, elles raconteraient qu'une femme nue s'exhibait sur la scène installée au fond de la grande terrasse, et que ces messieurs-dames effarouchés s'y rendaient le soir pour l'effeuiller de leur regard. Dans la version édulcorée du spectacle pour enfants et chauffeurs qu'ils y envoyaient le dimanche après-midi, la dame en tenue d'Ève était absente. Je me souviens d'un extraordinaire numéro de prestidigitation : le magicien, portant dans ses bras une grande radio recouverte d'un carré de soie noire, s'avance vers le public ; il lance la lourde boîte dans les airs... Le poste de radio a disparu et il salue le public en agitant l'étoffe. Ce morceau de tissu avait recouvert mes souvenirs jusqu'au jour où j'ai vu *Colonel Redl*, avec le remarquable Brandauer. Pendant la projection, j'eus l'impression que la statue de la petite sirène d'Abbazia me faisait signe.

À l'occasion de ma première communion en 1936, me voilà en tenue d'apparat hongrois, veste blanche ornée de brandebourgs. Sur la photo collective, le père Luzsenszky – fasciste notoire quelques années plus tard – se trouve naturellement au centre. Des petites photos se succèdent : changement de trottinette, elle est pourvue d'une pédale ; changement de costume, le knickerbocker remplace progressivement la culotte. L'expression du visage demeure celle d'un garçonnet souriant. Disparaît la raie, les cheveux coiffés en arrière contournent désormais l'oreille. L'adolescent met une main dans sa poche. Il semble philosophe et serein, pourtant il bégaie, les émotions, les pulsions, les complexes qu'il n'arrive pas à formuler le submergent. Ce sont les deux dernières photos avec mes parents : sur la première, mon père donne la main à sa fille chérie – je crois qu'elle était sa préférée –, sur la seconde, ma mère, au centre, pose des mains protectrices sur l'épaule de chacun de ses enfants. Le format des ultimes photos s'est agrandi ; elles ont été prises par l'éternel Veress des bonnes familles. Qui est ce garçon ? Ce beau jeune homme romantique et ténébreux qui ignore son pouvoir de séduction et me regarde avec confiance ? Et cette dame, entourée de ses enfants et petits-enfants dans un appartement parisien, qui est-elle ? Mince, fragile, vêtue d'une robe simple, les cheveux gris impeccablement coiffés, elle adopte une attitude un peu raide en fixant l'objectif. Elle souffrait déjà d'une angine de poitrine. Ma mère s'est éteinte à la Salpêtrière. Qu'est-ce qui me pousse à avouer ici qu'à la veille de sa mort j'ai vu un film pornographique pour la première fois de ma vie. *Deep throat* (Gorge profonde), l'histoire d'une jouisseuse à l'anatomie extravagante, dont le clitoris se nichait au fond de la gorge. Je savais que le lendemain j'affronterais la mort, désespérément je voulais la conjurer, injurier l'être aimé, briser la décence, blasphémer contre ma mère qui allait disparaître. C'était la révolte contre l'innommable que je ne cesse de nier, mais qui attire irrémédiablement mon embarcation vers le mystérieux pôle magnétique où elle se brisera.

Album, que me veux-tu ? Ces clichés, surtout ceux postérieurs à 1936, offrent le visage lisse et serein, gai et méditatif d'un adolescent cachant ses problèmes sous un maquillage de théâtre. Les joues, savamment éclairées par le photographe, ne présentent pas la moindre trace de l'eczéma d'origine nerveuse qui me tourmentait depuis ma petite enfance. Je détestais les pommades grasses ou au goudron qu'on me prescrivait et je fus particulièrement reconnaissant au dermatologue qui recommanda à ma mère de m'emmener en promenade le dimanche dans les collines de Buda et de m'y faire boire des « diabolos framboise ». Ces photos sont muettes. Elles ne parlent pas des visites chez l'orthophoniste qui, muni d'un appareil faisant vibrer le menton, voulait nous apprendre, à ma mère et à moi, à prononcer correctement les « r ». Avant 1945, le « r » « vélaire » était l'indice irréfutable d'une origine juive ; après 1945, il faisait soupçonner l'ascendance aristocratique. Une de mes distinguées collègues m'a présenté ainsi à ses étudiants : « Monsieur Loránt – à ce moment-là, je lisais en allemand – et son inimitable accent austro-hongrois » ! Quelle chance que cet album me soit parvenu. Il me permet de feuilleter l'histoire de ma vie, de poursuivre et d'approfondir mon dialogue avec le passé. Ces photos muettes et parfois énigmatiques ne sont-elles pas les tarots de mon existence dont il me reste à découvrir la secrète signification ?

Les silences de la mère – une stèle à sa mémoire

« J'aurais eu tant de choses à lui demander ! » Je reprends à mon compte cette litanie, saturée de regrets et de reproches. Le passé familial était devenu le secret exclusif de ma mère, comme si la dalle qu'elle fit poser sur la tombe de mon père refermait à jamais un gouffre interdit à nos yeux. Cette figure maternelle a-t-elle été trop proche de moi pour que je parvienne à la contempler de l'extérieur ? L'ai-je tellement intériorisée avec sa noblesse, sa dignité modeste et humble, son ouverture au monde et ses complexes que je ne la vois plus ? Est-ce la culpabilité, refoulée, de l'avoir abandonnée à son sort en décembre 1956 qui m'empêche de dessiner sa silhouette, svelte et tonique dans ses jeunes années, frêle et brisée à l'approche de la mort ? Je m'accroche à des souvenirs, j'essaie d'accéder à l'univers virtuel des rares photographies qui me sont parvenues, je relis certaines de ses lettres qui me fournissent le détail de ses occupations quotidiennes pour mieux cacher l'angoisse.

Progressivement, elle était devenue un être de silence ; jeune, elle manifestait sa joie de vivre, proclamait, enthousiaste, ses plaisirs du moment présent. Elle avait passé une enfance heureuse dans le grand domaine familial en Transdanubie. Elle est proche de la nature, elle nage dans les ruisseaux et monte à cheval pour parcourir l'espace qui s'ouvre devant elle. Sári s'abrite dans une hutte de paille – dont elle avait conservé le souvenir – contre le soleil trop ardent ; elle est toujours à l'heure aux repas cérémonieux, servis au « château » seigneurial du pisciculteur enrichi. Elle ne dédaigne point de monter dans l'attelage mis à la disposition des invités pour parcourir des chemins de terre caillouteux contournant les lacs artificiels que son père a fait creuser dans la terre sablonneuse. Sur une photo, je découvre le vieux Hirsch, un petit bonhomme gros et puissant, aux cheveux coupés en brosse, docteur ès sciences agricoles, sûr de lui et fier du monde qu'il a créé en quelques années. Ma mère devait l'aimer : il s'appelait Alfréd, elle m'appelait Frédy, comme si elle désirait le retrouver et oublier que mon premier prénom est Endre, celui de mon père.

La scarlatine interrompit le bonheur de ces belles années. J'ignore comment elle fut soignée, mais Sári souffrit jusqu'à la fin de ses jours d'une otite chronique, et son tympan perforé et maltraité laissait périodiquement échapper du pus. Son ouïe se détériora nettement par la suite. Elle chantait faux, mais appréciait la mélodie d'un beau vers français.

Son séjour en Suisse lui permet de recouvrer la santé, de se soustraire à la surveillance des parents, d'affirmer sa personnalité d'adolescente. Elle adopte une nouvelle langue, dans laquelle elle évolue rapidement : elle goûte, déguste devrais-je dire, la saveur, les nuances, les subtilités, la logique de l'idiome qui, contrairement au hongrois, exige de la rigueur dans la construction des images et des comparaisons. Alors que je tente de reconstituer son itinéraire, je m'avise que j'ai suivi la même voie que cette jeune fille de bonne famille, cette petite ménagère, en choisissant la France comme terre d'asile. Tout Hongrois que j'étais, je me suis engagé dans la recherche balzacienne, l'enseignement des lettres françaises et des chefs-d'œuvre de la Weltliteratur. Dans les moments de découragement, j'ai eu parfois l'impression d'être un funambule sur une corde raide ; mais sous le regard protecteur de ma mère, un balancier me permettait de maintenir mon équilibre.

À son retour de Suisse, elle participe à la vie insouciante de la grande bourgeoisie de Budapest, sans se laisser entraîner dans des mondanités sans fin. Elle a dix-huit ans sur cette photo prise probablement lors d'un goûter chic ou d'une soirée dansante. La jeune fille en robe lamée, sans manches, de coupe discrète, se tient bien droite derrière un fauteuil, les mains posées sur le dossier ; la femme assise dans le fauteuil, habillée de tulle, adopte une pose quelque peu artificielle, légèrement tournée vers la droite afin de faire valoir le galbe de ses jambes. Ma mère a un visage plutôt allongé, des cheveux noirs coupés à la mode, courts, une mèche couvre un coin de son front et son regard est serein. Ses lèvres sans fard sont fines, ses yeux qui me regardent sont surmontés de sourcils non épilés dont les lignes incurvées prolongent le dessin du nez d'une manière symétrique et harmonieuse. Elle porte un discret collier de perles qui met en valeur son beau cou élancé. À son retour de Suisse, eut-elle un précepteur au « château » ? Suivit-elle des cours au lycée ? Se présenta-t-elle au baccalauréat ? Quoi qu'il en soit, j'ai connu la tante Ilona, son professeur de hongrois, qui venait chez nous de temps à autre et ne manquait pas de découvrir sur l'arbre de Noël les papillotes vides des bonbons que nous avions dérobés. Elle était fière de son élève.

Puis, vers la fin des années 1920 (je suis né en 1930, elle avait vingt-trois ans !), c'est le coup de foudre. Elle adore, admire son fiancé qui lui révèle sa propre féminité. N'y a-t-il pas chez cette jeune fille sportive, pudique, indépendante, secrète, quelque chose de la « garçonne » ? Où se sont-ils rencontrés la première fois ? Quand s'est-il décidé à demander sa main ? Je ne le sais pas. Mariage « arrangé » ? Probablement, mais doublé d'un véritable élan d'amour chez la fiancée.

Les photos prises pendant le voyage de noces ont survécu à tous les incendies. Elle a contribué elle-même à ce miracle. Le souvenir de cette croisière en partance de Hambourg en direction des ports et fjords norvégiens n'appartenait-il pas à ce qui lui restait de plus cher ? Sur le pont du paquebot *Oceana*, elle est adossée à une large cheminée. Elle esquisse un sourire ; je la sens confiante, heureuse, nullement traumatisée par le désir de ce jeune homme au visage large, quelque peu corpulent, habillé d'une ample veste et portant des knickerbockers. Son regard tendre sur une autre photo ; Sári affirme son originalité : le col bleu de son cardigan long et rayé est serré par une cravate, elle a les mains dans ses poches et porte une jupe simple et des chaussures plates à boucles. Sa garde-robe est visiblement bien fournie. À l'entrée d'un « ladies' room » rudimentaire au cap Nord, elle arbore une fourrure. Une légende coquine commente la photo : « Ça existe aussi dans ce Nord lointain. » Ils ont visité Lyngseidet et les campements des Lapons, Trondheim et son marché aux poissons, survolé en hydravion (dès le départ du bateau, il était fixé à l'avant du pont) la région de Hammerfest. Coiffée d'un chapeau très seyant, portant une cape élégante, elle monte l'échelle posée contre une cheminée. Le défi illumine son regard : elle dit au monde son bonheur. Je ne me trompe pas. Au pied d'un glacier, un couple me fixe et je lis le commentaire de ma mère : « *Das Pärchen* » (« Le couple des amoureux », ma traduction explicite la nuance affective de l'expression allemande). Dans la cabine spacieuse, mon père prend son petit déjeuner. Il est détendu et attentif à l'œuf dont il casse la coque. Il y a quelque chose de sensuel dans son abandon. Ma mère nous a plus d'une fois raconté la scène : l'œuf servi était trop cuit, et mon père le fit observer au steward. « Désolé », répond celui-ci, et il ouvre le hublot, le jette dans la mer, puis ajoute : « Je vous en sers un autre, tout de suite. » L'esprit d'économie de l'Europe centrale n'acceptait pas pareil gaspillage ! Un œuf lancé à la mer ! Quelle mentalité, quel luxe, quelle insouciance, quel bonheur interdit… d'avant-guerre.

Au moment de leur mariage, les Löwenstein, avec l'accord préalable des autorités du pays, avaient déjà opté pour Loránt à la consonance plus hongroise. (Le « t » de ce nouveau patronyme pouvait susciter une certaine suspicion, car il imitait imparfaitement le « d » de Loránd, un prénom authentiquement magyar). Le changement de nom a dû s'effectuer dans le même temps où ces Juifs se convertissaient au catholicisme. « Sicher ist sicher », « ce qui est sûr est sûr » : on ne sait jamais ce que l'avenir réserve à la race maudite par les *goyim*, fondons-nous dans la masse des baptisés pour vivre librement, pour construire des maisons et contribuer au développement agricole et industriel de *notre pays*, pour protéger nos enfants et nos descendants des persécutions que nos aïeux ont subies dans ce pays, devenu monarchie austro-hongroise, qui nous a accordé une citoyenneté pleine et entière. Je suis donc né catholique, lavé par le baptême du péché originel, et apparemment admis dans la communauté des fidèles déclamant le *Credo in unum Deum*… J'ai conservé mon prépuce, mais je fus coupé de mes racines. Mes grands-parents maternels avaient conservé leur nom, Hirsch, et sont demeurés fidèles à leurs origines. Ils vendirent la plus grande partie du domaine en 1934 – plusieurs milliers d'hectares – et s'éteignirent peu après. Petit bonhomme coléreux et sanguin, leur fils, Miklós, était avocat et sans doute franc-maçon. Cet original, qui possédait une belle bibliothèque et s'intéressait au sort de la paysannerie pauvre, terrorisait ma mère. Défendait-il ses intérêts contre les ambitions de mon père ? Il avait « magyarisé » son nom *Hirsch* en Halász, « pêcheur », et conservé des hectares du latifundium. Vers quatre ans, probablement pour la dernière fois, j'ai rendu visite aux grands-parents Hirsch. Je me souviens de ma grand-mère Irén, tendre et aimante. Son mari Alfréd m'a légué son prénom, sa thèse d'agronomie, mais n'a pas inscrit ses traits dans ma mémoire. Ma mère ne nous a jamais parlé de ses parents, de ses années d'enfance et d'adolescence. Par pudeur ? par nostalgie ? ou tout simplement parce que « cela ne se faisait pas » ? On ne se regardait pas (on faisait semblant de ne pas se regarder) dans la glace même si on était en face d'elle, comme il n'était pas de bon ton de parler de soi, de dévoiler ses sentiments les plus intimes aux autres. Je paie encore un lourd tribut au « Prince Silence » par qui Endre Ady, le poète symboliste, se sentait persécuté.

Les premières années ont dû se dérouler dans une belle entente. Un cahier d'écolier à la couverture cirée (tiens, une hirondelle découpée s'apprête à traverser l'espace réservé au nom et à la matière) tient lieu de journal de voyage amoureusement tenu par ma mère lors de leur séjour en Italie, fin septembre-début octobre 1933. Chaque moment est plaisir pour Sári en compagnie d'Endre. J'aperçois le luxueux salon de leur hôtel, La Plaza, à Rome, j'y découvre les vues de Naples, les tickets de bus « Linea Capri - Marina Piccola », le billet d'entrée à la « Grotta Azzurra », le texte d'une rengaine chantée à l'occasion de la fête des vendanges, en dialecte : « *Doce è ammore settembrino... ohè ! Doce è ammore ! e fa ecchiù doce chiste grappula matare... ohè* ! » Cook and Son leur a organisé une excursion pour visiter Pompéi et le Vésuve. Le morceau de lave avec la pièce de cent lires collée à l'intérieur est resté l'un des trésors de ma mère : je l'ai vu, j'ai tâté ses aspérités, il m'a fait longtemps rêver. Au retour, ils passent par Milan, visitent l'exposition triennale, goûtent au Café de la Scala. Ils s'arrêtent à Monte-Carlo, pénètrent – d'après la légende amusée du billet d'entrée du Casino – dans la « grotte de tous les vices », déjeunent au Bœuf mode (25, avenue de la Corse), prennent le bus pour Nice et rentrent par Venise et Vienne à Budapest. La date de leur arrivée, le lundi 16 octobre, clôt le document. Je jette un dernier coup d'œil sur la carte postale bleutée représentant un avion à double carlingue de la Società Aerea Mediterranea qui desservait la ligne Venise-Vienne et sur le petit croquis esquissé dans la marge : « Cimes – nuages – brouillard – terre. » Pendant leur voyage, je fus confié aux soins de mes grands-parents paternels, qui ne me forcèrent pas à manger des légumes. Sári et Endre profitaient de leur voyage *exceptionnel* (le comprendra-t-on à l'heure de l'« anyway-point-com » ?) à l'automne 1933. Ma sœur est née le 16 septembre 1934 : on la prénomma Édith comme la sainte du jour.

Que s'est-il passé par la suite ? La photo de famille que j'ai prise à l'âge de six ou huit ans – j'y figure car j'avais fixé l'appareil sur un pied et mis en marche l'autodéclencheur – prouve que je voulais préserver la cohésion du foyer. Nous avons passé plusieurs fois des vacances ensemble à Abbazia, en Italie. Je garde un souvenir ému d'un séjour aux sports d'hiver, à Mariazell en Autriche, entamé en compagnie de ma mère et où mon père nous a rejoints. Je me rappelle les ors du retable baroque de l'église du pèlerinage. Une nuit, en l'absence de mes parents, je fus à ce point angoissé que je les accueillis en pleurant et en vomissant. Est-ce le lendemain que mon père m'emmena en téléphérique en haut de la Raxalpe ? Nous redescendîmes en luge par une piste spécialement aménagée. Ce fut un enchantement. Je m'agrippai à notre Rosebud et finis par apprendre à freiner. Les vacances en famille devenaient de plus en plus rares. C'est avec ma mère seule que nous avons effectué plusieurs séjours en Autriche, en des endroits aussi inconnus aujourd'hui que Prein ou Edlach. La solitude de ma mère était tempérée, souvent, par la présence d'une amie et de ses enfants. Ces dames s'habillaient selon la coutume locale en « Dirndel » et leurs garçons revêtaient une culotte de peau. Les dessinateurs antisémites ne nous avaient pas encore choisis pour modèles ! L'« Alpenstock » en main, nous faisions des excursions à travers champs et forêts. À l'auberge, le but de la promenade, on nous servait de délicieux diabolos à la framboise, et notre fatigue était récompensée par une plaque à visser sur notre canne en souvenir de notre visite. Dans les alpages, j'adorais marcher avec ma mère et ma sœur le long des ruisseaux. Les bateaux en papier que je posais sur l'eau cristalline, que le courant emportait, m'invitaient à rêver de lointains horizons et – je faisais semblant d'ignorer leur naufrage immédiat – me remplissaient de bonheur. J'en garde encore la nostalgie. Ma mère semblait gaie. Nous écrivions des cartes postales à mon père.

À la maison, mon père embrassait sa « Satyó » sur le front. La nudité était bannie de la maison, la tendresse n'en demeurait pas moins présente. Je sens encore sur ma joue la paume chaude et soyeuse de ma mère, et je me vois donnant la main à mon père ou me serrant contre lui lors de la sieste qui suivit une explication orageuse avec les domestiques qui m'a profondément bouleversé. Ma mère tenait absolument à ce que l'atmosphère fût chaleureuse à la maison. Néanmoins, le culte excessif du père et même une certaine crainte qu'il inspirait aux siens refroidissaient l'intimité familiale. Leur entente semblait menacée. Réservée, trop prude peut-être, ne répondait-elle pas à ses désirs ? Surexcité par ses projets et pressentant son collapsus psychique, trouvait-il des compensations avec des partenaires qui n'avaient pas les vertus et la réserve de l'épouse ? J'ose enfin poser ces questions. J'entends la confidence d'une de leurs amies, recueillie il y a une vingtaine d'années : « Ils étaient proches de la rupture. » Ma mère dépendait de son mari, et pourtant elle ne trahit jamais, fût-ce par un battement de cils, son désarroi ou sa tristesse.

Tout changea à partir des années quarante. Quel destin s'abattit sur elle, sur nous, dans l'appartement de la rue Fejér György qu'elle aménagea seule ? Mon père tomba malade. Elle avait trente-trois ans et la solitude fut son lot. Les relations de dépendance s'intervertirent : le conquérant, le bâtisseur perdit progressivement son autonomie. Âgé d'une dizaine d'années, je fus le complice de ma mère pour maintenir le décorum familial. Jamais elle n'accepta d'évoquer cette période de son existence dont la mort de mon père ne marqua pas la fin : l'entrée des Allemands en Hongrie, les mesures antisémites, son départ pour un camp de travail, sa fuite de cachette en refuge ne lui laissèrent pas un moment de répit. Pourtant, elle racontait comment des gens simples et dévoués à sa famille, ou d'autres, âpres au gain, l'avaient sauvée. Mais, une fois arrivée en France, la période postérieure à l'année 1940 fut classée dans un dossier interdit à la consultation. Contrairement à d'autres, elle refusa de faire la moindre démarche pour obtenir l'indemnité allouée aux victimes du nazisme par la République fédérale allemande. Cet argent était sale et entaché de trop de souffrance. Édith, Marika et moi avons quitté la Hongrie en 1956 ; elle nous a rejoints dix années plus tard. Elle nous a écrit des centaines de lettres, mais c'est par une de ses amies qui nous rendait visite que nous avons appris qu'elle avait traversé une période dépressive, car son passeport lui était refusé d'année en année, et qu'elle était soignée par une psychothérapeute de Budapest. Comment avouer que nous avons craint sa venue en France, sans soupçonner son courage et sa volonté de ne pas être à notre charge ?

Ayant perdu ses repères, elle se sentit déstabilisée pendant ses premiers mois en France. Nous lui avions trouvé une modeste vacation à la bibliothèque des Langues orientales, rue de Lille, auprès d'une collaboratrice dévouée qui travaillait « à l'ancienne », rédigeait ses fiches à la main et rectifiait ses erreurs au grattoir. Ma mère prétendit avoir oublié tout ce qu'elle avait appris auparavant. À mon désespoir, elle répétait sans cesse qu'en Hongrie, à la bibliothèque où elle avait travaillé, on l'avait écartée du contact avec les livres, parce que ses deux enfants avaient clandestinement quitté leur pays. Confinée dans des tâches administratives, on avait fini par la renvoyer. Par la suite, le Bureau des droits d'auteur l'avait engagée pour correspondre avec les éditeurs étrangers. Comment pourrait-elle manier à nouveau des livres, rédiger sur fiches leur description selon des normes internationales ? La confiance en ses propres capacités lui revint progressivement grâce à l'aide de certaines de nos relations impressionnées par sa dignité, sa disponibilité, le calme qu'elle s'imposait et sa détermination à recouvrer son autonomie. Le matin, elle travaillait à la Bibliothèque nationale, au catalogage des livres hongrois et allemands. L'après-midi, elle classait la revue de presse du Mouvement français pour le Planning familial, à une époque où les femmes partaient à l'étranger pour se faire avorter et où la pilule contraceptive n'était pas en vente. Elle se détournait pudiquement en passant devant la vitrine où l'on exposait les divers moyens contraceptifs, préservatifs, stérilets et autres pessaires, qu'il fallait se procurer en Suisse. En archivant par thèmes les coupures de journaux, elle souriait en se rappelant qu'elle avait fait de la documentation, au bon vieux temps, quand elle dressait l'inventaire des vêtements d'été ou d'hiver, empaquetés à la fin de chaque saison et classés en bon ordre dans les placards de la « garde-robe » de l'ancien appartement. Elle fut poliment renvoyée du Planning familial, fondé par des mécènes issus de la bourgeoisie libérale, après que des contestataires du « pouvoir médical » s'emparèrent de la direction du mouvement.

Elle s'intéressait aux autres, à leurs joies, à leurs soucis. Être de silence, elle a gardé le secret de ses joies et de ses souffrances. Nous n'avons pas osé l'interroger. Ou bien existait-il entre nous un accord tacite pour ne pas évoquer les spectres du passé qui auraient projeté leurs ombres sur notre nouvelle vie d'immigrés, une réalité que nous voulions ignorer ?

Ce passé refoulé a resurgi d'une manière tragique. Le tombeau renfermant squelettes et trésors s'est rouvert. « Toute ma vie s'est déroulée devant mes yeux en quelques secondes », m'a-t-elle confié – après l'infarctus qui la terrassa à la Bibliothèque nationale –, alors qu'elle se trouvait en réanimation à l'hôpital de la Cité universitaire. Cette phrase stéréotypée, prononcée par la personne qui m'était la plus chère au monde et qui s'apprêtait à le quitter, m'a fait peur.

Cette existence faite de dévouement, d'abnégation, de sacrifices et d'autodiscipline se déroule devant mes yeux comme un *film muet*. Je questionne la figure silencieuse. Je relis les lettres qu'elle m'envoyait de la maison de convalescence, où elle dit son espoir de retrouver son travail. Je scrute ses rares photos, j'interroge mes souvenirs, je ne peux lui arracher son secret. Et pourtant elle me parle et je la fais parler, elle vit en moi et me tient dans ses bras. « Ne te rends-tu pas compte que Mamie te protège ? » me dit Sylvia, qui, animée d'un mysticisme très mexicain, croit en la présence parmi nous des âmes des défunts. J'ai une autre conception de la transcendance, mais je suis intimement convaincu que le souvenir de cet être frêle et discret m'a aidé à franchir d'innombrables obstacles, a écarté de mon chemin des bêtes féroces, des êtres malfaisants et des contagions mortelles. Je ne suis pas allé sur sa tombe depuis une dizaine d'années. Je ne suis pas à l'aise au cimetière. Ai-je peur de ma mort et des morts ? Les corps pourrissants, la vanité de l'existence m'obsèdent-ils trop en ce lieu ? Pourtant, le cyprès haut de plusieurs mètres qui pousse sur sa tombe – ma sœur en avait planté la graine en pleine terre – est peut-être son ultime message pour que j'accepte la finitude de la condition humaine.

Chapitre X

C'est de la gare de l'Est que l'on part pour l'Ouest

J'avais prévu une visite à Vienne dès mon départ de Paris en mai 1997. Les bureaux des Chemins de fer hongrois se trouvent à moins de cent mètres de l'Opéra. J'y achète un billet aller et retour Budapest-Vienne. Le prix, quelque quatre cents francs, correspond au tiers d'un salaire hongrois moyen. Des amis me recommandent de ne pas monter dans les wagons en provenance de Roumanie ; pour eux, les voyageurs de cet Orient-Express demeurent suspects. J'arrive à six heures du matin à la gare de l'Est, en pleine rénovation paraît-il. Un spectacle désolant m'y accueille. Le hall est d'une saleté dégoûtante, des loques humaines jonchent les bancs à la peinture écaillée. Aucun éclairage, pas de signalisation, aucun guichet ouvert dans ce lieu déserté où la poussière véhicule, à mes yeux, les atomes du crime. Je ressors en courant. À la recherche d'un café, j'erre telle une âme en peine en manque de sa caféine terrestre dans les limbes d'une aube grise. Ma valisette sur roues me désigne comme la victime idéale pour les taxis. Un chauffeur me propose de m'emmener en vingt minutes à la pâtisserie Gerbeaud (qui ouvrait trois heures plus tard !) pour prendre le petit déjeuner. J'aperçois un misérable débit de boissons fait de planches assemblées et recouvert de tôle ondulée où, entre deux verres d'eau-de-vie, on me sert un « double ». Debout sous un porche en face de la gare, je tâche de me calmer en observant les abords. L'atmosphère de grisaille plombée me pèse. Je décide de repartir à la recherche du train pour Vienne, et prends place dans un wagon hongrois, sous-produit apparemment neuf d'un train corail du pauvre. Un prospectus m'apprend que les Chemins de fer hongrois ont remis en état des wagons fabriqués dans les années cinquante qu'ils ont cédés aux Slovaques. Est-ce dans ces tombereaux à roues déjantées que l'on circule entre Bratislava et Prague ?

Sur l'autre rive du Danube, le paysage n'est pas sans intérêt : quelques hôtels récemment construits, des stations d'essence modernes – dans mon enfance, on *pompait* à la main le carburant dans des cylindres en verre, qu'on vidait ensuite dans le réservoir de la voiture –, des routes bien entretenues. Talonné par la faim, en quête d'un peu de réconfort, je me rends au wagon-restaurant et obtiens, pour quelques milliers de forints, un café imbuvable et du pain sous cellophane présenté sur un misérable plateau. Durant ma modeste collation, le « premier garçon », tout débraillé, est attablé et bâfre sans pudeur des tranches de jambon et de fromage, accompagnées de petits pains frais de toute évidence soustraits aux clients. À voix haute, cet amateur mal élevé du ballon rond commente à l'intention de son subordonné l'article consacré à un match de football qu'il lit dans un journal largement déplié, en ponctuant ses propos de nombreux apartés génésiques « baise-moi ça ». Le « voyage pour Vienne » n'était, incontestablement, pas encore entré dans les mœurs, et le prix prohibitif du petit déjeuner protégeait efficacement les sinistres lurons du wagon-restaurant contre le client, pigeon à plumer, qui s'aventurait jusqu'à leur bouge tanguant.

Le train quitte Győr et traverse Mosonmagyaróvár, pas très éloignée de la frontière autrichienne. En une seconde, je reconnais la gare où, en décembre 1956, nous descendîmes du train pour quitter clandestinement la Hongrie. Le convoi ne ralentit pas pour me faire plaisir.

Ce n'est qu'aujourd'hui, penché sur mon bureau, que je peux l'arrêter.

Motifs d'un exil – événements de 1956

Renvoyé de l'université, classé X pour des raisons relevant non de la pornographie mais de la haine de classe, me suis-je battu contre cette décision ! On me l'avait annoncée à l'avance ; je m'adressai au frère de notre colocataire, le secrétaire d'État aux Finances, le créateur du forint, qui fut lui-même impuissant contre les instances locales du Parti, contre la jalousie et la mesquinerie de ses représentants. Pendant une longue année, j'évitai mes collègues ; je ne pris plus mes repas à la cantine de la faculté, je déambulai dans les rues épaules basses. J'étais passionnément attaché à mes études de langue française, à l'enseignement de ses chefs-d'œuvre, de Molière à Eluard. Cette décision me brisait et anéantissait tous mes projets dans le domaine de la recherche littéraire.

János Győry, chargé de donner un tour de vis marxiste aux programmes de l'Institut de français de l'université, m'avait incité dès 1952 à analyser la « politique culturelle de la dictature jacobine (1792-1793) ». Je m'étais mis avec ardeur à l'ouvrage, ignorant que je me fourvoyais. Dans les numéros du *Moniteur* de ces années, conservés à la bibliothèque du Parlement, je lus et étudiai la description des fêtes révolutionnaires imaginées et ordonnées par David ; je fis venir de la Bibliothèque nationale de Paris des pièces qui témoignaient de la naissance d'un rêve, le théâtre national populaire. Les discours fanatiques de Saint-Just ou de Robespierre me firent frémir, et bientôt je dus me rendre à l'évidence : la Révolution se détruisait elle-même en étouffant toute manifestation culturelle. À l'approche de la chute de Robespierre, je constatai que *L'Avare* et même *Les Brigands* de Schiller avaient disparu du répertoire. J'eus l'impression que mes recherches perdaient leur intérêt. Je pense qu'elles auraient pu contribuer à mettre à nu les mécanismes des dictatures à venir, avec leurs fêtes et cortèges. Pendant qu'on faisait défiler les fils, on massacrait les pères. Comment sortir de cette impasse ?

Dans le courant de 1954, notre Institut « hérita » d'une splendide *Comédie humaine* dans l'édition Conard reliée plein cuir, qui provenait d'une bibliothèque confisquée. « Ces gens ont mérité leur sort, déclara János Győry, dire qu'ils ne s'étaient même pas donné la peine de couper les pages ! » Je décidai de me lancer dans la lecture de Balzac. Ce fut un moment décisif pour toute ma vie. En une année, je résumai et j'annotai chaque roman. Ce derviche romantique me transportait dans d'autres sphères, bourgeoises, aristocratiques, provinciales, mystiques. Il me libéra de mon univers fermé et étriqué. C'était un génie ayant à sa disposition une espèce d'encyclopédie intérieure de toutes les connaissances et de tous les vocabulaires, jusqu'au plus spécialisé. L'idée d'une thèse sur l'unité romanesque et philosophique de *La Comédie humaine* me vint naturellement à l'esprit. Le projet, approuvé par mon maître Eckhardt – bien qu'il fût réticent à l'égard du style de Balzac –, fut agréé par János Győry lui-même. Sous l'influence d'Árpád Szabó, l'historien de la philosophie de la Grèce antique en révolte contre le marxisme, converti à l'étude de la pensée mathématique – fille de l'abstraction, de la souveraineté de l'esprit humain et non pas esclave de quelque infrastructure sociale et économique –, Győry devint l'enfant terrible du Parti, puis un renégat de l'orthodoxie marxiste-léniniste. Aux alentours de 1972, je le rencontrai près de la Sorbonne. Il arrivait de Poitiers où il faisait un cours sur Chrétien de Troyes à la lumière de Bachelard. Il s'était d'abord caché derrière ses notes, me confia-t-il ; au bout de quelques semaines, il avait levé les yeux et s'était rendu compte de l'intérêt que ses propos suscitaient parmi le public de l'amphithéâtre. Il ne s'est enquis ni de mon travail ni de mes conditions de vie, et nous nous sommes interdit de parler du passé.

En août 1956, à une époque où le régime semblait se libéraliser, József Hermann, le vice-doyen de la faculté et l'exécuteur des basses œuvres du Parti, me fit renvoyer de l'université. Il m'obligea d'abandonner mes recherches balzaciennes et le « jardin extraordinaire » de l'Institut de français. Il souhaitait m'envoyer dans un collège de la banlieue ouvrière, à Kőbánya, la « carrière de pierre », un quartier de misère et d'inculture. Alors que mes collègues restèrent indifférents à mon sort, le professeur Eckhardt, maître « indéboulonnable » des études françaises, prit courageusement ma défense en déclarant : « On l'a persécuté avant 1945 parce qu'il était juif, vous le persécutez maintenant parce qu'il est d'origine bourgeoise. » Grâce à lui, j'obtins un poste de professeur de hongrois dans un lycée du centre-ville, peu éloigné de l'université et de l'hôtel Peregrinus.

Le cas de J. Hermann, produit typique du régime, mérite qu'on s'y arrête. Issu d'une famille de la grande bourgeoisie de Pesth, stalinien acharné, il dénonça dès 1952 ses plus proches collaborateurs. Les inconditionnels du régime avaient confiance en ses talents d'orateur et en sa fidélité inébranlable au Parti, aussi le chargèrent-ils, après la mort de Staline – dont l'effigie jouissait d'une jeunesse éternelle dans les squares et sur les murs –, de lire à l'intention des enseignants le rapport dit « secret » de Khrouchtchev dénonçant les crimes du dictateur. Il devint alors l'âme damnée du doyen, un spécialiste de Dante ayant perdu ses repères. Après avoir soutenu le mouvement des étudiants en octobre 1956, il fut, sans succès, candidat à un poste de professeur associé à la Sorbonne. Il se débarrassa d'une épouse française affligée d'une jambe aussi rigide que son orthodoxie marxiste, casa son lys dans un nouveau calice, et se fit nommer ambassadeur de Hongrie près de l'Unesco. Quant à moi, réfugié à Paris, heureux titulaire d'une bourse de deux cent cinquante francs, locataire d'un appartement gracieusement mis à ma disposition à la résidence universitaire d'Antony et mangeant au restaurant médico-social des étudiants, j'eus l'honneur d'apercevoir un jour monsieur l'ambassadeur, rue de Richelieu, à l'entrée de la Salle des lecteurs de la Bibliothèque nationale. « Bonjour, Altesse », me salua-t-il, ironique, conjuguant sa « haine de classe » avec sa détestation des émigrés. Stupéfait, je tâchai d'ignorer Sa Grandeur, non sans lui rendre son titre sur un déférent : « Bonjour, Excellence. » Où enseigne actuellement ce spécialiste du « latin vulgaire » ? À Venise, paraît-il. Je ne saurais blâmer mes collègues italiens de l'avoir engagé, J. Hermann n'est pas une mauvaise recrue.

Au lycée, chargé des petites classes, j'analysai les textes de la littérature hongroise, faisant fi du programme imposé et m'inspirant de la méthode de l'explication de texte française. En ma qualité de professeur principal, j'aurais dû être l'espion du régime dans les familles que j'étais chargé de visiter ou plutôt d'inspecter pour des raisons peu pédagogiques. La démarche qu'on attendait de moi, l'intrusion dans la vie des foyers, me paraissait inadmissible. Je sus convaincre les parents de ma bonne foi : le lundi matin, mes élèves *osaient* m'avouer qu'ils avaient assisté à la messe le dimanche. Surchargé de travail administratif, je lisais avec des élèves des classes supérieures, dans le cadres des heures d'« intérêt collectif », *On ne badine pas avec l'amour*. Je ne suffisais pas à ma tâche. Le matin, je courais au lycée, j'y arrivais essoufflé à la dernière sonnerie, et les élèves de terminale, chargés de relever le nom des retardataires, croyant que j'étais un des leurs, m'ont plus d'une fois arrêté à la porte de l'établissement. J'avais vingt-six ans.

En marge de la vie politique, isolé, je n'avais pas la moindre idée de ce qui se passait au Cercle Petőfi où des intellectuels communistes réclamaient des libertés que la Constitution devrait accorder aux citoyens du pays. Le 23 octobre 1956, Marika, ma première épouse, et moi étions invités à dîner chez un couple d'amis qui habitait un bel appartement à Buda sur les quais du Danube – elle, d'origine belge, fille d'un mineur communiste émigré, était gaie, enjouée et pourtant bonne spécialiste de l'aride grammaire descriptive ; lui, ingénieur en électronique, était apolitique et profitait de l'indépendance que lui assurait sa profession. Ils pouvaient voyager, car certains privilégiés fortunés, peu suspects d'anticommunisme, se rendaient à Vienne, en Tchécoslovaquie, voire en Transylvanie. Le film qu'ils nous projetèrent sur leur séjour en Roumanie ne m'intéressa guère. Nous prîmes congé avant minuit et, par les quais de Buda, nous nous dirigeâmes à pied vers notre domicile. À la hauteur du Parlement, une rumeur confuse nous parvint depuis les rives de Pesth. Pour la première fois, Imre Nagy s'adressait à des dizaines de milliers de personnes rassemblées devant la représentation nationale. Après avoir traversé le pont de la Liberté – que j'empruntai quotidiennement lors de mon dernier séjour pour me rendre aux thermes Gellért –, à ma grande stupéfaction je rencontrai quatre de mes lycéens portant une immense étoile rouge gonflée d'hélium qui me saluèrent. Dans le même temps, j'entendis des coups de fusil. Le bruit des armes devait venir des casernes de l'avenue Üllői, pas très éloignées du quartier où Teréz habite encore actuellement. En bon professeur, je leur donnai des conseils de prudence, sans blâmer leur action, et les invitai à rentrer chez eux. Ils me firent comprendre qu'il leur restait beaucoup de choses à faire avant.

Les masses populaires chassaient la racaille – je veux dire la clique des Rákosi et Gerő. Imre Nagy, l'ancien préfet communiste, dont la mère avait été écrasée par un blindé soviétique en 1945 alors qu'elle tirait son chariot, fut rappelé au pouvoir en octobre 1956. On n'avait pas oublié que, trois années auparavant, il avait mis fin à la déportation « intérieure » et avait rendu l'espoir aux paysans qui souhaitaient conserver leur lopin de terre. Une atmosphère de joie s'installa dans la ville meurtrie par les premiers combats entre insurgés et forces de l'ordre. Bien sûr, quelques agents de la police secrète furent lynchés, mais les anciens détenteurs du pouvoir ne furent pas emprisonnés. Les geôles furent ouvertes, le cardinal Mindszenty libéré – le courage du vieux prince d'Église qui, lors du procès stalinien qui lui fut intenté, se considérait comme le premier dignitaire du royaume commande le respect –, les faux espions innocentés rendus à leur famille, quelques voleurs relâchés et récupérés par leurs bandes. Les objets dans les vitrines brisées restèrent à leur place ou furent remplacés par des écriteaux portant la mention : « à régler prochainement ». Pendant les quelques jours de liesse et de liberté illusoire, j'ai aperçu près de l'université le vieux Lukács, humilié par les staliniens, car il estimait que « les lapins qui dansaient au sommet de l'Himalaya – entendez les écrivains réalistes socialistes au service du Parti – n'étaient pas, pour autant, plus grands que les éléphants qui traversent la plaine » : il faisait allusion à Goethe, Balzac ou Tolstoï. Le vieux lion de retour de Moscou en 1945, qui avait contribué à la mise en place du régime communiste, l'auteur de *Goethe et son temps* ou du *Roman historique*, représentait pour nous, malgré lui peut-être, une sommité de la culture européenne traditionnelle. Bourgeois déclassés et pourchassés que nous étions, nous nous étions réfugiés sur les hauteurs de *La Montagne magique* de Thomas Mann qu'il avait fini par réhabiliter. Il bavardait avec l'un de ses élèves préférés, le poète Örsi, qui avait traduit de l'allemand la plupart de ses œuvres. Voûté, appuyé sur sa canne de bois noueux sans embout de caoutchouc, il avait retrouvé sa verve habituelle. Il devint l'un des ministres du gouvernement d'Imre Nagy. Une dizaine d'années plus tard, à la Mutualité, ses vues obstinément marxistes allaient décevoir ses admirateurs parisiens. Les lecteurs du *Jeune Hegel*, le livre magistral du jeune Lukács, furent catastrophés par l'orthodoxie du vieillard.

Au lycée, mon collègue et ancien condisciple chez les piaristes, Antall, le futur Premier ministre après la chute du mur de Berlin, et le directeur Donászy s'entendaient comme larrons en foire. Antall, bien renseigné, nous donnait des nouvelles sur les troupes soviétiques consignées dans des casernes, ou retirées dans des campements autour de la capitale. Je les surpris un jour, lui et son compère, en train de dévisser la plaque de l'« Ordre du drapeau rouge » fixée sur la porte du lycée. À l'occasion d'une réunion de professeurs, le concierge du lycée nous révéla qu'il avait désarmé le sieur Borzsák, un enseignant stalinien pur et dur, qui brandissait un fusil contre les élèves qui défilaient dans la rue.

Après une courte période d'euphorie, folle, irraisonnée, où l'on fit abstraction des données réelles – la présence des troupes russes disséminées sur le sol national, la situation internationale, notamment la crise de Suez et, en général, la cohésion du système soviétique qui ne pouvait pas se permettre de perdre un État tampon entre l'Est et l'Ouest –, la conjoncture s'assombrit. Des provocateurs de la police secrète tirèrent aveuglément sur la foule, qui réclamait l'indépendance de la Hongrie, assemblée devant le Parlement. Au lycée, le bon Gergely, un éminent spécialiste de Virgile, se désespérait que sa fille ne fût pas rentrée à la maison après la fusillade : le lendemain, il la retrouva à la morgue.

L'invasion de la Hongrie, qui nous paraissait inimaginable, mais qui pour d'autres était prévisible, fut traîtreusement décidée par le Kremlin qui ne pouvait pas laisser se désagréger le pacte de Varsovie. Après le dernier discours pathétique de Nagy proclamant la neutralité de la Hongrie, les chars soviétiques resserrèrent leur étau autour de la capitale et l'assiégèrent comme une ville à conquérir et à détruire. Les comités révolutionnaires distribuaient des armes, faisaient fabriquer des « cocktails Molotov » et incitaient les gamins à incendier ces engins redoutables. Les soldats kirghiz, ouzbeks et autres Caucasiens croyaient qu'ils se trouvaient dans un pays fasciste à écraser. Les conducteurs de chars, en panne d'essence, fraternisaient avec la population dont ils trompaient la confiance, puis, une fois ravitaillés, pointaient leurs canons contre des maisons d'habitation qu'ils éventraient sans merci. Les gavroches hongrois réussirent à brûler quelques chars et des adultes visèrent avec leurs fusils les écoutilles de ces blockhaus posés sur des chenilles de fer. La lutte inégale, devenue légendaire au cours des dernières décennies, était sans espoir. Inorganisé, spontané, irréfléchi, populaire, sans coordination aucune, le soulèvement libéra une rage antisoviétique insoupçonnée. C'est à cette guérilla de desperados – et parmi eux des milliers d'adolescents – que je dois ma liberté : ils m'ont ouvert les frontières vers l'Ouest. Dégoûté, découragé – comment aurais-je pu accepter le sacrifice de ces jeunes gens envoyés à la mort ? –, je restai à la maison. Je voulus me plonger dans la lecture de Montaigne, mais les *Essais* sceptiques dénonçant les ravages de la guerre, les considérations sur la nature humaine qui n'est point supérieure à celle des bêtes ne m'apportèrent aucune consolation. Notre maison fut secouée par un coup de semonce tiré à partir d'un char qui menaçait la faculté de droit. J'ai retrouvé la trace de l'obus lors de mes visites successives, mais plus en mai 1997. L'histoire de la répression reste à écrire. Kádár et ses commanditaires soviétiques firent pendre Imre Nagy et ses collaborateurs les plus proches. Il fit arrêter un gamin de quinze ans qu'il ne livra au bourreau que trois années plus tard, pour son dix-huitième anniversaire. L'exécution de cet enfant crie toujours vengeance.

Et puis ce fut la fin, et les actes de protestation symboliques, émouvants, comme ces dizaines de milliers de bougies qui illuminèrent les fenêtres des maisons plongées jusqu'alors dans l'obscurité ; elles honoraient la mémoire des jeunes et des moins jeunes morts pour faire triompher une cause resplendissante et une révolte aussi meurtrière que désespérée. L'histoire hongroise ne se répète pas mais se reproduit d'un siècle sur l'autre, et même en l'espace d'une décennie. En 1849, enflammés par le discours d'un Kossuth rêveur, romantique et irréaliste, les paysans hongrois redressent leur faux et affrontent les armées du tsar venues au secours de François-Joseph pour réprimer la révolte de ses sujets hongrois aspirant à l'indépendance. À l'automne 1944, le régent Horthy, qui souhaite se rendre aux Alliés mais non aux Russes, déclare, alors que le pays est occupé par les Allemands, qu'il met fin au pacte qui le lie aux puissances de l'Axe. Quel tragique destin que celui de Nagy qui, condamné à mort, renonce à tout recours en grâce ! J'ai vu, sur la chaîne Arte, quelques images de son procès inique : il a gardé son calme et sa dignité jusqu'aux ultimes moments de son existence. Kádár était obligé de l'exécuter, car il était soumis aux Soviétiques. Par la suite, il put entamer sa politique de libéralisation du pays, le « goulasch communisme », en dépensant en biens de consommation les prêts consentis à la Hongrie par les pays occidentaux.

Un interrègne s'installa avant que la répression organisée par le nouveau gouvernement à la solde des Soviétiques n'enserre le pays dans ses griffes. Pendant cette courte période de liberté retrouvée, la frontière entre l'Autriche et la Hongrie fut déminée et débarrassée de ses barbelés. La voie vers l'Ouest était redevenue libre ! Ma sœur Édith, exclue de l'Institut d'urbanisme de l'École Polytechnique – pour les même raisons, bien sûr, que celles qui motivaient mon renvoi de l'université –, inscrite d'office dans un département où l'on ne s'occupait que de la technique et de l'utilisation de béton armé, estima qu'il n'y avait pas un instant à perdre, qu'il fallait fuir ce pays frappé par les malédictions de l'histoire, et le plus rapidement possible. En compagnie de son ami Miki, elle nous quitta sans regret, et franchit la frontière grâce à un habile passeur. À Vienne, elle fut logée pendant quelques jours chez Marthe, l'épouse divorcée d'un lointain cousin de ma mère. Une fois arrivée en France, elle fut accueillie par Mme Adrienne Marty, la femme la plus généreuse des Œuvres universitaires, puis logée dans une chambre de bonne, quai de Béthune, par Claude Mauriac, bouleversé et indigné par les événements de Hongrie. Inscrite aux Beaux-Arts, elle reprit ses études d'architecte.

Ma décision fut beaucoup plus longue à prendre. « Puis-je faire *cela* à ma mère ? » me demandait de son côté un bon ami, empêché par le directeur de son lycée de s'inscrire à l'université ; sur sa fiche personnelle figurait la mention : « Originaire d'une famille bourgeoise de Buda, promène son chien devant l'établissement. » Je le rassurai et l'encourageai à tenter sa chance avant que la chape ne retombe sur le pays. Moi-même, je n'arrivais pas à consoler ma mère qui avait éclaté en sanglots en découvrant les vêtements de Marika, ma femme, dans le placard de ma sœur. « Aussi vite… aussi vite… sans attendre quelques semaines », se lamentait-elle, en deuil de sa fille. J'avais besoin de me convaincre que je devais me précipiter vers la brèche ouverte dans le rideau de fer, que, en dépit de mon caractère peu entreprenant, il était temps de devenir l'aventurier de ma propre vie. J'ai parcouru les grands boulevards pour mesurer les dégâts causés par les canons russes. Les façades éventrées, le spectacle d'une entrée d'appartement où les pardessus étaient restés accrochés au portemanteau, des plafonds effondrés, des tuyaux suspendus comme des boyaux arrachés, les magasins pillés m'ont rappelé la loi fondamentale du système soviétique : l'inhumanité liée à la répression sans merci. Rentré à la maison, j'ai retrouvé Marika à bout de nerfs, qui ne cessait de vomir. J'entrepris une démarche peu diplomatique auprès de Guy Turbet-Delof, le conseiller culturel de l'ambassade de France – il vient de publier ses notes sur les événements d'octobre-novembre 1956, un journal en style télégraphique, le compte rendu le plus objectif que je connaisse sur cette période. Songeant à l'avenir de ce pays dont il avait appris la langue, demeuré fonctionnaire du Quai d'Orsay, il me déconseilla de prendre la route de l'exil. « Préparez votre thèse sur Balzac, me dit-il. Vous la soutiendrez un jour en Sorbonne, et vous retrouverez votre place au sein de l'université hongroise. » Je n'ai pas suivi son avis, ce qui ne l'empêcha pas de m'envoyer par la valise diplomatique une attestation élogieuse sur mes activités d'assistant de français ; à défaut de mes diplômes, cela m'aida grandement à poursuivre, quelle folle gageure, ma carrière universitaire à Paris. Je consultai un jeune collègue, renvoyé pour vingt ans dans l'enseignement secondaire parce qu'il avait signé une pétition appuyant le recours en grâce d'un collègue latiniste – membre du comité révolutionnaire de la faculté des lettres, il avait pris les armes contre les Russes –, qui fut condamné à mort et exécuté par la suite. Émigrer ne lui avait même pas effleuré l'esprit. En cette fin d'automne 1956, je rencontrai encore un jeune couple qui s'était rendu plusieurs fois à la frontière, pour inspecter les lieux, mais qui ne se décidait pas à franchir le Rubicon.

Cependant, l'heure du départ approchait irrévocablement. Ma tante Bözsi, la veuve de mon oncle maternel – une aventurière, à sa manière, qui fut pendant de longues années la maîtresse d'un policier, puis l'épouse d'un brave bourgeois mort de ramollissement cérébral –, décida de rendre visite à ses deux filles, qui venaient de quitter la Hongrie et s'étaient installées en Autriche dans des conditions précaires. Inquiète, elle voulait les revoir et leur apporter un lingot d'or sauvé des splendeurs de naguère. Bözsi se procura le nom et l'adresse d'un passeur. Il demandait mille forints et un poste de radio que la famille du clandestin lui remettrait contre un papier signé attestant l'arrivée du client à bon port. Elle nous invita à nous joindre à l'expédition. Héroïque, ma mère nous encouragea à partir : « Tous les beaux spectacles que vous allez voir là-bas... », nous exhortait-elle. Il n'était pas question d'emporter quoi que ce soit. J'aurais voulu mettre mon beau costume bleu pour cet étrange voyage mais, selon ma mère, « un réfugié ne s'habille pas ainsi ». Aujourd'hui, je souris. Quelle était son idée ? Du style avant toute chose ? Les organisations caritatives, dont nous avions entendu parler à Budapest, aideraient-elles un réfugié politique trop bien vêtu ? À la veille de mon départ, j'ai écrit une lettre au professeur Eckhardt dont j'étais l'assistant. Ce personnage sévère, Saxon de Transylvanie, qui pendant ses jeunes années avait appris le *Petit Larousse* par cœur, soutenait qu'un de ses poumons respirait en Hongrie et l'autre en France. « Cher Maître, je quitte ce pays soumis pour découvrir un monde plus vaste, plus vrai, plus libre. Ne m'oubliez pas dans vos prières. » (Je le tins au courant des étapes de ma vie. Il m'en voulait de ma fringale de voyages, mais avant de mourir il lut avec satisfaction ma thèse sur Balzac.) Sans une larme, ma mère nous souhaita « bon voyage », et nous lui avons répondu « au revoir, à bientôt, en France », en sachant qu'elle n'avait pas la moindre chance de nous rejoindre dans les années à venir. Au début du mois de décembre 1956, nous avons donc pris le tram pour nous rendre à la gare de l'Est, où je me retrouvai en mai 1997 une heure avant le départ de l'Orient-Express, qui venait de Roumanie et se dirigeait vers Vienne.

Départ de la même gare, pour la même destination

Nous avons acheté des billets pour une gare proche de la frontière austro-hongroise, située au-delà de notre destination. Mesure de précaution superflue, car le train était rempli de candidats à l'émigration, surveillés, j'en étais convaincu, par des gens de la Sûreté qui ne voulaient ou ne pouvaient pas nous nuire. Les nouveaux maîtres du pouvoir avaient d'autres soucis. Il fallait installer et réorganiser la machine répressive, l'armée et la police ayant soutenu les insurgés. Le pays désorganisé était sous le choc de l'invasion soviétique. Mieux valait laisser partir des éléments hostiles au socialisme que de s'embarrasser de leur arrestation, telle semblait être la thèse des officiels installés par Moscou. Après être descendus à Mosonmagyaróvár, nous nous sommes dirigés vers l'allée de marronniers que j'ai reconnue de la fenêtre du rapide qui, en mai 1997, m'emmenait à Vienne. Un groupe de jeunes gens nous attendait dans une maison située en bordure de la petite commune, le lieu de notre rendez-vous. À la tombée de la nuit, le passeur, un homme au visage fermé et peu disert, nous prenait en charge.

Nous le suivîmes à travers des champs labourés. La marche accélérée se révélait fort pénible. Mes chaussures s'enfonçaient dans la terre et les mottes boueuses prenaient un malin plaisir à les emprisonner. Mes pieds quittaient ces maudites savates à semelles de crêpe, et je dus m'arrêter plus d'une fois pour les délacer et les relacer, puis courir après le gros de la troupe. Ma tante tenait difficilement cette allure, et tomba plus d'une fois sur les genoux. Deux jeunes gens vigoureux l'empoignèrent par les bras et l'aidèrent à avancer. L'aurais-je abandonnée si elle avait renoncé à l'aventure ? Plus tard, elle devait émigrer aux États-Unis avec ses filles, et rejoindre sa sœur, une religieuse qui enseignait les mathématiques et, nonne des temps modernes, montait à cheval.

La nuit était belle, et l'immense route céleste dégagée de nuages. « *Che bella notte* », chante Don Giovanni. En contemplant le firmament constellé d'étoiles lors d'une halte sous un arbre dépouillé – cela semble pathétique, mais c'était émouvant et le reste encore aujourd'hui –, qui sait pourquoi j'ai songé aux deux mille personnages balzaciens dont j'avais fait la connaissance au cours des années précédentes ; je me suis demandé si j'oublierais un jour la petite Atala Judici, l'une des dernières maîtresses du baron Hulot dans *La Cousine Bette*. Nous nous apprêtions à repartir. L'un de nos compagnons déclara qu'il restait sur place, pour « récupérer » ; il prit une posture de yoga. Il dégageait un calme, une sagesse, une confiance qui m'impressionnèrent. En effet, le yogi nous rejoignit. Le petit groupe commençait à s'énerver et le passeur à perdre son assurance. L'aventure n'était pas sans risque ; la frontière zigzaguait, et nous pouvions tomber sur une garnison militaire. Il nous abandonna à l'orée d'un village, non sans recueillir nos attestations signées qui lui permettraient d'entrer en possession des postes de radio. Nous avançâmes prudemment jusqu'au premier poteau téléphonique. La plaque était rédigée en allemand… Et sur le territoire autrichien nous nous sommes embrassés de joie. Les vestes de nos coéquipiers présentaient de curieuses aspérités. Ces jeunes mineurs, d'authentiques insurgés, portaient des grenades plein leurs poches !

À peine avions-nous fait quelques centaines de mètres qu'un Américain surgissait, étudiant idéaliste de son état. À mon grand étonnement, car j'avais fait des études d'anglais, je ne compris pas un traître mot de ce qu'il disait. Il nous proposa du thé et, pour la première fois de ma vie, je bus ce sacré breuvage que je refusais sous différents prétextes lors des goûters d'enfants. Peu de temps après, une patrouille de gardes-frontière autrichienne nous prenait en charge. Mon allemand de Hongrois ne me permit pas de percer les secrets de leur dialecte du Burgenland… Après quelques formalités très sommaires, ils nous embarquaient dans leur Jeep et nous nous retrouvâmes au camp de réfugiés d'Eisenstadt, installé dans une caserne de l'ancienne zone d'occupation soviétique. Des matelas, je veux dire des sacs en toile brute bourrés de foin, et des dames de la Croix-Rouge nous y attendaient. En guise de bienvenue, elles remettaient aux hommes des sacs en plastique contenant des rasoirs jetables, un flacon de mousse à raser, du savon, des mouchoirs en papier ; dans des sacs destinés au sexe fragile, des serviettes hygiéniques remplaçaient l'équipement pour combattre la barbe. Il s'agissait là des balbutiements de l'aide dite « humanitaire »…

La vie dans l'ex-caserne ne ressemblait point à celle d'un camp. Une cinquantaine de personnes étaient rassemblées dans notre chambrée de la première nuit, mais je ne me rappelle aucun visage désespéré ou simplement crispé. Les réfugiés, parfois naïfs, irréfléchis, emportés par une vague de transhumance – sur deux cent mille personnes, plusieurs milliers devaient retourner en Hongrie –, s'attendaient à un meilleur avenir, une fois pris en charge par les organismes caritatifs de cet Occident opulent qui n'avait naturellement pas la moindre intention de changer le monde d'après Yalta. Les autorités autrichiennes hésitaient à laisser circuler librement ces individus au passé inconnu, néanmoins elles me permirent de visiter le château d'Eisenstadt, moins important que celui des Eszterházy, certes, mais coquet et bien proportionné, construit durant la période d'euphorie qui succéda à la disparition de la menace des Turcs sur le point d'assiéger la « fière forteresse de Vienne », selon l'expression d'un poète hongrois du XIXe siècle. Les salles étaient balayées par un souffle glacial, et les fresques baroques aux couleurs chaudes, les personnages mythologiques dévêtus, insensibles au froid, contemplaient avec indifférence le visiteur apatride dont l'enthousiasme resta polaire. Le cœur « n'y était pas ». Et pourtant l'heure du plaisir esthétique devait sonner bientôt.

Don Giovanni : débuts à Vienne en décembre 1956

Le lendemain, par un temps pluvieux, je me promenai autour de la fontaine, vestige d'un passé glorieux dans cette cour de caserne grise. Je liai conversation avec un beau jeune homme ; je devrais dire qu'il était *bien*, mais non, il était beau, de taille élancée, élégant et digne. Et nous avons parlé d'opéra, notre passion commune. J'avais l'impression de renouer un entretien interrompu très peu de temps auparavant. Il s'est présenté : Wolfgang, prince de Liechtenstein. « Que puis-je faire pour vous ? » m'a-t-il demandé. « Nous procurer des places à l'Opéra de Vienne », ai-je répondu. « Quelle bonne idée ! Partons pour Vienne, *Don Giovanni* est à l'affiche, nous pourrons vous héberger pour quelques jours au palais Liechtenstein, avant l'invasion de la famille pour les fêtes de Noël. » Il nous fit quitter le camp et, habitué des loges, nous accompagna au dernier balcon de l'Opéra rouvert depuis quelque six ans. (En 1950, la cérémonie d'ouverture avait été retransmise par la radio. À Budapest, nous avions pleuré en écoutant *Fidelio*, l'hymne à la liberté enfin retrouvée.) C'est ainsi que, encore vêtu de mon pantalon crotté et d'une chemise sale, je me suis retrouvé immergé dans mon « élément natif », la musique de Mozart, admirablement servie par Paul Schöffler, Erich Kunz, Anton Dermota, Ludwig Weber, Sena Jurinac, Hilde Güden, qui sont entrés dans la légende. J'ai puisé toutes les énergies dans cet événement exceptionnel, qui s'inscrivait pourtant tout naturellement dans le prolongement de mes préoccupations intellectuelles et ravivait mes plaisirs les plus chers. C'est là que je décidai que, tout en affrontant la perte de mon statut social, alors que je frappais à la porte du monde occidental, je ne renoncerais pas un seul instant à mon état de bourgeois d'Europe centrale, certes bourré de complexes mais bien élevé, non pas cultivé mais disposé au beau et qui s'entretiendrait avec ses interlocuteurs en différentes langues pour renouer avec les traditions du cosmos politique d'avant-guerre. Je ne suis devenu ni hautain, ni prétentieux, simplement fier de mon bagage budapestois. Je n'avais rien – j'ai tout perdu –, et mon trousseau n'était constitué que d'un costume, quelques chemises, et une paire de chaussures. J'ignorai volontairement ma misère, rejetai tout sentiment d'infériorité, et me considérai l'égal de mes concitoyens européens. Ce fut mon « grand jeu », le début d'une danse sur la corde, avec la culture pour balancier, qui m'a donné confiance en l'avenir.

Le bref séjour au palais Liechtenstein touchait à sa fin. À l'occasion de notre déjeuner d'adieu, Marika, embarrassée par le décor splendide, laissa tomber un verre vénitien artistement soufflé. Wolfgang la rassura : « Ne vous faites pas de souci, il en reste onze du même service ! » Ainsi parle un Liechtenstein… Le jeune prince nous voulait du bien et nous expédia chez un comte de ses amis, dans les environs de Sankt-Pölten. Nous nous retrouvâmes dans le grenier du château seigneurial en compagnie d'une dizaine de jeunes gens et d'un quadragénaire dépravé qui se vantait sans cesse de ses exploits sexuels. Il voulut faire profiter ses interlocuteurs ébahis de ses recettes magiques : « Ingurgitez vingt cuillerées de vin blanc avant l'acte et vous me donnerez des nouvelles de vos raideurs prolongées… » Nous avons fêté Noël dans le grenier et en bonne entente avec nos camarades de chambrée. Cependant, l'atmosphère se détériora nettement à l'approche du nouvel an. L'administration comtale, digne de l'intendance du *Château* de Kafka, nous expulsa et nous alloua une maison de paysans, dépourvue de chauffage et de toute commodité. Ma philosophie fut mise à rude épreuve tandis que je souillais de mes déjections la nappe de neige qui couvrait le paysage. Et c'est Marthe, encore, l'anguleuse, la dévouée, la femme abandonnée de notre cousin Franzi, Marthe la comptable aux moyens plus que réduits qui nous sortit de l'impasse.

Pendant que nous dormions sur la seule couche disponible, un divan du salon, elle s'occupait des bilans de commerçants pour arrondir ses fins de mois. « Qu'ils sont malhonnêtes et tricheurs ! », soupirait-elle, et ses gémissements me berçaient dans mon sommeil.

Pour gagner quelques schillings, je me présentai au siège viennois de Radio Free Europe qui soutenait la cause des insurgés et donnait dans ses bulletins des listes de réfugiés arrivés à bon port. Aux journalistes qui m'accueillirent sans méfiance, je proposai un témoignage sur les supercheries du Mouvement pour la paix, mis en place par des staliniens pour exploiter la bonne foi des pacifistes libéraux des pays occidentaux. Je me souvenais des dizaines de milliers de personnes venues écouter, sur l'ordre du Parti, Ravi Shankar et le chant continu, envoûtant et véritablement cosmique de son immense sitar, ou les discours de Joliot-Curie qui dénonçaient la course aux armements à l'Ouest, en oubliant de justifier les préparatifs soviétiques pour un nouveau conflit planétaire. Les textes des discours étaient préparés à l'avance par les organisateurs, puis distribués et imposés aux intervenants : les orateurs utilisaient des arguments identiques, dans des termes identiques, et l'auditoire faisait semblant de ne pas s'en rendre compte, telle était la règle de ce jeu pervers. Les membres des divers comités soviéto-hongrois, intellectuels « sans parti », putains de vitrine dont faisait étalage le régime dictatorial, applaudissaient à tout rompre. Mon commentaire politique fut rémunéré à son juste prix, et je pus enfin m'acheter un second costume en flanelle, chez ITA, le Biedermann viennois. J'eus l'impression que Marthe, jalouse, m'en voulait inconsciemment d'avoir gagné une *telle* somme avec si peu de travail.

Kitty, l'épouse du banquier *** – il coupait amoureusement, avec des ciseaux à ongles, le gazon qu'il faisait pousser dans un bac sur sa fenêtre ; on prétendait que c'était là son seul plaisir –, grande golfeuse, élégante quinquagénaire, joua un rôle important dans notre vie. Elle nous reçut, agacée, le jour de notre retour de Sankt-

Pölten à Vienne. À vrai dire, nous nous étions présentés chez elle sans avoir annoncé notre visite, et en lui laissant entendre que nous étions à jeun. Il y avait du monde pour le « lunch », et on venait de servir le dessert. La bonne, portant coiffe et tablier blanc – comme il se doit dans une famille honorable d'Europe centrale ou sur la scène du Burgtheater –, nous fit entrer dans le bureau de Monsieur et nous servit des flageolets préparés à la façon d'un goulasch, plat du pauvre par excellence, sur une table roulante. Kitty vint nous inspecter pour juger si nous étions présentables. Sa voix rauque et nicotinée, rappelant quelque peu celle traînante de Zarah Leander – « *Ich weiss es wird einmal ein Wunder geschehen* », « Je sais qu'un miracle se produira un jour », avait-elle dit plutôt que chanté pendant la guerre –, devint chaleureuse, révélant l'aspect authentiquement généreux de sa personnalité de mondaine sportive et despotique. Bien sûr, elle se souvenait de ma mère, mais son intonation changea en prononçant *Endre*, le prénom de mon père. Aurait-elle eu des bontés pour lui ? Puis elle alla chercher des vêtements qu'elle déposa en tas au milieu de la pièce. Nous n'avions qu'à choisir… Nous comprîmes alors les motifs de son énervement initial. La première vague des réfugiés était passée par là, emportant les meilleures pièces et mettant à rude épreuve son altruisme de grande dame… On promit de se revoir. Mais, quelque peu humiliés, nous battîmes en retraite.

Il est vrai qu'à l'entrée des troupes nazies à Vienne, les autorités autrichiennes avaient fait laver les rues avec des brosses à dents par des femmes juives ! Cependant, le comportement des Viennois en 1956-1957 n'avait rien à voir avec celui que préconiserait aujourd'hui un Haider. Nous prenions le tram gratis grâce à notre carte de réfugié, et nous nous retrouvions à l'amphithéâtre de l'Opéra à des places peu chères. Pendant l'entracte, nous nous promenions au foyer, la salle Papageno, comme tout le monde, en déambulant dans le sens des aiguilles d'une montre. Cet usage reste immuable. Nous allâmes voir *Autant en emporte le vent* (1939) pour découvrir le cinéma américain sur grand écran. Nous avions le sentiment d'accomplir un acte symbolique, mais le film ne me toucha guère. En revanche, *La Rue de l'Estrapade* de Jacques Becker, le premier film français que j'ai vu à Vienne, raviva mes angoisses : allais-je atterrir à Paris, dans une chambre de bonne, sous les combles, et sans aucune commodité ?

La bridgeuse, skieuse, conductrice d'une Mini Morris qu'entre deux rendez-vous mondains elle encastrait dans un camion de déménageur, avait le génie des relations publiques. Elle savait que Mátyás Polakovitch, alias Paul Mathias, journaliste à *Paris-Match*, nous aiderait à émigrer en France. Pas plus, pas moins hongrois que moi, c'était un familier de l'ambassade de France. Il promit de nous introduire auprès de M. Seydoux ; ensuite, à nous de nous débrouiller. L'ambassadeur nous reçut fort aimablement. Grand diplomate, il était enchanté de faire notre connaissance, enchanté de son propre enchantement, et nous confia à M. Singer, l'un de ses attachés. « Dites-vous bien que ce sera de votre faute si je n'ai pas de vos nouvelles dans l'avenir », tels furent ses propos d'adieu. M. Singer, plus pratique et moins expansif que son illustre supérieur hiérarchique, nous inscrivit sur la liste du prochain convoi en partance pour Paris. Il nous laissa entrevoir que nous pourrions bénéficier d'une bourse mensuelle de deux cent cinquante francs – vingt-cinq mille centimes de l'époque –, payés par l'Entraide universitaire française, sise rue de Tournon. « *Exultate, jubilate !* » L'avenir s'ouvrait devant nous et des nuées d'incertitude venaient d'être dissipées par le soleil de France, comme dans une fresque de Versailles à la gloire de Louis XIV.

Arrivée en France

Quelques jours plus tard, on se retrouvait dans un train affrété par les autorités françaises, dans des voitures aux portes fermées pendant notre traversée de l'Allemagne, mais entourés d'aimables sœurs de la Croix-Rouge portant des fichus couleur indigo, à la manière des nurses d'avant-guerre. Après un bref séjour à Strasbourg, logés dans des baraquements confortables de l'armée américaine, nous pûmes visiter, sous bonne escorte, car nous n'avions pas de permis de séjour, l'éblouissante cathédrale. Pouvez-vous imaginer ce que représentait cette cathédrale de pierre rose pour le réfugié que j'étais ? Cette cathédrale se dressait devant moi au seuil d'une nouvelle vie, et me fit oublier que j'étais un apatride qui avait pour tout bagage ses souvenirs de lecture, son enthousiasme pour les chefs-d'œuvre de la culture, le sens d'une certaine souplesse dans les relations humaines et une confiance dans son destin ancrée au plus profond de lui-même. Arrivés à la gare de l'Est, un lieu enfumé mais mythique aux yeux de tout Hongrois débarquant en France à cette époque, nous fûmes accueillis par Mrs Goodman – proche des écrivains de la revue *Preuves* dirigée par François Bondy – et par des dames américaines qui participaient à la collecte qu'elle avait lancée pour venir en aide aux « héros de la liberté ». Elles furent déçues car, en pensant aux représailles qui pourraient s'exercer contre ma mère, je leur déconseillai de faire photographier notre groupe par le reporter du *New York Herald Tribune*.

C'est lors d'une conférence organisée par *Preuves* que je rencontrai Mme Raymond Aron qui venait d'écrire un article pour *Le Figaro littéraire* sur l'attente d'un mystérieux Godot dans *Le Faiseur* de Balzac et dans la célèbre pièce de Samuel Beckett. Sa fille – aujourd'hui Dominique Schnapper – s'intéressa à notre sort. Elles nous invitèrent à dîner, comptant probablement que leur grand homme serait absent. Mais, à la suite d'un incident imprévu, Raymond Aron était resté chez lui. Naturellement, il en savait beaucoup plus sur les événements de 1956 que nous qui les avions vécus cloîtrés dans notre enfer. La science et la lucidité de Raymond, l'intérêt de sa femme Suzanne pour mes études balzaciennes, la belle voix d'alto de Dominique nous encouragèrent à faire face aux difficultés inévitables de nos débuts en France. Comment tairais-je le nom des Bérend qui nous reçurent sur la recommandation d'un courtier en automobiles fou de sympathie pour la Hongrie et les belles Hongroises ? Francis, spécialisé dans la fabrication des objets de protection – casques, lunettes en PVC –, ouvrit son placard et m'incita à choisir un costume. Il me proposa un poste de « voyageur » dans son usine. Denyse, qui avait été l'élève de Lili Rév et professeur de piano dans ses jeunes années, comprit mieux mes ambitions intellectuelles, qui pouvaient surprendre le grand industriel, et me fit cadeau d'une machine à écrire. Et grâce à François Bondy, je fus reçu à l'Unesco par Roger Caillois qui me suggéra d'écrire un livre, mais surtout pas une thèse ! Je pouvais accepter, estima-t-il, la bourse que me proposait le Congrès pour la liberté de la culture dont émanait la revue *Preuves*. Bien des années plus tard, il s'avéra que l'argent provenait des fonds de la CIA. Quoi qu'il en soit, je l'utilisai pour parfaire mon anglais – appris en Hongrie – au City of London College, et pour rendre visite à l'équipe hongroise de la BBC. Ce n'est pas sans émotion que je serrai la main aux speakers dont la voix m'était familière depuis de longues années, durant la guerre et sous le régime communiste.

Le Paris que je découvris autour de l'hôtel de l'Aqueduc où ces dames charitables nous avaient logés ne ressemblait guère au Paris des Thibault et des Pasquier. Engoncé dans un pardessus hérité de mon père, long, disgracieux et démodé, j'errais dans la grisaille de ce quartier situé derrière la gare du Nord. J'avais la possibilité de gagner quelques sous en donnant des cours de français aux jeunes Hongrois de l'hôtel – un aristocrate austro-hongrois déchu, qui se faisait appeler le chevalier de Collomer, me paya de la part de Mrs Goodman –, mais je ne savais pas quelle orientation donner à ma vie. Le hasard et Mme Adrienne Marty, la grande patronne des Œuvres universitaires, une dame au cœur grand « comme trois immeubles », pour reprendre une expression imagée de notre voisine fantaisiste de Trouville – la protection qu'elle accordait aux étudiants persécutés pour leurs opinions politiques demeure mémorable –, ont rapidement décidé de mon sort. « Bonjour André ! Vous préparez une thèse sur Balzac depuis de longues années, n'est-ce pas ? On vous fera entrer au CNRS ! » C'est ce bref entretien qui fit débuter ma carrière en France. Je suis devenu balzacien, j'ai préparé une thèse d'État sous la direction de Pierre-Georges Castex, un grand maître de la Sorbonne, savant, libéral et tolérant – vous ne trouverez jamais son pareil –, qui m'a écrit la première lettre que j'adressai à Jean Pommier, professeur au Collège de France et gardien sévère des manuscrits de Balzac.

Alors que la petite ville de Mosonmagyaróvár défilait sous mes yeux, je me rendis compte, en mai 1997, que je refaisais le voyage de 1956. Je n'y avais pas pensé en achetant mon billet pour Vienne où j'avais l'intention de revoir Pali et Médy, les amis de mes parents. La reconnaissance du lieu fut fulgurante mais n'éveilla pas mes souvenirs des quarante dernières années. Ces images, je suis en train de les visionner. Aujourd'hui, j'éprouve le besoin irrésistible de tendre la main à ce jeune homme de vingt-six ans, de demeurer à son écoute, d'assister aux événements qui jalonnèrent sa pérégrination et de l'accueillir, ici. Il me fait sourire. À son arrivée dans le quartier de l'Europe ne voulut-il pas s'acheter un béret basque, pareil à celui qu'il avait porté en Hongrie en signe de protestation contre le régime et pour affirmer *là-bas* son identité française ? Il ressortit de la boutique coiffé d'un chapeau mou, objet d'étonnement au Quartier Latin.

Chapitre XI

À Vienne : Pali et Médy

J'arrive à Vienne et traverse le hall bien éclairé, vaste et propre du Westbahnhof. Le bruit des roues de ma valisette est à peine perceptible sur le caoutchouc qui tapisse les couloirs. J'achète un ticket de transport valable pour trois jours, et descends sur le quai du métro qui m'amène à la Währingerstrasse où se trouve ma pension. La voiture est moderne, les sièges sont intacts, les voyageurs habillés correctement, les immigrés parlent tchèque, croate ou polonais ; intégrés dans la vie quotidienne autrichienne, ils se dirigent vers leur lieu de travail. Je me sens dans un univers autre que celui que je viens de quitter, et je comprends brusquement que je me trouve à l'Ouest, *chez moi*, du côté de la civilisation. Je ne me rends pas compte d'emblée que cette visite représente symboliquement ma « seconde venue » à Vienne, la réplique de celle de 1956, une conjuration des démons d'incertitude et de misère qui étaient les miens il y a quarante ans. Une rencontre avec moi-même, en quelque sorte, une toujours nouvelle découverte de la capitale autrichienne, un lieu de fascination pour les Hongrois, même pour les indépendantistes les plus farouches.

Des femmes plantureuses – l'une est en robe de satin bleu clair, le dos couvert d'un ample manteau doublé de soie mauve dont les pans, décorés de falbalas blancs, retombent sur un large fauteuil d'un mauvais goût exquis datant du début du siècle – me sourient dans la salle à manger de cette pension de famille, un appartement cossu de jadis, où j'ai retenu une chambre. Je m'empresse de téléphoner à Médy et à Pali, les amis de mes parents, les seuls témoins du « monde d'hier » dont je suis issu.

Pali a quatre-vingt-douze ans, Médy entre dans sa quatre-vingt-septième année. Ils ont survécu à tous et à toutes, aux amis, aux ennemis, aux ex-maris et ex-épouses, aux persécutions antisémites, aux frasques, aux vols et à l'emprisonnement de leur fils déséquilibré, et… à eux-mêmes. C'est pour protéger leur enfant, paraît-il, que ces grands bourgeois étaient devenus communistes.

Ingénieur sorti du Polytechnikum de Zurich, ancien propriétaire d'une ferme modèle, Pali a réussi à traverser les périls de 1944-1945 en sauvegardant et sa personne et sa fortune. Envoyé par le ministère de l'Agriculture à Londres afin d'acheter des machines agricoles pour les coopératives – les kolkhozes de Hongrie –, il fut arrêté en 1950 et accusé de brader à l'Ouest les devises de l'État. Réhabilité après un bref séjour en prison, il devint professeur à l'École d'Agronomie. Il paradait sur des tracteurs qu'il conduisait, faute de BMW. Ses cours de mécanique agricole devaient être récrits, prétendaient les mauvaises langues. Après 1945, Pali et Médy ne fréquentaient guère ma mère, matériellement et moralement ruinée. Néanmoins, une fois par an, à l'occasion de mon anniversaire, le couple arrivait en side-car et m'apportait de beaux cadeaux. Dans les années fastes, Pali venait souvent chez nous, avenue Aréna. Déjà il entendait mal, portait une prothèse auditive et ne participait pas aux parties de bridge. Ma mère l'installait dans le dressing-room, et là cet ami, qui avait des côtés infantiles, s'endormait en lisant des revues d'automobile. Médy, sa femme, héritière d'une tante diamantaire au Brésil, devint une redoutable communiste – d'après Pali, elle était « entrée en religion » –, harcelant ses semblables, des dames apeurées de l'ex-haute bourgeoisie, en tant que chef du personnel. Elle connaissait leurs mensonges, la face cachée de leur vie, leurs biens non déclarés, leurs parents ayant quitté le pays à temps, en 1948. En octobre 1956, Pali et Médy se rendirent compte qu'il ne fallait pas rater cette occasion unique de se rapprocher de la banque suisse où se trouvaient déposées leurs valeurs. Ils s'engouffrèrent dans leur Opel bleu ciel et décidèrent de faire la tournée des anciens intendants de leur ferme modèle d'avant-guerre. Ils se souviennent des menus succulents qui jalonnèrent la route qui les mena à la frontière, franchie sans encombre. À Vienne, leur existence était assurée, il s'agissait simplement de se trouver une occupation. En décembre 1956, ces amis généreux nous invitèrent dans des restaurants populaires et c'est en leur compagnie que j'ai découvert les Brueghel du Kunsthistorisches Museum.

Aujourd'hui, ils vivent en dehors de Vienne, dans un bel appartement en rez-de-chaussée, et disposent d'une terrasse. Entourés d'aides ménagères et d'une exquise petite violoniste hongroise qui, tout en poursuivant ses études, veille la nuit sur Médy, ils se trouvent isolés pourtant, par l'âge, leurs infirmités et une solitude de survivants que j'ai découverte chez eux. Leur fils est schizophrène et vit en Allemagne. Ils se sentent coupables de sa folie, et reportent donc toute leur affection sur leur petite-fille dont le caractère instable et les caprices les préoccupent beaucoup. Pali pressent avec l'instinct du vieillard que je voudrais l'interroger sur la fin de mon père et mon passé familial. « Non, ton père ne s'est pas suicidé. Il n'avait pas assez de force pour attenter à ses jours. Au cours de la dernière année de sa vie, je l'ai sorti plusieurs fois. Nous allions au café Petit Royal et il ne prononçait pas un mot. Il mangeait à peine, et pleurait. Pourquoi me poses-tu cette question ? Qu'importe ! Il n'est plus de ce monde. Oui, j'ai revu ta mère à Paris. Elle m'a préparé des sandwichs avec art et amour, comme avant la guerre. » Je fais allusion aux propos de notre Teréz. « N'écoute pas les histoires de bonnes, elles ont toujours inventé, fabulé… Tu ne peux pas te fier à ces racontars. » C'est tout. Se protège-t-il en refusant d'évoquer ce fantôme ? Veut-il m'épargner en gardant des secrets qu'il emportera dans la tombe ? Le grand âge a ses mystères, des faiblesses qui déstabilisent, des manies qui sécurisent, des énergies qui mobilisent des forces psychiques insoupçonnées. Pali a chassé les morts qui l'ont quitté, comme on chasse les mouches qui agacent, salissent et infectent. Au bout de quelques heures en leur compagnie, j'ai presque oublié mes parents. Pour quelques jours, Pali et Médy constitueront le centre de mon univers, et je serai là, médusé et interdit, pour les écouter et pour les aider. Ils sont les derniers témoins, muets avant l'heure, de la vie de mes parents, avec qui ils ont partagé l'insouciance des années entre 1928 et 1938. Pali évoque des souvenirs du « bon vieux temps » : le prince de Galles, en visite à Budapest, farcissant sa crêpe au caviar, inscrivant ainsi un nouveau plat sur le menu de la bonne société dansant le fox-trot et le charleston. Ma place était auprès de ces extraterrestres décharnés. Je devins leur psychologue de service, alors que j'ignorais les symptômes de la dépression du grand âge.

Pali régente la maison, tyrannise tout le monde, et tient les cordons d'une bourse bien garnie en espèces et obligations. Il comptabilise chaque tranche de pain, de saucisson, chaque abricot à mûrir, chaque pot de yaourt à consommer avant la date limite. Il sait les défaillances de sa mémoire immédiate et range avec une rage obsessionnelle afin d'avoir chaque chose à portée de main. Son vocabulaire est choisi, approprié, utilisé à bon escient, son savoir scientifique paraît inentamé. Il porte toujours des prothèses auditives, et il exige de son interlocuteur qu'il parle non pas d'une voix forte, mais en articulant bien. Certains de ses avocats se retournent contre lui, l'accusent de sénilité et voudraient profiter de sa décrépitude. C'est cela qui fait sortir ce vieux Lear de ses gonds : ce sont ces tentatives d'escroquerie, de tromperies, les manœuvres dilatoires de ses anciens hommes de confiance qui le font débloquer, radoter, répéter les mêmes dires. Il se plaint cent fois d'un escroc qui s'est prétendu juriste et spécialiste en matière de succession, alors qu'il ne possédait qu'un *University background* en biologie ! Il s'agit d'une affaire concernant son frère dentiste décédé à Londres ; l'héritage est convoité par l'une de ses trois maîtresses qui a accès à l'appartement. Il étale, range, sort et ressort les mêmes documents du même dossier, avant de m'avouer, qu'en effet il est un vieillard pitoyable car il a beaucoup de difficulté à se concentrer – il m'en avait fait amplement la démonstration –, qu'il n'arrive plus à dactylographier ses lettres, qu'il ne peut plus lire qu'avec une loupe, parce qu'il souffre d'un strabisme provoqué par une sclérose irréversible du fond de l'œil. À qui déléguer sa signature ? Ni à sa petite-fille, ni à son fils, à personne dans son entourage. Qu'adviendra-t-il si sa santé se détériore ? Qui s'occupera de ses affaires s'ils sont obligés de déménager dans le foyer médicalisé qu'ils ont déjà choisi ? Qui se rendra à la banque pour détacher les coupons de ses actions conservées au coffre, car la gestion d'un portefeuille est d'un coût exorbitant ? Pendant ces heures de la nuit, je me trouve en présence d'un vieillard désemparé, lucide, pessimiste, mais s'accrochant de toutes ses forces à la vie ; il parle de la mort, prévoyant la dislocation de l'édifice sécurisant qu'il a construit, discourt, se répète, sachant qu'il ne pourra pas obtenir de réponse, car « tout-se-passe-autrement-par-rapport-à-ce-qu'on-imagine », selon l'expression stéréotypée des gens valides qui s'attendent à sa mort prochaine. Angoissé, il s'observe : le tremblement de ses mains, la plaie de sa jambe qui ne cicatrise pas depuis trois semaines, ses os qui sont de plus en plus fragiles, les vertiges qui l'accablent sous la douche. Il a peur de se cogner, de tomber, il circule précautionneusement autour de la télévision et entre les meubles qui encombrent le salon. Faible, il descend les deux marches en se cramponnant à la grille qui protège la porte qui s'ouvre sur le jardin. Et pourtant… Accompagné de la petite violoniste, il vient de sortir pour acheter un réfrigérateur équipé d'un vaste compartiment de congélation. L'ancien réfrigérateur a une bonne trentaine d'années et peut tomber en panne, m'explique-t-il. Que deviendraient toutes ces boîtes en plastique, numérotées avec un soin maniaque, qui contiennent des plats préparés à la maison par des aides ménagères, des cuisinières expertes, ayant fait mijoter amoureusement aussi bien du poulet au paprika que des poivrons verts farcis ? Pali se plaint d'éprouver l'angoisse de la fin (« Schlussgefühl »), mais il la surmonte en pensant à l'avenir. Il aménage son bien-être et, toujours ingénieur, étudie de près une future installation d'air conditionné. Curieusement, et heureusement peut-être, une violence difficile à maîtriser bouillonne encore dans ce vieillard accablé d'infirmités. Elle éclate lorsque je débouche mal une bouteille de vin rouge et casse le bouchon. Pali devient écarlate, sa voix s'étrangle : « Mangez, mangez », nous ordonne-t-il. Ses mains tremblent, mais rattrapent, grâce au tire-bouchon perfectionné – une petite languette à rabattre commande le sens de la vrille –, le fragment de liège. Je suis redevenu le petit garçon de quatre ans à qui il lavait les cheveux dans les années trente. Il a rétabli en quelques minutes les rapports de dépendance entre le père, misérable et terrifiant, et le fils, apeuré et culpabilisé. Regrettait-il d'avoir ouvert une bonne bouteille ? « Tu ne la termineras jamais », me lança-t-il méchamment. Je fis ce que je pus, et c'est en titubant que j'ai embrassé les réverbères du centre-ville.

Médy est apparemment impotente ; elle ne l'est point. Dans l'appartement, elle ne se déplace qu'avec son déambulateur, alors qu'elle est parfaitement capable de marcher avec une béquille ou en s'appuyant sur le bras d'une personne. Je fais un tour en sa compagnie, pendant une bonne demi-heure, dans le parc voisin. Elle se plaint beaucoup : « Pali n'imagine pas tous les maux qui me font souffrir. Je crois qu'il me hait. » En hongrois, le dernier verbe est lourdement connoté, sa racine magyare renvoie à « se remplir de pus » et à d'autres sanies métaphoriques. Je lui réponds qu'il est très préoccupé par divers soucis. « Oui, reprend-elle, animée par son extraordinaire désir de vivre, il se demande ce que je deviendrais s'il venait à mourir ! » Tout ce qui fut négatif dans sa vie défile devant ses yeux, me confie-t-elle. Est-ce que je savais que ses parents s'étaient suicidés ? (Je l'ignorais, mais je savais qu'elle avait hérité d'un certain déséquilibre mental.) Elle n'était pas assez proche de son père et de sa mère, et s'en fustige encore. De la même façon, elle se sent responsable de l'instabilité, elle n'ose pas parler de maladie mentale, de son fils. Elle a besoin que quelqu'un l'écoute. Existe-t-il une psychothérapie du quatrième âge ? Je lui répète, reprenant à mon compte les propos du starets à Stavroguine, qu'il faut savoir se pardonner. Il m'a fallu de longues années pour l'apprendre…

Médy, à quatre-vingt-sept ans, est intelligente, monstrueusement égoïste, hystériquement exigeante, et incontinente ; elle porte des couches. Ses rares remarques sont justes, sa mémoire semble intacte. Mais à quoi sert de forcer ses lèvres déformées – qui semblent mâcher des mets en permanence – à parler, à réagir, à formuler des souvenirs si tout est vanité en ce bas monde sur lequel elle n'a plus la moindre prise ? Elle est la cible principale de l'agressivité de Pali. Chaque geste, chaque parole exaspère ce mari qui n'arrive plus à réprimer sa violence. Médy commence souvent sa phrase par un « Non… », en levant son index à la manière des pédagogues. Pali se gausse et l'imite méchamment. Il expose l'infirmité de sa femme et se venge de sa corvée nocturne : il se lève pour essuyer les flaques que sa femme abandonne dans le couloir, car il a honte vis-à-vis de la jeune musicienne hongroise, sa seule confidente. Triste est la vie de ces deux vieux, riches pourtant de tous les biens terrestres… et qui, finalement, ne sont pas à plaindre. Ils s'assoient à table sans grand appétit, puis découvrent leur faim avec joie. Pali mange avec beaucoup de retenue, Médy, elle, s'oublie, devient avide, réclame la sauce et la lape, tel le personnage hémiplégique de *Madame Bovary*. Dans le même temps, elle se plaint d'avoir perdu le goût et prend des laxatifs à forte dose. Elle est enrhumée depuis six mois, paraît-il, et réclame sans cesse des mouchoirs en papier. Obstinément, elle tient à regarder le journal télévisé de vingt-deux heures trente pour retarder l'heure de son coucher et contrarier la petite Hongroise. Elle lit beaucoup, mais elle est incapable de « se lire ».

En bons bourgeois qui détestent l'imprévu et croient pouvoir parer aux coups de la Fortune, Pali et Médy pensent à l'« après », non pas à la mort, mais au moment où ils auront perdu leur autonomie. L'idée de rejoindre l'hospice privé des religieuses de Győr, la ville de Transdanubie dont est originaire leur infirmière-nourrice, les préoccupe de temps à autre. Je les supplie de demeurer chez eux, car je sais que l'abandon de leur domicile signifiera leur fin. Est-ce que je la souhaite ? Peut-être, très probablement, comme on fantasme la mort de tout être qu'on aime.

Pérégrinations dans Vienne : de l'Opéra au quartier juif

J'oublie mes craintes imaginaires à l'Opéra, en assistant à une représentation d'*Elektra* de Richard Strauss. Je me laisse emporter par le déchaînement des passions sur la scène ; l'invocation d'Électre, ponctuée avec force par l'ensemble de l'orchestre « Agamemnon, Agamemnon, où es-tu, père ? », m'émeut jusqu'aux larmes. Je les accueille, je les attends, elles montent de mon être le plus profond. Elles libèrent la tristesse qui se cache dans les replis les plus secrets de mon âme. Dans *Hamlet* de Laurence Olivier, la séquence où, l'épée à la main – pour que l'arme en forme de croix conjure l'apparition démoniaque –, le fils suit le père dans l'escalier en colimaçon jusqu'à la plate-forme du château, fait remonter ce sanglot que je connais désormais. En m'attachant aux figures de Pali et de Médy, je suis encore à la recherche de mon père, le dépressif, le disparu trop tôt.

La journée de mes vieux amis commence en début d'après-midi. Je profite de la matinée pour revoir mes tableaux préférés au Kunsthistorisches Museum. Quel miracle que cette *Tour de Babel* de Brueghel l'Ancien qui suggère, dans le cadre étroit du tableau, une conception de l'incommensurable, une tentative démesurée de rivaliser avec la divinité ! L'inachèvement de la tour, construite par voûtes superposées à l'aide d'engins, échelles et grues, dénonce l'orgueil humain, mais exalte le génie de l'architecte dont la tentative est vouée à l'échec. La couleur rougeoyante des briques, le bleu du fleuve, le vert sombre des arbres, l'orange bleuté de l'arrière-pays saisissent progressivement mon regard. Je me sens fils de Babel, et la malédiction biblique, la « confusion des langues », qui devait punir les hommes de leur audace, me paraît une bénédiction divine, un enrichissement extraordinaire, le point de départ de mon dialogue avec les langues étrangères. Une grande sagesse se dégage des autoportraits de Rembrandt dont le regard est tout intérieur, quasi méditatif. Le visage du grand tableau de 1652 est marqué de nombreuses rides, et les plis du menton et du cou annoncent les empâtements dans les portraits ultérieurs. Les yeux expriment un sérieux, une détermination que n'affaiblit pas la résignation qui accablera le peintre dans ses dernières années. Je m'arrête devant *Suzanne au bain* du Tintoret. J'envie ces vieillards qui épient la jeune fille aux chairs opulentes. Les deux jambes écartées – l'une est plongée dans l'eau de la fontaine, l'autre prend appui sur le rebord du bassin –, parée de sa nudité, cette innocente se contemple dans un miroir. Le reflet qui lui est renvoyé demeure *son* secret, l'entrecuisse, cet antre à peine ombragé, ne pouvant pas figurer dans le tableau. Avant de quitter le musée, je parcours la splendide exposition, « Mythe et Éros », qui présente notamment une salière dorée (« Saliera ») de Benvenuto Cellini : sur un socle ovale, serti de pierres précieuses, Vénus nue est couchée en face d'un Neptune tout aussi dévêtu, assis, appuyé contre ses coursiers. Leurs pieds se croisent, se touchent et le dieu de la Mer tient son trident dans la main droite. C'est la beauté calme, sereine, la nudité licite qui se livre au regard des siècles à venir ; c'est le mythe et le bonheur, l'Antiquité ressuscitée à la Renaissance qui entre dans l'intemporel. Heureux, je sors et descends le grand escalier en dansant. Ma visite viennoise s'est érotisée, l'Éros du musée a combattu la « maison des morts » de Pali et de Médy. Je traverse la Hofburg et me détourne de mon itinéraire vers une destination imprévue.

Ce vendredi, j'ai élargi le périmètre de ma visite aux environs du Stefansdom. Sous l'effet d'une inspiration soudaine, je me dirige vers le quartier juif de la Judengasse pour retrouver des lieux que j'ai crus oubliés depuis janvier 1957. La soirée à l'Opéra, la visite prolongée au Kunsthistorisches Museum ne furent-elles que des détours sur le chemin qui me menait au-delà du Graben ?

Le *Joint* américain, organisation caritative qui venait en aide aux Juifs hongrois ayant fui leur patrie, s'y trouvait installé. Étant donné le nombre de faux israélites et de vrais escrocs, il fallait prouver lors d'un entretien individuel qu'on faisait bien partie de la communauté juive de Hongrie. Une aide généreuse était alors accordée, et un tampon apposé sur la « carte de réfugié », délivrée par la police à la frontière austro-hongroise, attestait la reconnaissance par le *Joint* de votre statut de Juif apatride. J'y allai par une matinée froide, enneigée et grise de janvier 1957. J'étais né de mère et de père juifs, mais j'avais été baptisé à ma naissance ; et mes parents et grands-parents paternels s'étaient déjà convertis quelque temps auparavant. Jusqu'en 1935-1936, j'en garde des souvenirs précis, ma mère faisait des dons à l'Association « Hevra Kadicha », créée par ses parents, également fondateurs d'un foyer israélite pour aveugles. Ma sœur avait été l'élève des Dames Anglaises, des religieuses peu modernes, qui obligeaient les internes à se laver *vêtues* d'un vêtement de lin, et moi-même celui des piaristes, un ordre enseignant. Nous avions reçu une éducation catholique, ce qui ne nous avait pas exemptés du port de l'étoile du bouclier du roi David. Je n'avais pas été circoncis et n'avais certainement pas l'intention de mentir lors de l'espèce d'interrogatoire organisé par le *Joint*. Marika et moi, nous voulions renier, refouler, oublier notre judéité, pour des raisons qui me paraissent aujourd'hui complexes et confuses. Certes, nous avions été marqués par les persécutions antisémites, et il est incontestable que nous voulions tirer un trait – illusion naïve, dangereuse peut-être – sur notre passé hongrois. Nous n'avons pas pu accepter l'idée que le tampon du *Joint*, sur la carte de réfugié qui nous servait de pièce d'identité, révélât l'étoile jaune sur notre front de Juifs errants. Aurais-je dû rejoindre mes frères et sœurs dans les rangs des traînards près du pont de la Liberté ? Un désir de survie égoïste m'en avait empêché. Aurais-je dû accepter que l'organisation caritative – à laquelle je ne pouvais et ne voulais pas cacher ma marginalité par rapport à la communauté juive – me logeât dans un des hôtels confortables du quartier du Stefansdom et subvînt à nos besoins contre un tampon qui réactivait nos peurs ? Oui, probablement. Il aura fallu quarante ans pour que je retrouve le chemin de la Judengasse où se trouvait le *Joint* et pour mieux comprendre mon attitude de janvier 1956.

En fait, je n'ai pas retrouvé l'endroit précis où se trouvait le bureau d'aide, mais je m'en suis rapproché. J'ai retraversé le Graben et, le cœur serré, comme si cela m'était encore interdit, je suis entré au Musée juif. Les responsables du lieu ne donnent pas dans le macabre. L'exposition du premier étage était consacrée à une association de sportifs, entre 1922 et 1928. Je me souvenais de mon père en tenue de tennis, et ces photos du Musée ne me frappèrent pas particulièrement. Par la suite, elles firent surgir des images restées longtemps enfouies dans ma mémoire. Mes parents étaient membres d'un Club de tennis où ils retrouvaient la plupart de leurs amis et, pour mon père, certaines de ses amies. Ils le fréquentèrent jusqu'au jour où, vers 1939-1940, on les mit à la porte car leur certificat de naissance ne correspondait plus aux normes d'une société de plus en plus « aryanisée ». Âgé de neuf ou dix ans, je perçus parfaitement le désarroi de mon père exclu de son Roland Garros ; finalement, il découvrit des courts enserrés entre les hauts murs antipathiques d'un espace peu accueillant dans le nouveau Pesth, le quartier nord et industrialisé de la capitale. Je connaissais ce qu'il ressentait. Je fréquentais la grande patinoire du Bois-de-Ville. Je tournais en rond, comme le font tous les patineurs, et cela me procurait un grand plaisir. Bien sûr, des garçons plus âgés et chahuteurs me terrorisaient quelque peu, mais les valses de Strauss, Lehár, Suppé et autres Millöcker me donnaient de l'élan et je les oubliais. J'adorais les moments de silence sur la glace éclairée par des ampoules dansantes, et chantonnais l'air de Granados, mélodieux et sentimental, cher à Pablo Casals, et qui s'achève, à la surprise de l'auditeur, sur une modulation en mineur. Je m'en souviens, j'avais six ans, et je voulais consigner mes impressions dans un petit cahier à grands carreaux. Eh bien, à cette même période, vers 1940, mon grand-père, actionnaire de la patinoire, dut remettre son acte de naissance pour vérification. Mon abonnement fut annulé. Nous n'avons pas pu imiter ce grand acteur hongrois qui, à la place de son acte de naissance, envoya aux autorités sa carte de visite ! Espèce de Charles Laughton bougon d'Europe centrale, après le siège de 1945 il se rendit en chaise roulante au théâtre pour y réciter le monologue de Tchékhov sur la *Nocivité du tabac*. Peu de temps après, il mourut d'une pneumonie, faute de pénicilline.

Au second étage du musée se trouvait une belle salle avec des objets de culte exposés dans des vitrines le long d'un mur, tandis qu'un panneau blanc, large d'une trentaine de centimètres, couvrait le mur opposé. Tel un tableau dans une salle de classe, il était réservé aux inscriptions spontanées et éphémères des visiteurs : « Souviens-toi… émouvant… initiative merveilleuse… quand les reverrai-je ?… l'année prochaine à Jérusalem. » J'y ajoutai : « Ruhe… Ruhe… Paix », en entendant la belle voix de Brünhilde dans *Le Crépuscule des dieux*. La musique transcende la politique et Barenboïm, spécialiste de Wagner et de Bruckner, ne me contredirait pas. Ce fut mon « pax vobiscum » adressé aux morts et aux survivants. Je découvrais enfin le sens de ma déambulation dans cette ville où j'étais à la recherche de mes origines reniées.

En revenant vers ma pension de famille, je passe devant le Mozart Café. Face à l'Albertina se dresse le groupe de sculptures élevé à la mémoire des victimes de l'Anschluss et de la guerre. Le passé fasciste ne hante l'imaginaire que d'un Thomas Bernhard. La statue en bronze du juif rampant, d'un style douteux et provocateur, fait partie de ce monument sans socle et intégré à l'univers banal des passants et des touristes. J'éprouve un malaise. Des jeunes gens boivent du coca et mangent leur sandwich à proximité, sans se soucier du passé et de ce que représente ce personnage de déporté terrassé. Comme à Hiroshima, dans le parc du souvenir traversé par des cyclistes insouciants, je suis emporté par le souffle de la réconciliation qui balaie ici aussi les cauchemars du passé. Je suis allé chez Pali et Médy pour leur dire au revoir. « Fais-nous signe quand tu reviendras dans nos parages », me dit Médy. Pali m'accompagne jusqu'à la porte du jardin. Nous n'avons pas commenté notre séparation.

Alors que je relis ces pages, Pali n'est plus de ce monde. Grippé, il s'est alité et a renoncé à lutter. Son existence n'avait plus de sens. Il avait assuré une rente à son vagabond de fils, doté la petite violoniste hongroise sur le point d'épouser un musicien de l'Orchestre philharmonique, souscrit un contrat d'enterrement… Pourquoi se relever, reprendre sa loupe pour lire la *Neue Zürche Zeitung*, rajuster sa prothèse pour écouter de vaines paroles d'encouragement, convaincre sa petite-fille de s'initier à la gestion des biens qui constitueront son héritage ? Lucide, il n'a pas fait le moindre effort pour rattraper le fil de ce qui lui échappait désormais. Prévenu trop tard, je n'ai pas pu lui dire adieu. Pendant l'incinération, la petite violoniste hongroise et son mari ont joué, aveuglés par les larmes, le mouvement lent du *Concerto pour deux violons* de Bach alors que le cercueil disparaissait dans la trappe.

Avant de quitter Vienne, je traverse pour une ultime fois la Hofburg. En passant devant les échafaudages qui entourent les immeubles qui l'environnent – on restaure, on conserve, on repeint, on ne sait plus que faire pour rétablir les splendeurs aussi bien aristocratiques que bourgeoises de naguère –, je pense aux poutres qui soutiennent encore de nombreux bâtiments pesthois prêts à s'écrouler, à la ville de Budapest, sauvée de la déchéance, de la pollution, de la vulgarité, par son site incomparable. Le « beau Danube bleu », qui ne fait que contourner la ville impériale, traverse majestueusement la capitale anciennement royale des Magyars. Des bateaux allemands le sillonnent aujourd'hui, véritables bases de loisirs aménagées pour des touristes qui profitent toujours des prix hongrois, des putes bien dressées par les maquereaux au service de la mafia ukrainienne, et des concerts à la Redoute où on leur sert journellement un pot-pourri de valses de Johann Strauss et d'extraits d'opérettes de Franz Lehár. « Schöne blaue Donau », combien de crimes a-t-on commis en ton nom ! Schiele et Klimt, Berg et Bartók, Janaćek et Kodály se sont révoltés contre cette culture provinciale qui se laissait bercer par tes flots. Et pourtant… chaque fois que les applaudissements du public interrompent le trémolo des violons qui annoncent la valse de Strauss au concert du Nouvel An, ma gorge se serre. Cette interruption est un rite : un mal du pays doux-amer m'envahit quand le chef donne le signal de la reprise et que l'orchestre s'empare de la mélodie. Serait-ce le symptôme d'une sentimentalité mal maîtrisée, la nostalgie du paradis perdu de l'enfance qui ne fut jamais ni vert ni édénique ? Qu'est-ce qui m'attire dans ce morceau de musique d'un « kitsch » génial, qui requiert tout l'art du chef d'orchestre pour éviter la vulgarité et traduire sa légèreté, sa grâce, son rythme ? Me laisserais-je entraîner par l'hystérie collective du concert du Nouvel An, placé sous le signe d'une monarchie supranationale ruinée par un empereur débile et sa cour d'aristocrates bornés ? Je ne crois pas. Cette valse réveillerait-elle en moi un sentiment de déracinement sans remède ? Je ne me suis jamais senti intégré dans la société hongroise, et le Danube ne fut jamais « bleu » à mes yeux, ni avant, ni après 1945. Après la guerre, Vienne était devenue pour moi une espèce de Jérusalem céleste à jamais interdite. Et ce qui est plus douloureux peut-être à dire, c'est que tout en me sentant chez moi à Paris et en dépit d'une indéniable réussite d'universitaire, un sentiment d'exil ne m'a pas quitté, ni une obscure nostalgie de la Silésie ancestrale et de cette Hongrie aimée et haïe.

Je retourne au Westbahnhof, et voyage en première classe, voulant éviter les fêtards du dimanche, dans une voiture climatisée où je grelotte de froid. Le train est pratiquement vide, comme ces miradors d'un autre temps dont il ne subsiste que quelques exemplaires dans la région frontalière. Je débarque à la gare de l'Est au milieu des clochards, des manchots, des miséreux secoués de convulsions ou couverts de pustules. Je traverse rapidement cette cour des miracles et écarte de mon chemin les chauffeurs de taxi, escrocs patentés et maquereaux sans vergogne, à l'affût du voyageur naïf de l'Ouest. Qu'il est difficile ce retour au bercail qui n'est plus le mien ! À l'arrêt de l'autobus, je retrouve mes concitoyens, et nous nous laissons véhiculer jusqu'au centre-ville. Là, je laisse mes prolétaires blafards dans la guimbarde peu impériale, et retrouve d'une enjambée l'asphalte familier de mon enfance. Je ne sais quelle impatience me saisit et j'avance à grands pas vers le passage souterrain, mais je suis puni de ma hâte. Ma valise à roues m'abandonne et s'ouvre sur le bitume. Des adolescents qui profitent d'une nuit de printemps exceptionnellement caniculaire, me désignent du doigt et rient à gorge déployée. Je rentre à l'hôtel Peregrinus.

Le lendemain, j'achète quelques nappes et napperons folkloriques dans un magasin où un jeune gars, en costume de gardian de la puszta et aux gestes maladroits de putain débutante, invite les étrangers à dépenser leurs devises. Le taxi collectif m'amène à l'aéroport de Ferihegy en reconstruction. Dans un proche avenir, il accueillera des avions gros porteurs remplis à ras bord de visiteurs avides de découvrir la ville, ses ponts, ses restaurants, son circuit de course automobile et de faire une virée dans ses fameux bordels. L'Airbus me ramène à Paris, *chez moi.*

Chapitre XII

À Venise

Pendant de longues journées, je me sentis accablé, fatigué, sans comprendre les causes de ma dépression. J'ai pensé qu'un voyage à Venise, placé sous l'égide d'Érasme, saint patron des échanges culturels européens, me ferait le plus grand bien. Pour l'ex-réfugié, l'arrivée par le train qui franchit la digue de la lagune demeure un émerveillement qui ne s'émousse point. Je loge à la fondation Levi et je vais tous les jours à l'Accademia. Dans la *Pietà* de Bellini, le visage douloureux de la Vierge tenant le Christ sur ses genoux m'émeut profondément, car la représentation reniant tout réalisme se situe au-delà des larmes. Les Carpaccio sont dans la salle où je les ai découverts, pour la première fois, en 1957. Quarante ans plus tard, je regarde toujours avec les yeux de Proust les brocarts des dignitaires et le petit gondolier, giton désirable, qui s'éloigne à l'arrière-plan. Je parcours Venise, des Frari à San Giovanni e Paulo, des Giardini – où les « installations » imaginées par les artistes de la Biennale me choquent par leurs aspects gratuits et iconoclastes – au Ghetto dont les rues étroites m'angoissent, comment ne pas l'avouer ? À Venise où, églises, monuments et œuvres d'art me servent de repères réels et symboliques, je me sens *chez moi*. J'oublie ma condition de mortel et mon fantasme de « comment vais-je emporter toute cette beauté dans la tombe ? » ne me tourmente que pendant de rares instants. Le passé resplendissant affleure dans ce cadre intemporellement admirable. La splendeur de cette ville sur pilotis, dont j'oublie la fragilité en contemplant ses palais rénovés, m'inspire le sentiment d'une permanence rassurante.

Quelques semaines auparavant, à Budapest, lors de mon séjour à l'hôtel Peregrinus, rue des Szerb, à deux pas de mon ancien domicile *le temps était sorti de ses gonds.* Comme Hamlet de retour à Elseneur, j'ai réagi à ma stupéfaction de me retrouver « chez moi », un « chez-moi » qui depuis quarante ans n'était plus le mien, par l'indifférence au rendez-vous avec un mal-être nauséeux. En songeant à ces deux voyages, à Budapest, puis à Venise, je revois des photos qui figuraient dans un vieil album familial. J'aperçois certainement ma mère, et peut-être mon père aussi, au milieu de la place Saint-Marc encombrée, animée, égayée par les pigeons. Serait-ce la récompense, la consolation que je m'accorde pour ces mois d'écriture, en quête de moi-même ?

À Trieste : retrouvailles au Caffè degli Specchi

Ce fil rouge de ma vie, je l'ai perdu à Budapest, et je ne pouvais le ressaisir qu'*ailleurs*. J'ai six ou huit ans ; j'accompagne mon père dans un de ses déplacements en voiture ; d'Abbazia, notre lieu de villégiature, il doit se rendre à Trieste pour affaire. Le bref voyage à travers le paysage lunaire du Karst demeure intact dans ma mémoire. Mon père me laisse seul à la terrasse d'un café pendant qu'il va à ses rendez-vous, dans une banque ou l'une des sociétés commerciales dont Trieste est le siège. Je me suis senti tout à coup très proche de mon père, sentiment que je n'avais pas éprouvé auparavant, et je suis convaincu que cet amour filial refoulé n'est pas étranger à ce que cette visite se soit inscrite aussi profondément dans ma mémoire. Trieste n'est qu'à une heure de train de Venise. En ce mois de juin 1997, j'ai décidé de retourner à la terrasse du café de la grande place comme pour accomplir un rite. Des amis de Belgrade établis à Trieste – Brankica, spécialiste de poétique moderne et son mari –, m'ont laissé avec un grand tact seul afin de rejoindre le garçonnet qui m'attendait depuis de longues années sur la Piazza Unità d'Italia, non loin de la mer. Et j'ai retrouvé le Caffè degli Specchi où mon père m'avait installé six décennies auparavant. À ma gauche, ce n'est pas la cathédrale entrevue dans mes rêves éveillés, mais le Palazzo del Governo, une grande bâtisse néo-classique dont la tour centrale abrite une horloge, protégée d'une corniche en demi-lune. Deux personnages en bronze frappent l'heure de leur marteau sur la cloche qui les sépare. Le mécanisme m'impressionnait, m'intimidait, mais j'étais fier de rester seul. Dans mon souvenir, la mer était plus proche, et le sol recouvert de carreaux noir et blanc plutôt que cimenté et uni. Sans doute, la place Saint-Marc s'est-elle superposée au fil des années à la Piazza de Trieste et l'a-t-elle remodelée à sa propre image.

Juin 1997 est caniculaire. À l'ombre de l'auvent, j'observe mes voisins, des habitués. À ma droite, un hémiplégique de mon âge s'accorde quelques minutes supplémentaires dans son fauteuil d'osier pour une seconde orangeade. À ma gauche, un vieux couple ayant connu de meilleurs jours mange des glaces, lentement, cérémonieusement, pour tuer le temps. C'est l'heure de la sieste, parmi ces exilés de la ville, je suis seul et heureux. Les cônes refermés des parasols blancs rythment l'espace. À quelques rangs devant moi, j'aperçois mon juvénile alter ego. Débarrassé de ses angoisses, il respire l'air marin qui chatouille ses narines. À Abbazia, il vit désormais en bonne entente avec la mer et nage avec plaisir en compagnie de ses parents, sans craindre les pieuvres imaginaires ou des requins castrateurs. Nullement intimidé par les dimensions imposantes de la place, il observe et scrute les façades monumentales des palais qu'occupent les Assicurazioni Generali ou le célèbre Lloyd Triestino. Personne ne le dérange en cette année 1938, il enregistre, à son insu, un film qu'il projettera un demi-siècle plus tard sur l'écran de sa mémoire. La vie est décidément une aventure extraordinaire qui ménage de pareilles retrouvailles avec soi ! Je quitte ma table à regret. J'explore le centre-ville, engourdi dans son sommeil dominical. Les colonnes de la Bourse ancienne, les immeubles cossus de la Via della Cassa di Risparmio, autant de chefs-d'œuvre traditionnels, secrets et massifs, de l'architecture d'Europe centrale, qui témoignent des splendeurs de la Monarchie dont Trieste fut le port sur l'Adriatique. Mes amis, radieux, et leur fille – qu'une belle complicité lie à son père – m'emmènent à Duino, hanté par le souvenir de Rilke. Le lendemain, Brankica m'accompagne sur la grande place. Nous nous installons à la terrasse d'un hôtel, en face du Caffè degli Specchi. Nous parlons d'autobiographie, du procès que nous nous intentons à nous-mêmes, de la sentence de relaxe que le tribunal peut prononcer à notre égard.

Le procès autobiographique

Est-ce pour exorciser ma culpabilité que j'ai entrepris la rédaction de ces pages six semaines après mon séjour à Budapest ? Pour me disculper de n'avoir « rien senti », pour avoir abandonné ma mère et la terre patrie, la *terra patris*, celle du cimetière où repose mon père ? Ai-je commis un délit contre nature en souhaitant rompre radicalement avec un passé qui m'a modelé et qui, sous deux régimes politiques différents, aurait pu me faire périr ? Je n'ose pas répondre.

Mes souvenirs, je n'ai pas pu les réveiller sur place, je serais devenu fou dans ce passé-présent, confus et irréel. J'ai perdu confiance en ma mémoire, que je croyais infaillible, en cherchant à évoquer certains épisodes douloureux de ma vie attachés à des lieux précis. Des pans entiers de mes années hongroises ont disparu, semblables aux éléments d'une fusée qui s'est désintégrée, et qui poursuivent pour toujours leur course dans l'espace.

J'habite depuis plus d'un quart de siècle l'esplanade des Invalides. Le passage des saisons sur les arbres de la place m'émerveille quand je regarde par la fenêtre. Cet enchantement est quotidien, un don sans cesse renouvelé. Et j'affirme avec Faust qui se laisse pénétrer par la beauté de la nature et oublie ses pensées sceptiques ou désabusées : « Ici, je me sens homme, ici j'ose l'être. » C'est avec un plaisir indicible que je me promène dans les trois cours successives de l'aile Richelieu du Louvre, que j'entame chaque fois un nouveau dialogue avec les tableaux de Rembrandt, Vermeer ou Simon Vouet ; qu'à Orsay, mon regard vibre sous l'effet du plein air décomposé et reconstitué par les impressionnistes. À moi le décor pseudo-égyptien et le grand escalier de marbre de l'Opéra Garnier et l'immense espace dépouillé de l'Opéra Bastille ! À moi les Turner de la Tate, les Botticelli des Offices, les églises baroques de Vienne ou de Lecce ! J'oublie père et mère en commentant la petite phrase de Vinteuil, la dépravation d'Othello et la jalousie de Swann, je jubile en parlant de Don Giovanni, et je m'identifie à Hamlet. Et pourtant... je ne cesse de faire le procès de mon passé hongrois, d'évoquer les traumatismes de mon enfance, de m'étonner de mon attitude à l'égard du pays des Magyars, de m'accuser d'insensibilité en me promenant dans les rues de Budapest pour m'en disculper par la suite. L'expérience de *l'écriture de soi* ne m'aurait-elle servi à rien ? Où est l'apaisement escompté, où est la réconciliation espérée ? La révolte contre la Hongrie, mon propre octobre 1956, ne connaîtront jamais de fin ?

Histoire d'un perroquet

Lors de ma dernière visite à Budapest, Teréz, notre ancienne bonne, me fit cadeau d'une tapisserie faite de la main de ma mère pendant qu'elle me portait dans son sein. Ma sœur l'encadra. Craignant la confrontation avec le passé, voulant écarter des souvenirs douloureux, je l'avais mis dans un carton et l'oubliai. L'évocation de mon enfance l'a fait resurgir.

Le cadre est aujourd'hui en face de moi. Un perroquet au corps jaune, couleur d'automne, à l'aigrette rouge, au bec mauve et à peine crochu, se déploie dans un univers végétal. Il ne ressemble en rien à ces oiseaux dressés sur leurs ergots, insolents, fiers, railleurs, qui imitent, sur un ton râpeux, la voix humaine. Il n'a rien de l'orgueil, du mépris, de l'ostentation du toucan des forêts d'Amérique tropicale, trônant sur son perchoir dans les villas des riches Mexicains. Ce n'est pas quelque fée réincarnée sous la forme d'un psittacidé, selon le terme savant et exotique des dictionnaires. Ses ailes sont allongées ; ses plumes faites de boucles marron et recouvertes de taches vertes. Un bonheur calme et contenu, une attente sereine émanent de lui. Les feuilles mauves, vertes, châtain – des couleurs en dégradé, tout en nuances, decrescendo pour devenir cantabile –, se plient, se recourbent, et leur contour est esquissé, de telle manière que l'œil ne s'y attarde pas. Des métamorphoses étranges s'opèrent à l'intérieur de la tapisserie brodée par les milliers de points maternels : des feuilles rouges s'étalent comme des papillons au repos et renferment une mystérieuse fleur bleue. Ailleurs, une tulipe rouge donne naissance à des corolles ocres, et au-dessus du bec une belle pivoine s'épanouit, riche de promesses. D'un côté, des glands rouges alourdissent une tige qui porte des feuilles prêtes à s'envoler comme des phalènes. De l'autre, de larges pétales, espèces de raies végétales, modulent leur teinte havane en rose trémière.

Ce perroquet fut le gardien de ma vie fœtale, et la tapisserie me recouvrait quand ma mère la posait sur son ventre. Aujourd'hui, il est le protecteur de ce livre d'introspection. Colombe clownesque, elle m'apporte le rameau d'olivier de la réconciliation après le déluge de souvenirs qui risquait de m'engloutir. C'est le symbole de cette catharsis, l'oiseau de l'aurore, qui m'encourage à poursuivre le chemin. J'aurais envie de le prendre dans mes mains et de le lâcher dans les airs. Rencontrerait-il le cygne blanc qui prêta sa parure, selon le témoignage d'un vieil ami, à ma mère lors de son premier bal costumé ? Mais il me manquerait cruellement. Esprit saint de ma biographie, il apaise mon cœur bouleversé. Le perroquet caquette la paix, chante de sa voix éraillée le pardon et enseigne la réconciliation. Je demeure à son écoute : revisiter des années de l'enfance ne connaît pas de

FIN.

Dans la même collection b | s

Littérature française

Léon Werth
Cochinchine
Clavel soldat
La Maison blanche
33 Jours

Brigitte Le Treut
Lumière du soir

Estelle Monbrun
Meurtre chez tante Léonie

Littérature allemande

Ricarda Huch
Le Dernier Été

Ernst Jünger
Lieutenant Sturm

Ruth Klüger
Refus de Témoigner

Littérature hongroise

Magda Szabó
La Porte
(Prix Femina étranger 2003)

Robert Hász
La Forteresse

Dezsö Kosztolányi
Alouette
Anna la douce
Le Traducteur Cleptomane

Littérature italienne

Annie Messina
Le Myrte et la Rose

Aldo Alberti
La Ligue des dames pour le transfert de la papauté aux Amériques

Littérature espagnole

Mémoires du Capitán Alonso de Contreras

Littérature anglo-saxonne

Denton-Welch
Soleils brillants de la jeunesse

Littérature russe

Gaïto Gazdanov
Chemins nocturnes
Éveils

Littératures nordiques

Hjalmar Södeberg
Le Jeu sérieux (Suède)

CET OUVRAGE
A ÉTÉ ACHEVÉ D'IMPRIMER
SUR ROTO-PAGE
PAR L'IMPRIMERIE FLOCH
À MAYENNE EN SEPTEMBRE 2006

N° d'éd. 182. N° d'impr. 66230
D.L. septembre 2006
(Imprimé en France)